Gut Essen und Trinken
auf der schwäbischen Alb

D1721452

Ruoß Verlag

Sie schätzten beide nichts mehr,
als "Gut Essen und Trinken",
und wurden dabei dicke Freunde.

© 1994 Ruoß Verlag
Alle Rechte vorbehalten
1. Auflage
ISBN 3-924292-17-5
Gestaltung, Satz und EBV: WachsmannDesign, Blaustein
Druck und Bindung: Graphischer Großbetrieb Pößneck GmbH

Inhalt

Vorwort

Die Schwäbische Alb mit einer Länge von über 200 km und einer Breite von 40 km, besteht nicht nur aus Burgen und Bergen, lichten Buchenwäldern, Wacholderheiden, steinigen Äckern und an die 500 Höhlen.

Sie bietet dem Urlauber, Wanderer und dem Tagesausflügler auch eine breite Palette von gut geführten Einkehrmöglichkeiten an. Die oft versteckt liegenden Gasthäuser, Vesperstuben oder Cafés werden zum Teil wie Geheimtips gehandelt. Da ich selbst auf der Alb aufgewachsen bin, war ich für Freunde und Bekannte seither eine beliebte Auskunftei für interessante Ausflugsziele mit Einkehrmöglichkeit. So entstand auch eines Tages die Idee, all diese Informationen zu Papier zu bringen.

Unsere Neugier ließ uns immer größere Kreise ziehen. Bald aber mußten wir erkennen, daß dies nicht allein zu schaffen war. Am Schluß waren wir zu "viert", die über die Alb streiften, um jedem Hinweis nachzugehen. Manch Informant verwechselte "viel" mit "gut" und dann war außer Spesen nichts gewesen.

Aber auch die Schilder "Heute Ruhetag", "Betriebsferien", und "Nachmittags geschlossen", haben uns die Arbeit nicht gerade erleichtert.

Diese Enttäuschungen wollen wir Ihnen ersparen, indem wir die genauen Öffnungszeiten, eine kleine Lagebeschreibung und Informationen über die Küchenleistung für Sie notiert haben. Jeweils am Ende unserer Berichte geben wir Ihnen noch Hinweise für Ausflüge, Besichtigungen, Wanderungen und sonstige Freizeitaktivitäten.

Um zu einer möglichst ehrlichen Beurteilung zu kommen, war der Eintrag in den Gastronomieführer grundsätzlich kostenlos. Für die Werbung einzelner Betriebe waren wir dankbar, denn nur dadurch war es uns möglich, den vorliegenden Ratgeber preisgünstig zu veröffentlichen.

Wir wollten von Anfang an keinen Gourmetführer ins Leben rufen. Wir wollten für Sie Einkehrmöglichkeiten ausfindig machen, die gute Vesper, einen gutbürgerlichen Mittagstisch oder nachmittags leckeren Kaffee und Kuchen offerieren. Natürlich dürfen hierbei einige Feinschmeckerlokale für besondere Anlässe nicht fehlen.

Von einer Bewertung durch Sterne, Kochmützen oder sonstiger Utensilien haben wir abgesehen. Ein voller Parkplatz und ein gut besetztes Lokal sind Hinweis genug, daß Sie hier richtig sind.

Da unser vorliegender Gastronomieführer für die Alb erstmalig erscheint, kann er Ihnen nur eine begrenzte Anzahl von Empfehlungen weitergeben. Mit Sicherheit fehlen viele Betriebe weil sie uns einfach nicht bekannt sind. Schreiben Sie uns, wir freuen uns auf Ihre Anregungen, Kritik und Vorschläge.

In unserem Serviceteil finden Sie Hinweise für den Einkauf beim Erzeuger. Denn verstärkt setzt die junge Garde der Köche auf der Alb wieder auf die regionale Küche und ist bestrebt so weit wie möglich frische Zutaten aus der Region einzusetzen. Einkaufstips also für Sie und die Gastronomie.

Unter der Rubrik "Schnäppchenjagd" führen wir Sie zu Betrieben mit günstigen Einkaufsquellen. Einige der Adressen waren so interessant, daß wir auch vereinzelt das Albvorland mit einbezogen haben.

Die von uns besuchten Gasthöfe und Hotels mit modernen Gästehäusern und Zimmern haben wir besonders aufgeführt.

Im Kapitel "Alb aktuell" finden Sie besondere Leistungen, Ausflugstips, Einfälle und Ausstattungen wie sie in keinem Prospekt zu finden sind.

Und zum guten Schluß haben wir für die Wanderfreunde ein besonderes Bonbon parat: Eine neue Route "Wandern ohne Gepäck" wurde aus der Taufe gehoben. In Zusammenarbeit mit der Gastronomie haben wir eine echte Alb-Traum-Wanderung zusammengestellt.

Die Wanderung führt Sie durch die drei romantischen Täler der Erms, Lauter und Lauchert. Den Rundwanderweg haben wir auf den Namen "Der 7-Quellen-Weg" getauft. Und wer meint, Wandern sei nicht "in", wird nach dieser Wanderung feststellen: "Ich glaube ich bin "out".

Doch wie auch immer, jeder soll die Alb auf seine Weise entdecken, als Autowanderer, Radfahrer, Drachen- oder Segelflieger, mit dem Kajak oder zu Fuß. Am Schluß sitzen sie alle vereint im "Hirsch", "Adler" oder "Löwen" und freuen sich auf ihre Maultaschen, Kässpätzle, Rostbraten, Schupfnudeln mit Kraut, Schlachtplatte mit

Kesselfleisch, Blut- und Leberwurst, den frischen Forellen, den schwäbischen Wurstsalat mit Laugenbrezeln, dem Kräuterkäs mit Wasserwecken, einem Viertele oder einem Glas Most.

"Mr muaß bloß s'richtige Wirtschäftle kenna".

Dieses Problem hoffen wir für Sie gelöst zu haben. Daß der Druckteufel oder die schnellebige Zeit uns immer wieder einen Streich spielt, sei es nun durch Preisteigerungen, Pächterwechsel oder mangelnde Tagesform des Koches ist wohl bekannt. Daher bitten wir um Verständnis, daß wir für die Angaben keine Gewähr übernehmen können.

Ganz zum Schluß, dafür aber besonders herzlich, möchten wir uns bei all unseren Freunden, Informanten und Testessern für Ihren Einsatz ganz herzlich bedanken.

Guten Appetit und kommen Sie bald wieder!

Gut Essen und Trinken

Westliche Alb

"D´Leit send gschleckat,
was wird emmer gmeckert,
isch aber guat,
no ziagt ma da Huat."

Westliche Alb

Gasthaus zur Krone, Ofterdingen

Inh.: Fam. Göhner, Tübinger Str. 10, 72131 Ofterdingen, Tel.: 07473-6391, Fax: 25596

Geöffnet: 7 - 24 Uhr, **Warme Küche:** 11.30 - 14 und 18 - 22 Uhr, **Ruhetag:** Donnerstag.

Info: Ofterdingen liegt sehr verkehrsgünstig zwischen Balingen und Tübingen. An der B 27 steht ein wahres Schmuckkästchen - das Gasthaus zur Krone. Die Einrichtung zeigt sich rustikal-gemütlich in der Fuhrmannstube und im Kaminzimmer, ungezwungen-elegant hingegen im Restaurant. Schöner Biergarten im Sommer.

Küche: Die Küche präsentiert sich auf recht hohem Niveau. Nicht umsonst ist der Sohn u.a. Mitglied der Nationalmannschaft der Köche Deutschlands. Spezialitäten sind Wildgerichte, vor allem aber Fischvariationen. Einige Menüvorschläge runden das Angebot ab.

Freizeitangebot: Burg Hohenzollern in unmittelbarer Nähe.

Landgasthof Mühlberg, Öschingen

Inh.: Fam. Volkert, Mühlberg 35, 72116 Mössingen-Öschingen, Tel.: 07473-3909

Geöffnet: 11 - 14 und 16.30 - 24 Uhr, **Warme Küche:** 11.30 - 14 und 16.30 - 21.30 Uhr, Sonn- und Feiertags durchgehend bis 20 Uhr, **Ruhetag:** Donnerstag.

Info: Das kleine Dorf Öschingen erreichen Sie am bequemsten über die Strecke Reutlingen-Gönningen-Mössingen. Unmittelbar am Ortsende befindet sich auf der linken Seite das beliebte Ausflugsziel. Im Innern des gemütlichen Gasthofes wurde viel Holz verarbeitet. Eine Terrasse lockt in den Sommermonaten ins Freie.

Küche: Gekocht wird schwäbisch-deftig. Täglich wechselnde Gerichte, Salatbufett.

Freizeitangebot: Unzählige Wandermöglichkeiten, Stadt Reutlingen, Tübinger Altstadt, Schlößer Hohenzollern und Lichtenstein.

Restaurant Lamm, Mössingen

Inh.: H.Metzger, Langestr.1, 72116 Mössingen, Tel.: 07473-6263

Geöffnet: 11.30 - 14 und 18 - 24 Uhr, **Warme Küche:** 12 - 14 und 18 - 22 Uhr, **Ruhetag:** Montag, **Betriebsferien:** 2 Wochen im August.

Info: Mitten im Mössinger Ortskern steht, sehr verkehrsgünstig in einer Kurve gelegen, das Gasthaus Lamm. Der äußere, recht bescheiden wirkende Eindruck täuscht. Im Innern besticht das Haus durch eine sehr angenehme und freundliche Einrichtung.

Küche: Die Küchenbrigade ist sehr eifrig und darauf bedacht den Gast zu verwöhnen. Neben schwäbischen Spezialitäten wird im Lamm vor allem auf eine feine, internationale Küche mit frischen Produkten Wert gelegt.

Freizeitangebot: Burg Hohenzollern, Wander- möglichkeit zur Ruine Andeck, zum Segelfluggelände oder zum Freizeitpark Olgahöhe.

Café-Bistro Schlupfwinkel, Rangendingen

Inh.: Erik Wendt, Haigerlocherstr. 12, 72414 Rangendingen, Tel.: 07471 - 83000

Geöffnet: Mo.-Sa. 11 - 1 Uhr, So. 11-24 Uhr, **Warme Küche:** dito, **Ruhetag:** keinen.

Info: Das typische Bistro liegt in der Ortsmitte direkt am Marktplatz, eingerahmt von gepflegten Fachwerkhäusern und schattigen Bäumen. Im Sommer ist der Freisitz ein beliebter Treff.

Küche: Schon zum Frühstück gibt es frische Milch, Müsli und Joghurt mit frischen Früchten. Nachmittags ist Kaffee, Kuchen und Eiszeit angesagt. Manigfaltig die ungezählten Getränke an Säften, Spirituosen und Longdrinks. Für den kleinen Hunger werden Suppen und Toasts serviert. Und das in einer angenehmen Atmosphäre zu erschwinglichen Preisen. Gratulation !

Freizeitangebot: Hier trifft man sich und läßt sich´s gutgehen.

Hotel-Gasthof Lamm, Hechingen-Stein

Inh.: L. Albens, Römerstr. 29, 72379 Hechingen-Stein, Tel.: 07471-925-0, Fax: 92542

Geöffnet: 6.30 - 14 und 16.30 - 24 Uhr, **Warme Küche:** 12-14 und 18 -21.30 Uhr, **Ruhetag:** Freitag nachmittag und Samstag. **Betriebsferien:** 2 Wochen in den Sommerferien.

Info: Das moderne Hotel mit Gasthof liegt in ruhiger Lage inmitten der schwäbischen Gemeinde Stein. Eine grüne Terrasse lockt im Sommer ins Freie. Das moderne Gästhaus bietet Platz für Lang- und Kurzurlauber.

Küche: Die Speisekarte ist gutbürgerlich ausgerichtet. Täglich gibt es drei Senioren- und Kinderteller. Herzhafte Vesper warten auf den Albwanderer. Aber auch Rost- und Schweinebraten mit Spätzle, auf Wunsch mit viel Soße, fehlen nicht im Sortiment.

Freizeitangebot: Burg Hohenzollern, Römische Gutsanlage in Stein.

Ristorante-Pizzeria Adler, Haigerloch-Weildorf

Inh.: Matilde Zappia, Balingerstr. 5, 72401 Haigerloch-Weildorf, Tel.: 07474-8421

Geöffnet: Mai-Sept. 17 - 22 Uhr, Sept.-Mai 10 - 22 Uhr, **Warme Küche:** zu den o.g. Zeiten durchgehend, **Ruhetag:** keinen.

Info: Die beliebte Pizzeria liegt direkt an der Durchgangsstraße. Parkplätze sind ausreichend vorhanden. Der Hauptbetrieb ist mehr am Abend und am Wochenende. Im Sommer wird nur abends gekocht. Die Küche ist einfach, aber gut.

Küche: Die kleine Speisekarte mit immerhin 17 verschiedenen Pizzas, Teigwaren von Spaghetti bis zu Canneloni, Fisch- und Fleischgerichten bietet alles für den kleinen und großen Hunger. Für Pizzafreunde ist der Adler ein echter Geheimtip. Bon apetito!

Freizeitangebot: Schloß Haigerloch, Rundgang durch das malerische Städtchen.

Gastschloß Haigerloch, oberhalb der Stadt

Inh.: Schwenk GmbH, 72401 Haigerloch, Tel.: 07474- 693 - 0, Fax: 693 - 82

Geöffnet: Restaurant Mo.-Sa. 12 - 23 Uhr, Bistro So. 12 - 19 Uhr, **Warme Küche:** 12-14 und 18.30 -21.30 Uhr, **Ruhetag:** Restaurant Sonntags geschlossen.

Info: Das Gastschloß Haigerloch sprengt jeden Rahmen der Gastronomie. Es genau zu beschreiben würde allein ein Büchlein füllen. Ob im Schloß oder im herrlichen Freisitz, die Küche ist einfach excellent. Die Schloßanlage liegt auf einem schroffen Felsen und ist eine Oase der Ruhe und Gastlichkeit. Stilvoll restaurierte Fremdenzimmer und Konferenz- u. Präsentationsräume stehen zur Verfügung.

Küche: Hier heißt´s: Warum in die Ferne schweifen, denn das Gute liegt so nah !

Freizeitangebot: Das Schloßareal ist allein einen Ausflug wert.

Gasthof-Hotel Römer, Haigerloch

Inh.: H. Ringeltaube, Oberstadtstr. 41, 72401 Haigerloch, Tel.: 07474-1015, Fax: 2299

Geöffnet: 10 - 24 Uhr, **Warme Küche:** 11.30 - 14 und 17 - 23 Uhr, **Ruhetag:** keinen, **Betriebsferien:** 1 Woche in der Fasnet, 2 Wochen in den Sommerferien

Info: Das ganz im römischen Stil eingerichtete Gasthaus ist schon wegen der einmaligen Innendekoration einen Besuch wert. Hier wurde weder an Ideen noch an Geld gespart. Wer möchte sich nicht einmal in einem nachempfundenen römischen Kampfwagen von Lukull verwöhnen lassen.

Küche: Der Herr des Hauses, ein Meister seines Faches, kocht aus Spaß an der Freude. Die Gerichte werden immer frisch und gekonnt zubereitet und verdienen unser Lob. Salatbufett und Kinderkarte.

Freizeitangebot: Stadtbesichtigung, Römische Gutsanlage Stein.

Hofkonditorei-Café Röcker, Hechingen

Inh.: Joachim Röcker, Marktplatz 25, 72379 Hechingen, Tel.: 07471 - 2611

Geöffnet: 8 - 18.30 Uhr, Sa. 8 - 17 Uhr, So. 14 - 18 Uhr, **Ruhetag:** Montag, **Betriebsferien:** in den Handwerkerferien.

Info: Seit 1900 trägt das Café Röcker am Marktplatz den Titel Hoflieferant, verliehen vom Fürstenhaus Hohenzollern höchstpersönlich. Die ausgezeichnete Qualität hat sich bis in unsere Tage hinein behauptet. Im Sommer sitzt der Kaffeehausbesucher im Straßencafé.

Küche: Gulaschsuppe, Eiergerichte und Toasts, ansonsten steht hier die riesige, köstliche Kuchen- und Tortenauswahl im Vordergrund. Beliebtes Mitbringsel sind die über 35 Arten hausgemachter Pralinen.

Freizeitangebot: Hechinger Altstadtbummel, Burg Hohenzollern.

Gasthaus Fecker, Hechingen

Inh.: Waltraut Ellinger, Schloßstr. 8, 72379 Hechingen, Tel.: 07471 - 2421

Geöffnet: Ab 15.30 Uhr bis die letzten Gäste gegangen sind, **Warme Küche:** dito, **Ruhetag:** Mittwoch.

Info: Eine der wenigen, nicht totsanierten Kneipen mit seiner gemütlichen, urigen Atmosphäre darf nicht fehlen. Die verräucherte Holzvertäfelung und das alte Klavier sind heute schon eine Besonderheit. Die frühere Wirtin, kurz "d´Feckere" genannt, hat mit 74 Jahren die Leitung in gute Hände abgegeben. In regelmäßigen Abständen finden Kleinkunstabende statt.

Küche: Auf den Tischen stehen wie früher immer Körbchen mit frischen Brezeln und gekochten Eiern. Vesper gibt es ab DM 5.-, aber auch Kutteln und Maultaschensuppe sind nicht zu verachten.

Freizeitangebot: Burg Hohenzollern, Hechingens Altstadt.

Restaurant Hugo, Hechingen

Inh.: Hugo u. Heidi Hellstern, Untere Mühlstr.12, 72379 Hechingen-Unterstadt, Tel.:07471-2668

Geöffnet: Di.-Fr. 10 - 14 und 17 - 24 Uhr, Sa. 10 - 14 Uhr, So. 10 - 14 und 17 - 22 Uhr, **Warme Küche:** wie Öffnungszeiten, abends bis 22 Uhr, **Ruhetag:** Montag.

Info: Das beschaulich an der Starzel gelegene Restaurant wird familiär geführt und genießt auch außerhalb der Grenzen von Hechingen einen guten Ruf. Die Ausstattung ist hell-gemütlich und gepflegt. Im Sommer speist man idyllisch an der Starzel. Um es kurz zu sagen: Wer Hechingen kennt, kennt auch "Hugo".

Küche: Der Chef kocht selbst. Hauptsächlich wird eine sorgfältig zubereitete regionale Küche offeriert. Die Tageskarte bietet preiswerte Tellergerichte. Halbe Portionen für Senioren und Kinder.

Freizeitangebot: Hechingen, Burg Hohenzollern.

Hotel-Café-Restaurant Klaiber, Hechingen

Inh.: O.W. Klaiber, Obertorplatz 11, 72379 Hechingen Tel.: 07471 - 2257, Fax: 13918

Geöffnet: 7 - 19.30 Uhr, Hotel durchgehend, **Warme Küche:** 11.30 - 14 Uhr, **Ruhetag:** Samstag.

Info: Das gepflegte Haus liegt im Ortskern in zentraler Lage. Das einladende Straßencafé ist nicht zu übersehen. Tradition wird hier groß geschrieben. Das Café-Restaurant bietet 80, ein kleines, elegantes Nebenzimmer weiteren 35 Personen Platz. Die neurenovierten Gasträume sind klassisch elegant eingerichtet. Das Hotel bietet 27 bestens ausgestattete Fremdenzimmer.

Küche: Gutbürgerlich. Tagesessen ab DM 13.-. Kuchen, Torten und Pralinen aus eigener Konditorei in großer Auswahl. Spezialität: Alle 30 Minuten gibt es frische Brezeln.

Freizeitangebot: Schloß Hohenzollern.

Gasthof zum Bausinger, Hechingen-Stetten

Inh.: Karl Bausinger, Bachstr. 22, 72379 Hechingen-Stetten, Tel.: 07471 - 3172

Geöffnet: 11 - 14 und 17 - 24 Uhr, **Warme Küche:** 11 -14 und 17- 22 Uhr, **Ruhetag:** Samstag.

Info: Das 1957 erbaute Gasthaus ist nach wie vor ein Familienbetrieb. Die 8 Gästezimmer sind zum Teil renoviert und modern ausgestattet. Für Hausgäste steht im Garten ein Freischwimmbad zur Verfügung. Im Sommer trifft man sich zum Vesper oder Bier im idyllisch in der Dorfmitte integrierten Biergarten.

Küche: Der Hausherr ist gelernter Koch und führt die Küche in eigener Regie. Seine köstlich zubereiteten Wild- und Fischgerichte sind ein echtes Eßvergnügen. Aber auch die regionale Küche kommt nicht zu kurz.

Freizeitangebot: Heimatmuseum, Golfplatz, Klosterruine.

Spezialitäten-Restaurant s´Jockele, Beuren

Inh.: Erni u. Jochen Herrmann, Mössinger Str. 6, 72379 Hechingen-Beuren, Tel.: 07477-330

Geöffnet: ab 10 Uhr durchgehend bis Schluß, **Warme Küche:** 12 - 14 und 17.30 - 21 Uhr, **Ruhetag:** Montag und Dienstag, **Betriebsferien:** Mitte Januar bis Mitte Februar.

Info: Das beliebte und bis nach Stuttgart bekannte Ausflugslokal liegt mitten im Naherholungsgebiet, am Ortseingang von Beuren. An die gemütlich-familiäre Gaststube schließt sich mit 30 Plätzen die freundliche, helle Tübinger Stube an. Im Sommer speist man auf der üppig blühenden Freiterrasse mit Panoramablick.

Küche: Der Chef kocht selbst. Die Küche ist deutsch-französisch ausgerichtet. Spezialitäten: Argentinische Rindersteaks vom Lavagrill, handgeschabte Spätzle.

Freizeitangebot: Naturschutzgebiet Beurener Heide.

Gasthof-Pension Dreifürstenstein, Beuren

Inh.: Fam. H. Nerz, Bismarckstr.18, 72379 Hechingen-Beuren, Tel.: 07477 - 704

Geöffnet: 11 - ca. 22 Uhr, So. 10 - ca. 22 Uhr, auf Wunsch auch länger, **Warme Küche:** 11.30 - 21 Uhr, **Ruhetag:** Donnerstag, **Betriebsferien:** 1.- 25. Dezember.

Info: Das idyllisch gelegene Dörfchen Beuren liegt am Fuße des Dreifürstenstein (854m). Am Ortseingang liegt die gleichnamige Ausflugsgaststätte. Der Gasthof ist zweckmäßig-rustikal eingerichtet. Ein großer Parkplatz, auch für Busse, direkt am Haus.

Küche: Sie ist fest in Männerhand. Vater und Sohn schwingen hier gemeinsam und erfolgreich die Kochlöffel. Sonderwünsche der Gäste werden gerne erfüllt. Gute Hausmannsvesper aus eigener Schlachtung, Mittwoch ab 16 Uhr gibt es ofenfrischen Leberkäs.

Freizeitangebot: Beuren ist eine Reise wert, Schloß Hohenzollern.

Hotel-Restaurant Hirsch
Sonnenbühl-Erpfingen

Geöffnet: 11.30 - 14.00
und 17.30 - 24.00 Uhr,
Gartenterrasse im Sommer
durchgehend geöffnet.
Warme Küche: 12.00 - 14.00
und 18.00 - 21.30 Uhr.
Ruhetag: Dienstag, Mittwoch ab
17.30 Uhr geöffnet.

Inhaber: Familie Windhösel
Im Dorf 12
72820 Sonnenbühl-Erpfingen
Telefon: 0 71 28 - 22 12
Telefax: 0 71 28 - 31 21

Lage: Gut zu erreichen von Reutlingen auf der B 312 oder von Gammertingen, Trochtelfingen, kommend auf der B 313. Zwischen Engstingen und Trochtelfingen, Richtung Erpfingen und Bärenhöhle abbiegen. Der "Hirsch" liegt im Ortskern.

Info: Hinter dem Haus liegt ein Parkplatz und die gepflegte Freiterrasse, auf der im Sommer nach Lust und Laune getafelt werden kann. Der Service nimmt die längeren Wege gern in Kauf um Sie auch hier zu verwöhnen. Eine lobenswerte Geste die zur Nachahmung empfohlen wird. Das Hotel-Restaurant Hirsch ist für Freunde der gehobenen Küche ein echter Geheimtip. Das kulinarische Kleinod ist eine bekannter Feinschmecker-Treff . Hier ist auch der Schwabe ohne Murren bereit, etwas tiefer in sein Portemonnaie zu greifen. Der "Hirsch" ist seit 1902 im Familienbesitz. Zur Zeit wird ein neues Gästehaus erstellt, das mit allem Komfort unserer Zeit ausgestattet wird. Im Mai 1994 ist Eröffnung. Die Wanderer ohne Gepäck, die den 7 Quellenweg gefolgt sind, finden dann nicht nur eine Küche vom Feinsten sondern auch die passende Ruhestätte.

Küche: Das Küchenteam wird von Herrn Windhösel persönlich geführt. Wer genügend Zeit mitbringt, und das ist fast Bedingung, kann sich ganz nach seinem Gusto, vom Herrn des Hauses ein Menü zusammenstellen lassen. Es ist alles vertreten: Die internationale Küche, angefangen bei frischen Austern bis hin zur Barbarie Entenbrust und der marktfrischen Fischkarte sowie schwäbische Spezialitäten wie Rehmaultaschen und sauren Kutteln.

Auszug aus der Karte: Menü ab DM 52.--, Linsenrahmsuppe mit Lachswürfeln DM 12.--, Feinschmeckersalat DM 22.80, Terrine saure Kutteln , Bratkartoffeln DM 14.--, Wildhasenrücken in Wacholderrahm, frische Pilze, Beilagen DM 32.80, Filets vom Saibling auf Blattspinat, Rieslingsoße, hausgemachte Nudeln DM 34.--. An Sonn- und Feiertagen Kaffee und Kuchen aus eigener Herstellung.

Freizeitangebot: Schloß Lichtenstein, Bärenhöhle, Eiermuseum, Oldtimermuseum in Engstingen.

13

Gasthof Lauchertquelle, Melchingen

Inh.: H. Hirlinger, Joseph-Deuber-Str. 15, 72393 Burladingen-Melchingen, Tel.: 07126 -244

Geöffnet: 11 - 14 und 16 - 24 Uhr, **Warme Küche:** 11.30 - 14 und 16 - 22 Uhr, **Ruhetag:** Dienstag und Mittwoch, Busse auf Anfrage.

Info: Den Gasthof finden Sie am Ortsausgang in ruhiger Lage. Zum Haus gehört ein eigener Kinderspielplatz. Im Sommer steht eine große Terrasse für die Ausflügler bereit. Die Ausstattung ist ländlich-rustikal und eignet sich mit seinen Gasträumen optimal für Reisegesellschaften und Familienfeiern. Zum Haus gehört eine neu erbaute Frühstückspension mit 40 Betten in modern eingerichteten Zimmern (teilweise mit Balkon).

Küche: Gutbürgerlich. Hausmacher Vesper. Hausgemachte Spätzle.

Freizeitangebot: Ruine Hohenmelchingen, Sonnenalb-Lehrpfad, Melchinger Barockkirche St.Stephan, Lichtenstein, Bärenhöhle.

Landgasthof Lamm, Salmendingen

Inh.: H.G.Bailer, Kornbühler Str.56, 72393 Burladingen-Salmendingen, Tel.: 07126-1010

Geöffnet: 11 - 14 und 16.30 - 24 Uhr, Sa. u. So. durchgehend, **Warme Küche:** 11 - 14 und 16.30 - 21.30 Uhr, **Ruhetag:** Freitag,.

Info: Der Landgasthof wird gerne von Wanderern frequentiert und liegt im ruhigen, reizvollen Ortskern. Im Sommer wird in der Gartenwirtschaft gevespert. Im Neubau liegt das Nebenzimmer für 40 Personen und die Kegelbahn. Die Gaststube mit ca. 70 Sitzplätzen schmückt ein Kachelofen. Die Einrichtung ist hell und freundlich.

Küche: Die Chefin kocht selbst. Man speist gutbürgerlich und täglich frisch zubereitet. Die Karte bietet ein reichhaltiges Angebot. Daß die Spätzle, Maultaschen und Kutteln hausgemacht sind ist Ehrensache.

Freizeitangebot: Kornbühl, Salmendinger Kapelle, Hechingen und Burg Hohenzollern, Kegelbahn, oder bei guter Landluft faulenzen.

Gasthof Sonne, Salmendingen

Inh.: Fam. Liebl, Kornbühlstr. 74, 72393 Burladingen-Salmendingen, Tel. 07126-5 48

Geöffnet: 10 - 24 Uhr, , **Warme Küche:** ab 11 Uhr durchgehend bis Schluß, **Ruhetag:** Montag.

Info: Das idyllische Albdorf ist besonders für Reiter ein bekannter Treff. Im Gasthof Sonne werden für Jung und Alt Reiterferien angeboten. Eine Übernachtung kostet DM 35.- inkl. Frühstück. Die Gasträume sind ländlich-rustikal eingerichtet. Großes Nebenzimmer.

Küche: Ein großes Salatbüfett sorgt für die nötigen Vitamine. Vegetarier finden ein reichhaltiges Angebot. Preiswerte Senioren- und Kinderteller. Der Gasthof organisiert auch Betriebs- und Familienfeiern. Partyservice.

Freizeitangebot: Zum Haus gehören 7 große Reitpferde, 6 Kleinpferde und 3 Ponys. Wanderungen über Wachholderheiden.

Gasthof Löwen
Sonnenbühl-Erpfingen

Geöffnet : 11.00 - 24.00 Uhr
Warme Küche: 11.30 - 14.00
und 17.30 - 21.00 Uhr
Ruhetag: Dienstagabend und
Mittwoch
Betriebsferien: Nov. 10 Tage
und Februar 3 Wochen

Inhaber: Familie Pfitzer
Trochtelfinger Straße 2
72820 Sonnenbühl-Erpfingen
Telefon: 0 71 28 - 22 22
Telefax: 0 71 28 - 33 09

Lage: Von Reutlingen kommend fahren Sie in Richtung Trochtelfingen. Dazwischen geht es rechts ab nach Erpfingen-Bärenhöhle. Gut beschildert und kaum zu verfehlen liegt der Gasthof abseits der Hauptdurchgangsstraße. Folgen Sie dem Hinweisschild.

Info: Der "Löwen" wird 775 erstmals erwähnt und ist seit 200 Jahren in Familienbesitz. Der jetzige Inhaber ist ausgebildeter Küchenmeister und führt eine lobenswerte Küche. Der Gasthof wirkt von außen schwäbisch bescheiden. Dafür überrascht die einladende Inneneinrichtung mit seiner dunklen Holzvertäfelung, seinen verzierten, bleiverglasten Fenstern, den zünftigen Kupferlampen, der urigen Holzdecke und den bequemen Sitzecken. Schwäbische Gastlichkeit wie wir uns dies wünschen. Für Reisegesellschaften und Feiern aller Art steht ein gemütliches Nebenzimmer mit 45 Sitzplätzen zur Verfügung. Der Gast findet moderne Fremdenzimmer zum Übernachten. Hier ist auch eine Anlaufstelle von Wandern ohne Gepäck, dem "7-Quellenweg". Doppelzimmer von DM 58.-- bis DM 74.-- und Einzelzimmer von DM 28.-- bis DM 39.-- mit und ohne Dusche.

Küche: Wird vom Herrn des Hauses auf das Beste geführt. Gutbürgerlich. Schwerpunkt: schwäbisch-regional. Aber auch die internationale Küche kommt nicht zu kurz. Täglich frische Tagesgerichte ab DM 11.--. Salatbüffet. Spezialitäten des Hauses sind Wildgerichte.

Auszug aus der Karte: Tellerschnitzel, Pommes frites, Salat, DM 17.--, Saure Nierle, Beilagen, DM 14.80, Maultaschen in der Brühe, Kartoffelsalat DM 13.50, Sonnenbühler Rostbraten mit Maultaschen und Krautschupfnudeln DM 27.--, Rehragout, Beilagen DM 25.--, Asterix Kinderteller DM 10.50

Freitzeitangebot: Ruine Hohenerpfingen, Bärenhöhle, Sommerbobbahn, Eiermuseum, Schloß Lichtenstein, Landesgetüt Marbach.

Westliche Alb

Hotel-Gasthof Lamm, Burladingen-Killer

Inh.: Albert Fischer, Bundesstr.1, 72392 Burladingen-Killer, Tel.: 07477- 1088, Fax: 318

Geöffnet: 9 - 15 und 17 - 24 Uhr, Hotel durchgehend geöffnet, **Warme Küche:** 11.30 - 14 und 17 - 21 Uhr, **Ruhetag:** Freitag, **Betriebsferien:** November.

Info: Die drei abteilbaren Gaststuben strahlen gediegene Gastlichkeit aus. Insgesamt finden bis zu 150 Personen Platz. Man ist auf Reisegesellschaften und Familienfeiern eingerichtet. Das Hotel beherbergt in 8 Doppel- und 3 Einzelzimmern seine Gäste mit allem Komfort.

Küche: Hier kocht der Chef selbst. Die Karte führt ein regional und internationales Speiseangebot. Auch hier ist alles hausgemacht. Spezialitäten sind Wildgerichte. Täglich bis zu 8 Tagesmenüs.

Freizeitangebot: Kornbühl, Salmendinger Kapelle, Hechingen und Burg Hohenzollern

Café-Konditorei Roder, Burladingen

Inh.: Engelbert Roder, Hechingerstr. 18, 72393 Burladingen, Tel.: 07475 - 330

Geöffnet: 7.30 - 18.30 Uhr, **Ruhetag:** Montag, **Betriebsferien:** während der Handwerkerferien.

Info: Nach einem Rundgang bei den in Burladingen ansäßigen Textilfabriken mit ihren günstigen Einkaufsmöglichkeiten, ist das Café Roder genau die richtige Adresse um den Kreislauf wieder in Schwung zu bringen. In gepflegter Atmosphäre munden die selbstgemachten Kuchen und Torten besonders gut. Im Sommer sitzt man zum Kaffeeplausch vor dem Haus im Freien.

Küche: Unter der Woche Tagesessen ab DM 9,80, fantastische Auswahl von Torten und Kuchen. Als Mitbringsel empfehlen wir die über 40 Sorten hausgemachter Pralinen.

Freizeitangebot: Reizvolle Wanderungen, Bären- und Nebelhöhle.

Höhengasthof-Wanderheim Nägelehaus, Onstmettingen

Inh.: Fam. A. Fischer, 72461 Albstadt-Onstmettingen, Tel.: 07432 - 21715, Fax: 2944

Geöffnet: ab 10 Uhr, , **Warme Küche:** 11.30 - 21 Uhr, **Ruhetag:** Montag ab 14 Uhr und Dienstag.

Info: Auf dem Raichberg liegt das bekannte Wanderheim des Schwäbischen Albvereins. Die Zufahrt ist gut beschildert. Parkplätze sind ausreichend vorhanden. Die Aussicht ist faszinierend. Bei entsprechendem Wetter sehen Sie die Alpen. Die Ausstattung des Hauses mit Freiterasse ist rustikal-gemütlich. Übernachtungsmöglichkeiten auch für Gruppen. Alle Zimmer mit Dusche und WC.

Küche: Gutbürgerlich. Der Inhaber ist Küchenmeister und kocht selbst. Die Speisen von DM 10.- bis DM 28.- sind schwäbisch solide zubereitet. Spätzle, Maultaschen und Kuchen sind hausgemacht.

Freizeitangebot: Wandern und Mutter Natur die Hand schütteln.

Albquell Bräuhaus, Trochtelfingen

Inh.: Fam. Auberger u. Schmid, Lindenplatz 6, 72818 Trochtelfingen, Tel: 07124-733, Fax: 2422

Geöffnet: 11 - 24 Uhr, **Warme Küche:** 11 - 14 und 17 - 22 Uhr, durchgehend kleine Karte, **Ruhetag:** Sonntag und Donnerstag mittag

Info: Der gut besuchte Gasthof liegt mit der hauseigenen Brauerei im Ortskern. Seit dem Jahre 1851 im Besitz der Familie Schmid. Das Bräuhaus strahlt mit seinen bemalten Holzdecken, seinen bleiverglasten Fenstern, der Hopfen- und Pflanzendekoration sowie seinen blanken, massiven Tischen, schwäbisch-gediegene Gastlichkeit aus.

Küche: Der gut besuchte Mittagstisch spricht für sich. Man speist hier gut, reichlich und zu vernünftigen Preisen. Am Freitag treffen sich die Anhänger der gerösteten Kutteln gleich massenweise.

Freizeitangebot: Spaziergang durch die historische Altstadt, Tropfsteinhöhlen, Burgen, Schlösser, Marbacher Pferdezucht.

Flair-Hotel Gasthof Rössle, Trochtelfingen

Inh.: Fam. F. J. Fischer, Marktstr. 48, 72818 Trochtelfingen, Tel: 07124/925-0, Fax: 92550

Geöffnet: 10 - 14 und 16.30 - 24 Uhr, So. durchgehend, **Warme Küche:** 11.30 - 14 und 17.30 - 22 Uhr, **Ruhetag:** Mo. und Fr. ab 14 Uhr.

Info: Das gepflegte Flair-Hotel liegt angrenzend an den historischen Ortskern. Das "Rössle" wird 1655 erstmals erwähnt und nannte sich damals noch "Herberge der schweren Zunft". Seit 1973 wird es von der Familie Fischer betrieben. Die Gästezimmer, mit insgesamt 50 Betten, sind mit allem Komfort ausgestattet. Ebenso die Gaststuben, elegant-gediegene Gastlichkeit ist hier Trumpf.

Küche: Herr Fischer kocht selbst und bietet eine ausgezeichnete Küche. Geboten wird eine schmackhafte, gesunde, schwäbische Kost. Das Angebot ist reichlich und für diese Ausführung nicht zu teuer.

Freizeitangebot: Hallenbad, Sauns, Solarium, Altstadtbummel, Lauchertsee, Lichtenstein, Bärenhöhle.

Romantik-Hotel Posthalterei, Gammertingen

Inh.: R. Baur, Sigmaringerstr. 4, 72501 Gammertingen, Tel: 07574 - 876 - Fax: 878

Geöffnet: 7 - 24 Uhr, **Warme Küche:** 12 - 14 und 18.30 - 22 Uhr, sonntags von 12 - 21 Uhr durchgehend, **Ruhetag:** keinen.

Info: Das bekannte Feinschmeckerlokal liegt im Ortskern und ist eine echte Schönheit. Neben der 200 Jahre alten, mit viel Atmosphäre gestalteten Posthalterei, ist ein moderner Tagungsbereich entstanden. Die 35 Zimmer genügen auch verwöhnten Ansprüchen. Bekannt sind auch die ausgefallenen Feste wie die Fahrt mit der historischen Zollernbahn, das Wilderer-Fest in einer Ruine und Berghütte sowie die Geisterstunde in einer Naturhöhle. Im Sommer Biergarten geöffnet.

Küche: Die schwäbische und internationale Küche ist hier in besten Händen.

Freizeitangebot: Lichtenstein, Burg Hohenzollern, Bärenhöhle.

Landhaus Post, Albstadt-Burgfelden

Inh.: Fam. B. Campos, 72459 Albstadt-Burgfelden, Tel: 07435 - 1297

Geöffnet: 11.30-24 Uhr, **Warme Küche:** 12-14 und 18-21 Uhr, **Ruhetag:** Montag

Info: Das imposante Bauwerk beherbergt nicht nur ein Restaurant, sondern auch einige Fremdenzimmer und ist in und um Albstadt herum bekannt und gut besucht. Die Tische sind hufeisenförmig um das vielseitige Salatbuffet angeordnet, das den Mittelpunkt in dem recht großzügig ausgestatteten Speisesaal darstellt.

Küche: Einige schwäbische Gerichte, verschiedene Menüvorschläge, ansonsten versucht man, dem Gast die internationale Küche näherzubringen. Und dies gelingt hier vorzüglich.

Freizeitangebot: Verschiedene Wandermöglichkeiten ab Burgfelder Heersberg.

Restaurant Waldeck, Albstadt-Pfefflingen

Inh.: G. u. S. Holland, Lengentalstr. 41, 72459 Albstadt-Pfefflingen, Tel: 07432-5561

Geöffnet: 11-24 Uhr, **Warme Küche:** Werktags 11.30-21.30 Uhr, Sonntags 11.30-20 Uhr, **Ruhetag:** Montag

Info: Das professionell wie liebevoll geführte Haus liegt direkt am Waldrand, in der Nähe der Eyachquelle. Das Aushängeschild des Hauses, der aufwendig gestaltete Pavillion, strahlt durch seine Massivholzbauweise einen Hauch Romantik aus und lädt zum Verweilen ein.

Küche: Vor Frau Hollands Kochkünsten muß man den Hut ziehen. Sie versteht es ihre Gäste zu verwöhnen. Ihre leichten, hauptsächlich regionalen Gerichte werden stets frisch zubereitet und durch saisonale Spezialitäten ergänzt. Salatbüfett.

Freizeitangebot: Eyachquelle, Böllat, Burgfelden.

Restaurant Burgblick, Veringenstadt

Inh.: H. Danner, An der Reute 2, 72519 Veringenstadt, Tel: 07577-7070, Fax: 7972

Geöffnet: 11 - 1 Uhr, **Warme Küche:** 11.30 - 13.30 und 17.30 - 22 Uhr, **Ruhetag:** Mittwoch.

Info: Etwas abseits des Ortskerns liegt inmitten eines Wohngebietes das Restaurant Burgblick. Für Ortsunkundige ist der Weg dorthin beschildert. Das Lokal wirkt aufgrund seines Wohnhaus-Charakters und der rustikalen Einrichtung gemütlich.

Küche: Hier werden vorzügliche schwäbische Spezialitäten zubereitet. Ob Sie sich nun nach Kässpätzle, Maultaschen, Rostbratenvariationen oder einem Filetspieß sehnen, hier sind Sie richtig.

Freizeitangebot: Veringenstadt mit historischem, denkmalgeschützten Ortskern, Wildgehege, der Kalkofen - um 1700 - am Rundweg oder der Besuch der Göpfelstein- und Nikolaushöhle.

Hotel-Gasthof Kreuz
Gammertingen

Geöffnet: 7.00 - 24.00 Uhr.
Warme Küche: 11.30 durchgehend bis 22.30 Uhr.

Ruhetag: keinen

Inhaber: Familie Burkhart
Marktstraße 6
72501 Gammertingen
Telefon: 0 75 74 - 22 30 / 8 33 / 8 34
Telefax: 0 75 74 - 46 80

Lage: Gammertingen liegt an der B 313 zwischen Reutlingen und Sigmaringen. Das "Kreuz" liegt von der Druchfahrtsstraße etwas zurückversetzt, direkt an der Lauchert, nahe dem Rathaus.

Info: Der Gasthof wird erstmals 1593 erwähnt. Damals allerdings noch mit Brauerei und eigener Brennerei. Das "Kreuz" ist ein reiner Familienbetrieb und das bereits in der 5. Generation. Seit über 30 Jahren pflegt Herr Burkhart freundschaftliche Kontakte mit Ober- und Bundesligavereinen, die sich hier besonders gut betreut fühlen und teilweise auch ihr Trainingsquartier beziehen. Unzählige Gruppen- und Einzelaufnahmen mit Autogramm z.B. Fritz Walter oder Uwe Seeler, schmücken eine ganze Wand. Der große Gastraum ist ganz in Holz gehalten. Die gewölbte Decke, die bleiverglasten Rundfenster und die Eckbänke mit ihren schmiedeeisernen Stehlampen strahlen gediegene Gastlichkeit aus. Seperate Gasträume und der große Saal bieten Platz für bis zu 600 Personen. Der Fremdenzimmerbereich mit 50 Betten ist modernst ausgestattet. Im Erdgeschoß steht für die Hausgäste eine rustikale Bar zur Verfügung. Gleich nebenan liegt das Wintergartenrestaurant mit seinem elegant-gemütlichen Ambiente für besondere Anlässe. Das Hotel Kreuz ist auch Anlaufstation vom 7-Quellen-Rundwanderweg.

Küche: Hier führt der Sohn des Hauses die Küche in gekonnter Manier von regional bis gehoben. Spezialitäten sind: Wild frisch angeliefert aus den Wäldern der Umgebung. Forellen aus eigenem Fischwasser, Hausmacher-Vesper. Bekannt sind die Aktionen wie bayrische und schwäbische Wochen. Tägliche Menüs ab DM 12.-- bis 24.-- sorgen für einen abwechslungsreichen Mittagstisch.

Auszug aus der Karte: Pfannkuchensuppe DM 4.--, Saure Nierle, Bratkartoffeln, Salat DM 14.50, Bachforelle Müllerin, Petersilienkartoffeln, Salatteller DM 19.--, Gammertinger Über-raschungspfännle DM 22.--, Maultaschen abgeschmelzt DM 10.--, Kinder- und Seniorenteller ab DM 10.50, Spätzle mit Soße DM 3.50.

Freizeitangebot: Mägerkinger See, Fehlatal, Teufelstorfelsen, Schloß Hohenzollern, Bären- und Nebelhöhle, Schloß Lichtenstein

Westliche Alb

Restaurant Ochsen, Balingen-Engstlatt

Inh.: R. Haug, Schweizerstr. 1, 72336 Balingen-Engstlatt, Tel: 07433 - 6994, Fax: 16411

Geöffnet: 11-24 Uhr, **Warme Küche:** 11.30-13.30 und 17.30-21.30 Uhr, **Ruhetag:** Montags ab 13 Uhr und Freitags bis 17 Uhr, **Betriebsferien:** Baden-Württembergische Handwerkerferien.

Info: Die Gaststube in dem alten Fachwerkhaus ist schlicht und übersichtlich eingerichtet und steht etwas im Widerspruch zur Fassade des Hauses. Jeder Tisch ist mit frischen Blumen dekoriert und im Eck steht ein Kachelofen für die kälteren Tage auf der Alb.

Küche: Die Handschrift des Küchenchefs, der sich in seinem Handwerk bestens auskennt, ist schwäbisch-deftig. Kleine Gerichte, Vesperkarte, Salatvariationen, und das Rostbratenangebot lassen das Herz eines jeden Schwaben höherschlagen.

Freizeitangebot: Burg Hohenzollern, Seerosengarten - direkt am Ort.

Landgasthof Zur Schwane, Balingen-Engstlatt

Inh.: H.Bayer, Hechinger Str.8, 72336 Balingen-Engstlatt, Tel.: 07433-7188, Fax: 5521

Geöffnet: Restaurant 12 - 14 und 18 - 23 Uhr, Kaffeestüble 12 - 24 Uhr, Gewölbekeller 18 - 23 Uhr, **Warme Küche:** 12 - 14 und 18 - 23 Uhr,**Ruhetag:** Donnerstag.

Info: Zwischen Balingen und Hechingen, direkt im Engstlatter Ortskern, steht dieses prächtig renovierte Fachwerkhaus. Neben einem eleganten Restaurant, das durch seine teils antike Einrichtung besticht, stehen dem Gast ein gemütliches Kaffeestüble sowie ein Gewölbekeller zur Verfügung.

Küche: Hermann Bayer, der über eine langjährige Ausbildung in der Gastronomie verfügt, präsentiert eine stets frische Küche.

Freizeitangebot: Burg Hohenzollern, Ausflugsgebiet Rosengarten, je 5 Minuten nach Balingen oder Hechingen.

Gasthof Hohenzollern, Bisingen

Inh.: Familie. Vassiliadis, Hauptstr.17, 72406 Bisingen, Tel.: 07476 - 2163

Geöffnet: 10 - 14 und 17 - 24 Uhr, , **Warme Küche:** 11.30 - 14 und 17.30 - 22 Uhr, **Ruhetag:** Dienstag.

Info: Der Gasthof liegt in der Ortsmitte in der 1983 großzügig erbauten Hohenzollern-Stadthalle. Beliebt ist die Gartenwirtschaft: Unter den schattigen Platanen kommt echte Urlaubsstimmung auf, wenn sie der griechische Wirt mit Retsina und gegrilltem Fisch verwöhnt. Der Gasthof mit 80 Plätzen ist geschmackvoll eingerichtet.

Küche: Die Chefin kocht selbst und wird vom deutschen Küchenchef unterstützt. So bietet das Lokal deutsche Küche und Spezialitäten aus dem Land der Hellenen. Natürlich wird alles immer frisch zubereitet.

Freizeitangebot: Schloß Hohenzollern liegt vor der Haustüre, Römeranlage in Stein.

Hotel-Restaurant Brielhof
Hechingen

Geöffnet : Hotelbetrieb

Warme Küche: 11.30 - 21.30 Uhr
durchgehend
Von 14.30 - 17.00 Uhr kleine Karte

Ruhetag: keinen
Betriebsferien: 22.12. - 31.12.
Inhaber: F. u. L. Hentsch
An der B 27
72379 Hechingen
Telefon: 0 74 71 - 40 97 + 23 24
Telefax: 0 74 71 - 1 69 08

Lage: Im ehemaligen kaiserlichen Ferienland der Staufer und Zollern, liegt am Fuße der Stammburg "Hohenzollern" die ehemalige Fürstlich-Hohenzollerische Domäne, "Brielhof". Das komfortable Hotel-Restaurant liegt heute an der B 27, die von Stuttgart an den Bodensee führt. Ganz Eilige benutzen die Autobahn, Ausfahrt Empfingen. Beim Haus finden Sie genügend Parkplätze für Ihren PKW oder Bus.

Info: Der "Brielhof" hat erst seinen 350. Geburtstag gefeiert und befindet sich seit dem vorigen Jahrhundert im Besitz der Familie Hentsch. Der Gast spürt auf Schritt und Tritt die individuelle, traditionsreiche Note des Hauses. Zahlreiche Möbel und fast alle Bilder erinnern an die große Epoche der Hohenzollern. Hier geben sich Vergangenheit und Zukunft die Hände. Der "Brielhof" zählt nicht umsonst zum kleinen Kreis kulturhistorischer, interessanter Gasthöfe in Süddeutschland. Wohnkultur und Gaumenfreuden haben hier den gleichen Stellenwert. So sind alle Zimmer mit innenarchitektonischer Raffinesse ausgestattet und werden zu verschiedenen Preiskategorien angeboten.Für Familienfeiern, Betriebsfeste und Tagungen bietet das Haus mit seinen insgesamt fünf elegant-behaglichen Gasträumen den passenden Rahmen. Die gastronomische Leitung der Burgschenke der Burg Hohenzollern liegt ebenfalls in den bewährten Händen des Brielhofteams.

Küche: Die Küchenbrigade bietet regionale und deutsch-internationale Küche auf hohem Niveau. Eine eigene Jagd versorgt die Feinschmecker mit ständig frischem Wildbret. Charolaisrinder aus eigener Zucht sind geschätzte Leckerbissen. Eine hauseigene Metzgerei und Konditorei sorgen täglich für frische geprüfte Ware. Empfehlenswert der Party-Service mit seinem Total-Service.

Auszug aus der Karte: Rinderbrühe mit Flädle DM 5.90, Schwäbische Fleischmaultäschle DM 15.--, Vegetarischer Gemüseteller DM 22.50, Zartes Rehschnitzel, Serviettenknödel, Feldsalat DM 33.20, Eglifilet, Kartoffeln, Salat DM 36.50, auch als halbe Portion DM 21.--.

Freizeitangebot: Burg Hohenzollern

Westliche Alb

Restaurant Pfeffermühle, Balingen

Inh.: Horst u. Sabine Mertins, Wilhelm-Kraut-Str. 52, 72336 Balingen, Tel: 07433-381723

Geöffnet: 10 - 24 Uhr, **Warme Küche:** 11 - 23 Uhr, Sonntags bis 22 Uhr, **Ruhetag:** Montag

Info: Das Restaurant liegt gleich am Stadteingang von Balingen, gegenüber des Bizerba Gebäudes. Ein Muß für jeden, der gerne und gut essen geht, denn es ist in seiner Art einzigartig. Im Inneren rustikal-edel, weckt es beim Gast ein wenig Wildwest Romantik. Ein Haus mit besonderem Flair voller Stil und Eleganz.

Küche: Eine der vielen Spezialitäten sind die Steakvariationen. Sie lieben es exotisch ? Dann lassen Sie sich z.b. mit mongolischen Filetwürfeln in eine andere Welt entführen. Die sehr umfangreiche Karte läßt keine Wünsche offen.

Freizeitangebot: Stadtbummel, Zehntscheuer, Schloßrundgang.

Restaurant Hirschgulden, Balingen

Inh.: E. u. R. Gruber, Charlottenstr. 27, 72336 Balingen, Tel: 07433 - 2581

Geöffnet: Mo.-Sa. 11.30-14.30 und 17.30-24 Uhr, So. 11.30-23 Uhr, **Warme Küche:** 12-14 und 18-22.30 Uhr, **Ruhetag:** keinen

Info: Das schmucke Restaurant bildet mit der Balinger Stadthalle zusammen ein Gebäude. Allein schon der geschwungene Treppenaufbau macht den Gast neugierig und regt ihn an, näherzutreten. Der etwas niedrige Gastraum vermittelt die gewünschte Gemütlichkeit.

Küche: Hier wird dem Gast eine Küche geboten, die neben einigen, meist verfeinerten, regionalen Spezialitäten, auch mit einer gehobenen internationalen Kochkunst aufwartet. Auch für den kleinen Hunger wird bestens gesorgt. Unser Kompliment!

Freizeitangebot: Veranstaltungen in der Stadthalle, Besuch des Hallenbades - beides in unmittelbarer Nachbarschaft.

Hotel - Restaurant Thum, Balingen

Inh.: T.Meyer, Klausenweg 20, 72336 Balingen, Tel: 07433-9690-0 - Fax: 9690-44

Geöffnet: 6.30-24 Uhr, **Warme Küche:** 11.30-14 und 17.30-22 Uhr, danach kleine Nachtkarte, **Ruhetag:** Samstag (für Festlichkeiten geöffnet)

Info: Eines der wenigen Häuser der Südwestalb, bei denen sich die Küchenleistungen, der Service und der Komfort glücklich vereinen. Familie Meyer führt dieses Haus seit 1951. Dem eleganten Speisesaal mit Nebenraum schließt sich eine urig gemütliche Zunftstube an.

Küche: Regionale Produkte stehen hier im Vordergrund. Mit einer Portion Raffinesse tischt man dem Gast aber auch eine der unzähligen internationalen Köstlichkeiten des Hauses auf.

Freizeitangebot: Rottweil, Burg Hohenzollern.

Hotel-Gasthof "Zum Süßen Grund"
Albstadt-Ebingen

Geöffnet: 11.00 - 24.00 Uhr

Warme Küche: 11.00 - 14.00
und 17.30 - 22.00 Uhr.

Ruhetag: Donnerstag

Inhaber: Michael Hagen
Bitzer Berg 1
72458 Albstadt-Ebingen
Telefon: 0 74 31 - 40 53

Lage: Wenn Sie von Ebingen kommend die Bitzer Steige in Richtung Gammertingen in Angriff nehmen, erscheint linkerhand auf der Anhöhe der Gasthof "Süßer Grund".

Info: Es war im Jahre 1956, als der "Süße Grund" zum ersten Mal erwähnt wurde. Zur damaligen Zeit noch ein Bauernhof, war er einer der ersten Aussiedlerhöfe auf dem Bitzer Berg. Nach und nach entwickelte sich aus der ehemaligen Vesperwirtschaft ein über Albstadts Grenzen hinaus bekanntes Ausflugs- und Speiselokal. Bei jeder Renovierung wurde großer Wert darauf gelegt, den ursprünglichen Charakter als Vesper- und Bergwirtschaft zu erhalten. Die Gasträume sind im Stil alter Bauernstuben gehalten und erzeugen so eine urgemütliche Atmosphäre. Mit der westfälischen Klinker- und Fachwerkkonstruktion, der Allgäuer Bauernstube und der Tiroler Zirbelstube, sind drei verschiedene Stilrichtungen vertreten. Die Dekoration, bestehend aus einer Pendeluhr, Blumenarrangements und Gemälden aus Ebingen vollenden das rustikale Ambiente. Bei schönem Wetter stellt die Terrasse einen besonderen Anziehungspunkt dar. Weiter stehen behagliche Zimmer im Stile alter Bauernstuben zum Übernachten zur Verfügung. Ein Kinderspielplatz und ein Gestüt sind beliebte Ziele der Ausflügler.

Küche: Die gepflegte schwäbische Küche bietet ein reichhaltiges Angebot an Vespern, schwäbischen Gerichten, Steakspezialitaten sowie kleine Gerichte. Herr Hagen, der dieses Haus seit November 1993 leitet, war zuvor in renommierten Häusern tätig, so allein 7 Jahre in der Schweiz (Engadin).

Auszug aus der Karte: Suppen ab DM 4.--, Salat Espanol mit Thunfisch, Zwiebeln und Räucherlachs DM 14.50, Schwäbische Schinkenplatte mit Butter und Kirschwasser DM 14.--, Knoblauchsteak DM 26.--, Filetsteak Madagaskar mit grünen Pfefferkörnern DM 32.50

Freizeitangebot: Wanderungen zum Flugplatz Degerfeld (Segelfliegen), Möglichkeiten zum Ballonfliegen, Tandemspringen. Im Winter befinden sich in unmittelbarer Umgebung gespurte Langlaufloipen, diverse Rad- und Wanderwege.

Gasthaus Krone, Albstadt-Lautlingen

Inh.: E. u. M. Alber, Laufenerstr.19, 72459 Albstadt-Lautlingen, Tel: 07431-73340

Geöffnet: 11 - 24 Uhr, **Warme Küche:** 11.30 - 14 und 16.30 - 22 Uhr / So. nur bis 21 Uhr, **Ruhetag:** Montags ganztägig, Samstags ab 14 Uhr.

Info: Das im Jahre 1697 vom Zimmermeister Oswald erbaute Fachwerkhaus liegt unübersehbar inmitten des Ortskerns. Nach Betreten der guten Stube fühlt man sich unwillkürlich in die damalige Zeit zurückversetzt. Die Gaststube mit ihrem ländlich-rustikalen Interieur verleiht dem Haus seinen heimeligen Charakter.

Küche: Die vom Chef des Hauses geführte Küche hat sich auf schwäbische Gerichte spezialisiert und bietet vom kalten Vesper bis zum sog. Poststübletopf alles, was das Schwabenherz begehrt.

Freizeitangebot: Rad-Rundwanderweg, Badkap, Fabrikverkauf von exclusiver Tag- und Nachtwäsche der Fa. Mey.

Café-Restaurant Brunnental, Laufen

Inh.: Christine Schmieder, 72459 Laufen, Tel: 07435 - 1500

Geöffnet: Werktags 11-24 Uhr, Sonntags 10-24 Uhr, **Warme Küche:** 11-24 Uhr, **Ruhetag:** Montag

Info: Das sehr großzügig eingerichtete Gasthaus ist mit seinen beiden Innenräumen und der großen überdachten Gartenwirtschaft ein beliebtes Ausflugsziel für Wanderfreunde aus nah und fern. Frau Schmieders Café-Restaurant liegt in wunderschöner Hanglage, genau zwischen Albstadt-Laufen und -Lautlingen.

Küche: Hauptaugenmerk liegt auf schwäbisch Deftigem. Von Zeit zu Zeit serviert der Küchenchef jedoch auch Spezialitäten aus Italien. Im Herbst/Winter werden Wild- und Muschelgerichte gereicht.

Freizeitangebot: Wandergebiet "Hossinger Leiter", vom großen Parkplatz aus in wenigen Minuten zu erreichen.

Gasthaus Rössle, Erzingen

Inh.: Volker Bitterlich, Bellingstr. 2, 72336 Erzingen, Tel: 07433 - 4894

Geöffnet. 11 - 14.30 und 16.30 - 24 Uhr, **Warme Küche:** 11.30 - 14 und 17-23 Uhr, **Ruhetag:** Dienstag

Info: Das "Rössle" in Erzingen liegt rechterhand direkt an der B 27 zwischen Balingen und Schömberg. Geführt wird es von den Eigentümern selbst. Die Galträume mit 50 und 80 Sitzplätzen bieten genügend Raum für Reisegesellschaften und Festivitäten aller Art.

Küche: Die Küche präsentiert sich auf einem überraschend guten Niveau. Verfeinerte schwäbische Gerichte, Wildspezialitäten und ein Frischfisch-Angebot, das auf einer separaten Karte im Lokal ausgeschrieben wird verwöhnen den Gast.

Freizeitangebot: Fossilienmuseum in Dotternhausen, Stausee.

Hotel-Restaurant "Alt-Ebingen"
Albstadt-Ebingen

Geöffnet: 7.00 - 1.00 Uhr
Warme Küche: 11.30 - 14.15
und 18.00 - 22.00 Uhr,
kalte Küche bis 23.00 Uhr.

Ruhetag: keinen jedoch am
24.12. und 25.12. geschlossen

Inhaber: Veronika Dobiwka
Langwatte 51
72458 Albstadt-Ebingen
Telefon: 0 74 31 - 93 90 -0
Telefax: 0 74 31 - 5 30 24

Lage: Von Tailfingen/Truchtelfingen kommend fahren Sie entlang des Sportstadions in Richtung Innenstadt. Nach etwa 300m finden Sie nur wenige Schritte vom Ebinger Altstadtkern entfernt, auf der rechten Straßenseite, das reizende Fachwerkhaus "Alt Ebingen".

Info: Familie Dobiwka, die fast 20 Jahre lang im romantischen Vellberg das Schloßhotel bewirtschafteten, haben mit dem Hotel - Restaurant Alt-Ebingen seit Juli 1993 ein neues Domizil gefunden. Das Restaurant besteht aus 2 Gaststuben, die durch einen Bogen direkt miteinander verbunden sind. Mit viel Liebe und Sorgfalt eingerichtet, entsteht durch das dunkle Holz, die vielen kleinen Kostbarkeiten und die schön gedeckten Tische eine rustikale, einladende Atmosphäre. Der Service, der von drei sympatischen jungen Damen versehen wird, ist aufmerksam und freundlich. Für einen längeren Aufenthalt stehen dem Gast 9 Einzelzimmer und 7 Doppelzimmer mit modernster Ausstattung zur Verfügung. Speziell ausgearbeitete Offerten für einen Wochenendurlaub oder die Silvesterparty runden das Angebot ab.

Küche: Herr Dobiwka, der selbst am Herd steht, präsentiert eine frische deutsche Küche und ist bekannt für seine Fischspezialitäten. Das Angebot ist bewußt klein gehalten. Schließlich soll gewährleistet sein, daß ausschließlich frische Produkte zubereitet werden. Daher wird die Karte auch 2-3 mal pro Woche neu geschrieben. Lassen Sie sich von seinen Kochkünsten und seiner Kreativitat verwöhnen - es lohnt sich.

Auszug aus der Karte: Räucherlachstaschen mit angemachtem Tatar gefüllt, dazu Toast DM 19.--, Hummersüppchen mit Cognac DM 7.20, Hirschfilet vom Grill auf Butterlinsen, Hagebuttensoße, hausgemachte Spätzle, Blattsalate DM 39.--, frisches Haifischfilet gebraten, Zwiebelgemüse, Dampfkartoffeln, Blattsalate DM 28.--. Eine ansprechende Vesperkarte und ein gut sortiertes Weinangebot runden die Karte ab.

Freizeitangebot: Bummel durch die Fußgängerzone und Altstadt von Ebingen, Wanderung zum Aussichtspunkt Schloßfelsen. Oder wie wäre es mit einem Besuch der Städtischen Galerie oder des Badeparadieses Badkap?

Hotel-Restaurant "In der Breite", Albstadt-Ebingen

Inh.: Fam. S. Conzelmann, Flandernstr. 97, 72458 Albstadt-Ebingen, Tel: 07431-9007-0, Fax: 900777

Warme Küche: Werktags 12 - 13.30 und 18 - 21.30 Uhr, Sonntags 11.30 - 13.30 und 17.30 - 21 Uhr, **Ruhetag:** Samstagmittag und Montags ganztägig.

Info: Das etwas abseits in der Ebinger Weststadt gelegene Gebäude, macht einen sehr gemütlichen und rustikalen Eindruck. Im Innern mit viel Holz und einem Kachelofen ausgestattet, wird beim Gast eine heimelige Atmosphäre erweckt. Neu eingerichtete Fremdenzimmer mit allem Komfort im Haus.

Küche: Es wird eine gehobene regionale Küche serviert. Spezialitäten wie z.B. Rostbraten, Spätzle, schwäbische Maultaschen und Lachs-Maultaschen sind selbstverständlich hausgemacht.

Freizeitangebot: Viele Wanderwege, unter anderem nach Straßberg.

Hotel - Restaurant Linde, Albstadt-Ebingen

Inh.: Kurt Hettler, im Zentrum, 72458 Albstadt-Ebingen, Tel.: 07431-53061, Fax: 53322

Geöffnet: 11- 15 und 17.30 - 23 Uhr. **Warme Küche:** 11.30 - 13.30 und 18.30 - 21 Uhr, **Ruhetag:** Samstag und Sonntag.

Info: Mitten im Herzen von Albstadt steht das repräsentative, alte Fachwerkhaus. Seit vielen Jahren zählt Herr Hettlers Restaurant mit zu den ersten Adressen in Baden-Württemberg. Perfekt gedeckte Tische, ein stilvolles, rustikales Ambiente und der zuvorkommende Service lassen den Gast für einen Abend lang den Alltag vergessen.

Küche: Gekocht wird auf sehr hohem Niveau, und das erfreulicherweise zu angenehmen Preisen. Die Spezialität des Hauses sind Variationen von Fisch und Schalentieren, Hummer aus eigenem Bassin.

Freizeitangebot: Burg Hohenzollern, Ebinger Altstadtbummel.

Trink ich Wein, so werd ich lustig,
trink ich Wasser, so werd ich durstig,
trink ich Bier, so werde ich voll,
ich weiß nicht, was ich trinken soll.

Höhengaststätte Waldheim

Albstadt-Ebingen

Geöffnet: 11.30 - 23.00 Uhr

Warme Küche: 11.30 - 14.00
und 17.00 - 21.30 Uhr

Ruhetag: Dienstag

Inhaber: F. u. H. Werner
Postfach 191 (PLZ 72422)
72458 Albstadt-Ebingen
Telefon: 0 74 31 - 33 73
Telefax: 0 74 31 - 33 14

Lage: Zwischen Albstadt-Ebingen und Bitz wartet auf den orts-kundigen Gast inmitten einer Waldlandschaft ein kleines Paradies. Verfehlen Sie keinesfalls die unscheinbare Abzweigung auf der rechten Seite, kurz bevor Sie in den Ebinger Talkessel abtauchen. Nach einer etwas kurzen, holprigen Fahrt, erreichen Sie eine Oase der Ruhe und Erholung.

Info: Im Ebinger Waldheim läßt es sich in vielerlei Hinsicht ent-spannen. Sei es bei einer Partie Golf auf der 18 Loch Minigolf-Anlage, einem Besuch des Wildschweingeheges, einem Konditionstraining auf dem Waldlehrpfad oder einem Fußballspiel auf dem benachbarten Sportplatz. Unzählige Wandermöglichkeiten und der einmalige Panoramablick vom Aussichtsturm des Schloßfelsens machen den Besuch zu einem Erlebnis. Die Höhengaststätte wurde innen vollständig renoviert und erstrahlt nun in neuem Glanz. Eine neue, warme Holzverkleidung, moderne Beleuchtung und der freundliche und zuvorkommende Service von Frank und Harald Werner mit ihrem Team, geben dem Haus seinen unverwechselbaren Charme. Im hellen und ansprechenden Nebenraum finden bis zu 150 Personen Platz.

Küche: Der Schwerpunkt liegt in der regionalen Küche. Die gekonnt gestaltete Speisekarte ist überraschend gut sortiert und läßt keine Wünsche offen. Das Angebot reicht vom kleinen Vesper, schwäbischen Gerichten bis hin zu Spezialitäten, die unseren Applaus verdienen. Im Sommer genießt man ein kühles Blondes im Biergarten oder wählt aus der Dessertkarte.

Auszug aus der Karte: Tomatencremesuppe DM 5,80, Haustoast mit Schinken, Champignon, Spargel und überbackenem Käse DM 12,80, Kässpätzle mit Salat DM 11.50, Zwiebelrostbraten, Spätzle und Saisonsalate DM 22.70, Bauernvesper DM 14.50, Hexe im Fegefeuer (Schweinemedaillons, pikante Soße mit Früchten, Kartoffelkroketten und Salat DM 21.90. Gut sortiertes Weinangebot.

Freizeitangebot: Minigolf-Anlage, Wildschweingehege 500 m, Schönhalder Fels, Schleicherhütte, Malesfels, Kuhfelsen, Kinder-spielplatz, Minibagger, Aussichtsturm, Waldlehrpfad.

Restaurant Lerchenstüble
Albstadt-Ebingen

Geöffnet: 11.00-14.00
und 17.00-24.00 Uhr

Warme Küche: 11.30-14.00
und 17.30-22.00 Uhr.

Ruhetag: Montag

Inhaber: Sieglinde Demoly
Lerchenstraße 47
72458 Albstadt-Ebingen
Telefon: 0 74 31 - 7 25 13
Telefax: 0 74 31 - 7 41 34

Lage: Von Balingen kommend, fahren Sie Richtung Badkap, lassen das Albstädter Badeparadies links liegen und biegen kurz hinter dem Ortsschild rechts ab. Folgen Sie dieser Straße, denn ganz am Ende liegt versteckt am Waldrand ein Restaurant, das eine Reise wert ist - das Lerchenstüble.

Info: So mancher Albstädter wird sich wohl noch an die Zeit erinnern, als das heutige Lerchenstüble dem Siedler- und Gartenbauverein als Unterkunft diente. Sieglinde Demoly war es, die sich im Jahre 1977 einen Traum verwirklichte und das Gebäude zu einem wahren Kleinod umbaute. Im Inneren wurde die Gastlichkeit in drei verschieden große Räume aufgeteilt. Rustikal der Stammtisch mit anschließender Theke für die durstigen Seelen. In den mit viel Liebe eingerichteten Speiseräumen spürt man einen Hauch von Eleganz. Die ausgesuchten Antiquitäten in der hinteren Stube geben ihr eine besondere Note. Soeben wurde Sieglindes Küchenrefugium erweitert und die Terrasse überdacht.

Küche: Sieglinde Demoly, die in der Gourmetmetropole Paris erste Küchenerfahrungen sammelte, zaubert immer wieder neue Köstlichkeiten auf den Teller. Die Angebote sind überraschend vielfältig, stets frisch und reichen von schwäbischen Spezialitäten über Fischgerichte, bis hin zum weit über Albstadts Grenzen hinaus bekannten amerikanischen Steak. Die zeitweise ausliegende Maultaschenkarte bietet allein zwei Dutzend Variationen. Eine Kinderkarte, sowie die Dessert- und Weinkarte, runden das Angebot perfekt ab. Für Genießer findet einmal im Monat ein Traumschiff-Büffet statt, an dem sich jeder nach Herzenslust mit Vorspeisen, Hauptgerichten und Desserts verköstigen kann. Feinschmeckerherz was willst du mehr?

Auszug aus der Karte: Suppen ab DM 4.50, Vorspeisen ab DM 7.90, Hauptgerichte von DM 13.-- bis DM 31.--, Mittagstisch DM 9,50, Lachsmaultaschen mit Salat vom Büffet DM 18.--. Empfehlenswerte Weinkarte, wobei noch südafrikanische und kalifornische Gewächse das Angebot ergänzen.

Freizeitangebot: Badeparadies Badkap, Skilift direkt neben dem Haus.

Einkehrstube Zur Ölmühle
Schömberg

Geöffnet: Mo.-Fr. ab 14.00 Uhr,
Sa.-So. ab 10.00 Uhr bis Schluß

Warme Küche: Kleine warme
Imbisse durchgehend

Ruhetag: Dienstag

Inhaber: Renate Eckenweber
72355 Schömberg
Telefon: 0 74 27 - 26 79

Lage: Auf halber Strecke zwischen Schömberg und Ratshausen liegt die Einkehrstube "Zur Ölmühle". Das Haus steht mitten im Grünen und ist schon von weitem zu erkennen. Die Abzweigung selbst kommt sehr plötzlich und bedarf Ihrer Aufmerksamkeit.

Info: Die "Ölmühle" besteht aus einer gemütlichen, sehr überschaubaren Gaststube. Sie ist hell und freundlich eingerichtet und erhält durch die zinnbeschlagenen Tischlampen und den Kachelofen in der Mitte eine rustikale Note. Von hier aus erreichen Sie auch die Gartenterrasse und den angrenzenden Kinderspielplatz. Die Terrasse wird bei Bedarf überdacht. Die idyllische Waldlage, umgeben von saftigen Wiesen ist ein Ort der Ruhe und Erholung. Frau Eckenweber mit ihrer freundlichen und ungezwungenen Art tut das Übrige, damit ein jeder Gast gerne an die "Ölmühle" zurückdenkt.

Küche: Wie der Name "Einkehrstube" schon andeutet, ist hier der hungrige Wandersmann, bzw. der Ausflugsgast zuhause. Geboten werden deftige Vesper nach Hausmacherart, kleine warme Imbisse, Kaffee, Kuchen, Eisbecher und eine reichhaltige Getränkekarte.

Auszug aus der Karte: Eisbein in Aspik mit Zwiebeln, Essig, Öl DM 8.--, Wurstsalat mit Käse DM 9.--, Bauernvesper DM 10.--, 3 Rühreier mit Speck und Brot DM 7.--, Nußknacker Eisbecher mit Maple Walnußeis DM 8.--, Apfelstrudel und Kuchen je nach Jahreszeit, Apfelschorle 0,2l DM 2.50, Weizen 0,5l DM 3.80.

Freizeitangebot: Wanderungen zum Plettenberg oder Schlichemtal, Stauseespaziergang, Besichtigung der Palmbühl Wallfahrtskirche, die 1631 von Franziskanern innerhalb eines halben Jahres erbaut wurde.

Hotel Schlichemtal "Obere Säge"
Schömberg

Geöffnet: 9.00 - 23.00 Uhr

Warme Küche: 11.30 - 14.00
und 17.30 - 21.00 Uhr,

Ruhetag: Freitag
Betriebsferien: 2 Wochen
im Januar

Inhaber: Familie Horst Lauffer
72355 Schömberg
Telefon: 0 74 27 - 87 61
Telefax: 0 74 27 - 83 65

Lage: Inmitten des Urlaubs- und Ferienparadieses Oberes Schlichemtal, liegt fernab vom Verkehr das "Hotel Schlichemtal Obere Säge". Folgen Sie in Schömberg den Wegweisern und Sie werden ca. 1km vor Ortsbeginn von Ratshausen dieses herrliche Fleckchen Erde erreichen.

Info: Herr Lauffer ist ein erfahrener Gastronom und seit 1988 Eigentümer des Hauses. Das modern eingerichtete Restaurant zeichnet sich durch rustikales Ambiente, die Farben und die liebevoll zusammengestellten Blumenarrangements aus. Ein separater Raum bietet etwa 60 Personen Platz und eignet sich ideal für Tagungen und Konferenzen. Das Hotel umfaßt 40 Betten. Die Gästezimmer sind mit allem nötigen Komfort ausgestattet. Sauna, Solarium und Fitneß sind weitere Annehmlichkeiten, die dem Gast zur Verfügung stehen. Von November bis April werden Fastenwochen angeboten.

Küche: Hier zeigt sich die Kreativitat und Flexibilitat von Herrn Lauffer, Küchenmeister und Diätkoch. Die Schwäbische Küche erfreut genauso den Gaumen wie Wildgerichte aus heimischen Wäldern, Fischspezialitäten und Hausmachervesper mit selbstgebackenem Holzofenbrot. Die Kuchen kommen frisch aus der eigenen Konditorei. Die Küche präsentiert sich regional-gehoben, die je nach Saison mit verschiedenen Spezialitäten bereichert wird. Desweiteren werden verschiedene Vollwertgerichte sowie Diätküche angeboten.

Auszug aus der Karte: Hirschkalbsteak mit Champignon in Kräuterrahm, Spätzle, Preiselbeeren, Rosenkohl DM 24.50, Zanderfilet auf Kräuterrahmnudeln mit Salat DM 26.50, verschiedene Forellengerichte ab DM 22.--, Bauernbrotzeit vom Holzteller DM 12.50, Holzsägers Vesperkörble mit Holzofenbrot für 2 Personen DM 29.--. Die Getränkekarte ist gut sortiert. So finden Sie einen Königschaffhausener MüllerThurgau (DM 6.50), genauso wie einen Chassela du Valais (Wallis, DM 6.50) und einen Chardonag (DM 6,50).

Freizeitangebot: Rad- und Rundwanderwege in der Nähe, Bootsfahrten auf dem Stausee, Wintersportmöglichkeiten, Angeln oder ein Besuch im Dotternhausener Fossilienmuseum.

Gasthof Waldschenke, Schömberg

Inh.: Familie Heinz Koch, 72355 Schömberg, Tel: 07427 - 8188, Fax: 8288

Geöffnet: 11 - 22 Uhr, **Warme Küche:** dito, **Ruhetag:** Montag, außer in den Sommerferien

Info: Der Gasthof liegt in landschaftlich reizvoller Lage, direkt oberhalb des Schömberger Stausees. In den Gaststuben wird durch viel dunkles Holz, sowie eine helle und freundliche Einrichtung, eine heimelige Atmosphäre geschaffen. Saal mit 200 Sitzplätzen.

Küche: Schwäbisch-bodenständig. Durch internationale Gerichte und saisonale Spezialitätenwochen ergänzt. Jeden Freitag werden dem Gast Steaks vom offenen Kamin serviert. Im Sommer genießt man Kuchen- und Eisvariationen auf der Gartenterrasse.

Freizeitangebot: Fahrt mit dem Bähnle durch das nebenan gelegene Miniaturdorf, Minigolf, Märchengarten, Schömberger Stausee.

Gasthaus Berghütte, Tieringen

Inh.: Sylvia Schulz, Berghofstr. 1, 72469 Tieringen, Tel: 07436 - 1551, Fax: 8319

Geöffnet: Mo. - Sa. ab 11.30 Uhr, So. ab 10 Uhr, **Warme Küche:** durchgehend, **Ruhetag:** Dienstag.

Info: Um zum Gasthaus Berghütte zu gelangen, benötigen Sie etwas Geduld und ein wendiges Auto. Über Weilstetten und das Wandergebiet Lochen kommend, befindet sich dieses gemütliche Gasthaus linker Hand auf der Hochebene beim Feriendorf. Bei schönem Wetter ist die Gartenterrasse ein beliebter Treffpunkt.

Küche: Die Küche ist schwäbisch-deftig. Sehr zu empfehlen sind die verschiedenen Steakvariationen (Hüttensteak auf Holzbrett, mit Speckscheiben, Kräuterbutter, Bratkartoffeln und Salat DM ca. 21.--)

Freizeitangebot: Schönes Wandergebiet, z.B. Hossinger Leiter, Wandergebiet Lochen. Feriendorf in Tieringen.

Speiserestaurant Löwenstuben, Schörzingen

Inh.: Familie Merkt, Bachstr. 1, 72355 Schörzingen, Tel: 07427-2486

Geöffnet: 9 - 24 Uhr, **Warme Küche:** 11.30 - 14 und 17 - 22 Uhr, **Ruhetag:** Montag.

Info: Der schmucke Gasthof liegt eingebettet in der Schörzinger Dorfmitte. Die geschmackvoll eingerichteten Gasträume, das Kaminzimmer, die Hubertus- und die Weinstube, bieten bequem Platz für 300 Personen. Das Ambiente ist gemütlich rustikal.

Küche: Die Küche ist modernst eingerichtet und verwöhnt seine Gäste mit vielerlei Spezialitäten. Je nach Saison finden diverse Spezialitätenwochen statt, Freitags empfiehlt sich das reichhaltige Salatbüfett.

Freizeitangebot: Im Haus zwei Bundeskegelbahnen, die für den nötigen sportlichen Ausgleich sorgen.

Gasthof "St. Joseph-Stuben"
Schörzingen

Geöffnet: 11.30 - 13.30 und
16.30 - 24.00 Uhr, Sonn- und
Feiertags durchgehend

Warme Küche: 11.30 - 13.30
und 17.00 - 22.00 Uhr.

Ruhetag: Dienstag

Inhaber: Familie Gogolski
Hauptstraße 49
72355 Schörzingen
Telefon: 0 74 27 - 22 13

Lage: Schörzingen liegt verkehrsgünstig, zentral im Dreieck zwischen Rottweil, Balingen und Tuttlingen. Am besten zu erreichen über die B 27 oder die Autobahnausfahrt Rottweil, Entfernung ca. 12km. In Schörzingen selbst, halten Sie sich an der Kreuzung kurz hinter dem Ortsschild links, Richtung Dorfmitte. Nach etwa 300m erkennen Sie auf der rechten Seite der abfallenden Straße das markante Gebäude.

Info: Die Gaststätte ist im Stil einer Tiroler Bauernstube anno 1600 errichtet und in ihrer Art auf der Alb wohl einmalig. Massive Holzpfeiler, die komplette Verkleidung aus dunklem Holz, ein gewichtiger, überdimensionaler Kachelofen und nicht zuletzt die extrem niedrige Höhe von 2,20 m sind es, die der Stube ihre urig-gemütliche Note geben. Die Wände, Nischen und Ablagen sind mit ausgesuchter landestypischer Dekoration ausgeschmückt. Über eine schmale Treppe gelangt man hinab in den Gewölbekeller. Hier finden Sie die Antoniusstube für 18 und die Franziskusstube für 12 Personen. Das Ambiente ist hier mehr im elegant-modernen Rahmen gehalten. Dem Gast stehen 4 Gaststuben mit 150 Plätzen zur Verfügung.

Küche: Das Hauptaugenmerk der St.Joseph-Stuben liegt in der schwäbischen Küche. Neben den regionalen Spezialitäten empfiehlt sich auch eine Karte mit kleinen Gerichten sowie die Vesperkarte. Von Oktober bis März stellen Raclett DM 37.--, Tischgrill DM 39.--, Fondue DM 39.-- oder das Spanferkelessen ab 8 Personen die kulinarischen Höhepunkte dar.

Auszug aus der Karte: Leberspätzlesuppe DM 5.50, Schwabentopf (Schweinefilets auf Kässpätzle, Champignonrahmsoße) Salat DM 29,90, Zwiebelrostbraten mit Salat DM 20.90, Kalbssteak Mozart, Ananas, gebratener Speck, Kirschen, Salat DM 27.90, Kässpätzle mit Salat DM 10.50, Vesperteller nach Art des Hauses DM 13.50. Salate aus der Salatbar: Mindestens 8 verschiedene Sorten täglich frisch. Exquisites Weinangebot aus Deutschland, Frankreich und Spanien.

Freizeitangebot: Schörzingen liegt sehr günstig für Tagesausflüge in den nahegelegenen Schwarzwald oder an den Bodensee. Schömberger Stausee, Schlichemtal, Aussichtspunkt Klippeneck.

Café - Restaurant Albblick, Roßwangen

Inh.: Martin Jenter, Burgbühl 2, 72336 Roßwangen, Tel: 07433 - 34330

Geöffnet: 11 - 24 Uhr, **Warme Küche:** 11.30 - 14 und 17.30 - 20.30 Uhr, **Ruhetag:** Donnerstag + Samstag, **Betriebsferien:** In den Handwerkerferien

Info: Roßwangen ist ein kleines Dorf zwischen Balingen und Schömberg. Das Lokal ist mit sehr viel Liebe und Sorgfalt hell und freundlich eingerichtet. Von den Fensterplätzen im Nebenzimmer genießt man einen herrlichen Blick hinaus ins Balinger Umland.

Küche: Bodenständig-schwäbisch, schöne Vesperkarte. Nachmittags läßt man sich eine der vielen Kuchenspezialitäten munden.

Freizeitangebot: Nur wenige Meter entfernt findet der Besucher einen kleinen Tierpark vor. Balinger Stadtbummel mit der Möglichkeit zum Schnäppchenkauf bei der Fa. Ceceba.

Café - Gasthof Rössle, Wilfingen

Inh.: Fam.Wagner, 78669 Wilfingen bei Wellendingen, Tel: 07426 - 4723 - Fax: 4732

Geöffnet: 11 - 14 und 17 - 24 Uhr, Sa. 14 - 24 Uhr, So. 9 - 24 Uhr, **Warme Küche:** 11.30 - 14 und 17.30 - 22 Uhr, **Ruhetag:** Dienstag

Info: Wilfingen ist ein kleiner Ort am Rande der Schwäbischen Alb. Das Rössle liegt unübersehbar an der Durchgangsstraße in Richtung Schörzingen bzw. Gosheim. Die Gaststuben sind hell und freundlich eingerichtet. Durch die großen Fenster hat man einen guten Blick hinab ins Dorf. Im oberen Stock sind Gästezimmer eingerichtet.

Küche: Gut bürgerlich, mit schwäbischen Gerichten, einer Vesperkarte, sowie Kaffee und Kuchen.

Freizeitangebot: Fahrradtouren Richtung Spaichingen/Tuttlingen, Ausflüge auf das Klippeneck oder ins hoch gelegene Gosheim. In der Umgebung gute Wintersportmöglichkeiten.

Restaurant Zum Bären, Gosheim

Inh.: Milos Vucelja, Hauptstr. 42, 78559 Gosheim, Tel: 07426-8899 / Bistro 3444

Geöffnet: 11 - 15 und 17 - 24 Uhr, Bistro durchgehend, **Warme Küche:** 11.30 - 14 und 17.30 - 22.30 Uhr, **Ruhetag:** Montag

Info: Das schmucke Restaurant liegt direkt im Herzen vom Gosheim. Es besticht nicht nur durch seinen äußeren, stilvollen Eindruck. Der Innenraum mit der hübschen Tischdekoration, ist sehr elegant gehalten und geht nahtlos in den ungezwungeneren Teil rund um die Theke über.

Küche: Verfeinerte, regionale Küche sowie internationale Spezialitäten. Von Di. bis Sa. werden mittags Tagesgedecke gereicht. Nebenan befindet sich das Bistro Ernesto, das neben kleinen Imbissen auch eine umfangreiche Getränkekarte führt.

Freizeitangebot: Gut markierte Wald- und Wanderwege, LL-Loipen.

Gasthaus Adler
Ratshausen

Geöffnet: 10.00 - 24.00 Uhr.

Warme Küche: 12.00 - 14.00
und 17.30 - 21.00 Uhr.

Ruhetag: Mittwoch

Inhaber: Martin Sauter
Hohnerstraße 3
72365 Ratshausen
Telefon: 0 74 27 - 22 60

Lage: Ratshausen liegt nur wenige Kilometer von der B 27 entfernt, zwischen Balingen und Rottweil. Kurz nach Ortsbeginn von Schömberg biegen Sie links ab und fahren halbrechts bis ans Ortsende. Dort führt Sie linkerhand eine Straße direkt nach Ratshausen.

Info: Im Jahre 1811 erstmals erwähnt, ging er 1864 in den Besitz der Familie Sauter über. Letztes Jahr im Sommer wurde das Haus einer kompletten Renovierung unterzogen. Der "Adler" präsentiert sich nun mit neuem Gesicht, doch legten die Sauter's großen Wert darauf, daß der ursprüngliche Charakter des Gasthauses nicht verloren ging. Die mit viel Feingefühl und Phantasie gestalteten Gaststuben präsentieren sich im nostalgischen Stil. Ein wahres Meisterwerk ist die sogenannte Bauernstube. Edles Holz, Nischen, ein rustikal-elegantes Ambiente und die Liebe zum Detail machen den Reiz dieser Stube aus. Das Steckenpferd von Wirtin Paula sind nämlich alte Stilmöbel, aufwendig renovierte Türen, Türschnallen aus alter Zeit und wertvolles Porzellan. Im Haus nebenan betreibt Ehemann Martin Sauter eine Edelbranntwein-Brennerei. Wanderer sind herzlich willkommen.

Küche: Die Küche ist das Arbeitsgebiet von Sohn Klaus und Gerd Klaiber. Klaus Sauter, ein wahrer Künstler seines Faches, präsentiert eine verfeinerte schwäbische Küche. Es werden stets nur frische Produkte verwendet. Wild kommt aus der eigenen Jagd, Gemüse und Kräuter aus dem eigenen Garten. Das ganze Jahr über werden Fischspezialitäten angeboten.

Auszug aus der Karte: Rehbockpastete mit roh angemachten roten Ruben und feinen Gewürzen DM 19.80, Schleckiges Kürbiscremesüpple mit Kracherle DM 7.50, Schwäbischer Filderrostbraten mit Schupfnudeln und Sauerkraut DM 25.--, gefülltes Rindshäxle in Zwiebeln, Speck, Knoblauch und Lemberger geschmort, mit Gemüsenudeln DM 19.80, Maultaschen mit Salatteller DM 12,50. Eine umfangreiche Getränkekarte und ein gepflegtes Weinangebot geben dem ganzen den letzten Pfiff.

Freizeitangebot: Jurasteinbruch Plettenberg, Wanderung zur Ruine Oberhohenberg oder zum gespaltenen Felsen Schafberg.

35

Gasthof Grottental, Meßstetten-Oberdigisheim

Inh.: Familie Stingel, Widumstr. 14, 72469 Meßstetten-Oberdigisheim, Tel: 07436-371

Geöffnet: 11 - 24 Uhr, **Warme Küche:** 11.30 - 14 + 17.30 - 21.30 Uhr, **Ruhetag:** Mittwoch

Info: Oberdigisheim ist ein Stadtteil von Meßstetten. Kurz vor dem Ortsende steht der bekannte Gasthof Grottental. Die Gasträume sind mit einer modernen Tischkultur, einer großzügigen Raumeinteilung, einem Salatbüfett und schönen Wandmalereien gestaltet und vermitteln eine heimelige Atmosphäre. Den Gästen stehen einige modern eingerichtet Fremdenzimmer zur Verfügung.

Küche: Die Küche bietet Ihnen schwäbische Spezialiäten, Wildgerichte und Hausmachervesper aus eigener Schlachtung.

Freizeitangebot: In 10-minütiger Entfernung befindet sich ein Bade- und Angelsee, Wandergebiet Lochen.

Restaurant zum Ochsen, Meßstetten-Oberdigisheim

Inh.: Fam. Maute, Breitenstr. 9, 72469 Meßstetten-Oberdigisheim, Tel: 07436 - 1210

Geöffnet: 11.30 - 14 und 17 - 24 Uhr, **Warme Küche:** 11.30 - 13.30 und 17 - 22 Uhr, Sonntags durchgehend von 11.30 - 21 Uhr, **Ruhetag:** Montag ganztägig und Dienstag bis 17 Uhr.

Info: Vom Donautal oder Balingen kommend, fahren Sie ca. 200m in Richtung Obernheim. Hier treffen Sie automatisch auf ein schmuckes Häuschen aus dem Jahre 1783. Das Restaurant befindet sich im 1. Stock und strahlt behagliche Gastlichkeit aus.

Küche: Schwäbische Spezialitäten und Tagesgerichte. Der "Ochsen" ist bekannt für seine gutbürgerliche Küche.

Freizeitangebot: Oberdigisheim ist ein guter Ausgangspunkt für Wanderungen auf den Lochen, Ausflüge zum Oberdigisheimer Stausee oder ins nahegelegene Beuron mit Benediktinerkloster.

Café-Restaurant Lammstuben, Meßstetten-Hartheim

Inh.: Karl Heinz Butz, Römerstr. 2 , 72469 Meßstetten-Hartheim Tel: 07579-621

Geöffnet: 11.30 - 24 Uhr, **Warme Küche:** 11.30 - 14 Uhr und 17 - 21.30 Uhr, **Ruhetag:** Dienstag

Info: Seit 1898 ist das Haus in den bewährten Händen der Familie Butz. Vor knapp drei Jahren wurden verschiedene bauliche und stilistische Änderungen durchgeführt und so entstand das heutige Feinschmeckerlokal.

Küche: Karl Heinz Butz, der in den führenden Häusern Deutschlands sein Handwerk lernte, reitet die hohe Schule der Kochkunst, ohne jedoch das Regionale zu vernachlässigen. Hier stimmen Küche, Service und Preise perfekt überein.

Freizeitangebot: Besuch des 200.000qm großen Wildfreigeheges in Meßstetten, Volkskunstmuseum, Heimatmuseum in Hossingen.

Hotel-Höhenrestaurant Klippeneck
Denkingen

Geöffnet: 11.00 - 24.00 Uhr

Warme Küche: 12.00 - 14.00
und 18.00 - 21.00 Uhr

Ruhetag: Montag

Inhaber: Fa. Hans Weiß KG
78588 Denkingen
Telefon: 0 74 24 - 80 57

Lage: Majestätisch steht es da, hoch droben in 1000 m Höhe. Das Höhenrestaurant Klippeneck liegt am Albtrauf, oberhalb Denkingen, inmitten des Kreuzes Bodensee/ Schwarzwald/Stuttgart. Nach einem knapp 5 km langen Anstieg liegt die Albhochfläche vor Ihnen.

Info: Das "Klippeneck" ist mit seinen 1938 Sonnenstunden im Jahr der sonnigste Platz Deutschlands. Bei schönem Wetter und klarer Sicht haben Sie einen beeindruckenden Panoramablick in Richtung Feldberg und Schweizer Alpen. Mit 8 Gasträumen bietet das Haus insgesamt rund 350 Gästen Platz. Seien es nun Tagungen, Konferenzen, Festlichkeiten oder einfach nur ein gemütlicher Abend im Restaurant - hier finden Sie den geeigneten Rahmen dafür. Sämtliche Räume sind einladend-rustikal gehalten, haben eine holzvertäfelte Inneneinrichtung und wurden mit kleinen Kostbarkeiten verschönert. Bislang stehen Übernachtungsgästen 8 Zimmer mit allem Komfort zur Verfügung, die in naher Zukunft durch ein separates Gästehaus erweitert werden. Die hübsch angelegte Gartenterrasse eröffnet dem Besucher einen atemberaubenden Ausblick und macht das Wiederkommen zur Pflichtkür.

Küche: Seit über 30 Jahren präsentiert die Inhaberfamilie Weiß mit ihrem Team eine feine deutsche Küche, die neben internationalen Spezialitäten, je nach Saison mit verschiedenen kulinarischen Leckerbissen wie z.B. Wildgerichten aus der Region aufwartet. Ein aufmerksamer, engagierter Service ist selbstverständlich.

Auszug aus der Karte: Das Preisspektrum reicht von DM 15.- bis 41,50 für Hauptgänge. Silberdistelschüssel mit Hasenfilet, Reh- und Hirschmedaillons, hausgemachten Spätzle, Preiselbeeren und Salat DM 39,50; Fasanenbrust im Speckmantel, gefüllt mit Gänseleber, Schupfnudeln und stets gartenfrischem Salat DM 41,50. Für Weinliebhaber stehen 100 verschiedene Gewächse zur Auswahl.

Freizeitangebot: Direkt am Haus befindet sich der Segelflugplatz, welcher seit nunmehr knapp 50 Jahren das Mekka der Segelflieger darstellt. Ideale Wanderungen führen in Richtung Wacholder Heide über den Traufweg hinüber zum Dreifaltigkeitsberg.

Landgasthof Adler
Meßstetten-Unterdigisheim

Geöffnet: 10.00 - 24.00 Uhr

Warme Küche: 11.00 - 14.00
und 18.00 - 22.00 Uhr

Ruhetag: Donnerstag

Inhaber: Hannelore Scholler
Unterdigisheim
Appentalstraße 31
72469 Meßstetten
Telefon: 0 74 36 - 7 84

Lage: Das Landgasthaus Adler ist nicht zu verfehlen. Von Meßstetten kommend, fahren Sie in Richtung Nusplingen. Nach etwa 3 km erreichen Sie, eingebettet in ein Tal, die Ortschaft Unterdigisheim. Nur ein paar Schritte vom Ortsschild entfernt sehen Sie auf der rechten Seite Ihr heutiges Ziel. Sollten Sie aus der Balinger Gegend anreisen, so weist Ihnen ein großes Schild im Ort den Weg.

Info: "Achtung die Hessen kommen". Eine Wortspielerei, die einjeder schon einmal gehört hat. Hier in Unterdigisheim kommen sie nicht etwa erst, nein, sie sind bereits schon da. Doch Spaß beiseite. Familie Scholler war zuvor in Oberroth bei Schwäbisch Hall gastronomisch tätig und hat seit dem 1.7.1993 mit dem "Adler" eine neue Herausforderung angenommen. Das niedere, relativ langgezogene Gebäude bietet etwa 160 Personen Platz. Im Inneren finden Sie zwei Gasträume: rechts das ursprüngliche Gastzimmer mit Theke, das 1994 umgestaltet und renoviert wurde, links betreten Sie den eigentlichen Speiseraum, das sogenannte Jägerstüble. Im Eck befindet sich der Kachelofen, ein beliebter Platz an kalten Wintertagen.

Küche: Tochter Marina, die zusammen mit ihrem Mann für die kulinarischen Genüsse sorgt, hat das Hobby zum Beruf gemacht. Sie kocht aus Begeisterung, was die Gäste wohl zu schätzen wissen. Das Duett versteht es, auch die Schwaben zu begeistern. Doch nicht nur das. Viele Gerichte wurden verfeinert und auf Voranmeldung erfüllt das Küchenteam auch Sonderwünsche. Sämtliche Produkte sind marktfrisch. Hausgemacht ist das Angebot von den Spätzle bis hin zu den Soßen.

Auszug aus der Karte: Die handgeschriebene Karte macht so richtig Appetit und wurde durch schwäbische Verse und Zeichnungen aufgelockert. Kräuterrahmsüppchen mit Croutons DM 3.50, Bauernvesper DM 9.--, Schwäbischer Zwiebelrostbraten mit Spätzle und Salat vom Bufett DM 19.80, Farmersteak mit Kroketten und buntem Salatteller DM 17.-.

Freizeitangebot: Fahrradausflüge ins Donautal, Wanderungen zum nahegelegenen Roßberg, Bade- und Angelsee nahe Oberdigisheim.

Gasthaus Karpfen
Nusplingen

Geöffnet: 10.00 - 1.00 Uhr.
Warme Küche: 11.30 - 14.00
und 17.30 - 22.00 Uhr,
dazwischen kleine Karte.

Ruhetag: Mittwoch
Betriebsferien: Januar

Inhaber: Jörg Kühnle
Marktplatz 11
72362 Nusplingen
Telefon: 0 74 29 - 4 35
Telefax: 0 7429 - 35 50

Lage: Der "Karpfen" in Nusplingen liegt genau am Marktplatz im Ortskern und ist durch seine zentrale Lage der ideale Ausgangspunkt für Ausflüge auf die Alb oder ins Donautal.

Info: Das Gebäude kann auf eine lange Geschichte zurückblicken. Vor rund 200 Jahren erbaut, war es ursprünglich als Brauerei konzipiert. Im Laufe der Jahre wurde es mehrmals umgebaut und beherbergt heute den "Karpfen", dem das Recht eingeräumt wurde Schnaps zu brennen. Jörg Kühnle, der mit seiner Frau zusammen den Gasthof im Sommer 1993 übernahm, erlernte sein Handwerk im Hotel Öschberghof in Donaueschingen, seine Frau im Hotel Hohenlohe in Schwäbisch Hall. Danach waren sie in führenden Häusern im In- und Ausland tätig, wie z.B. Erbprinz Ettlingen, Traube Tonbach, Katzenbergers Adler Rastatt, Mühle Binzen und Krone Weil am Rhein. Weitere Stationen in Zürich/Schweiz, Albertville/Frankreich und Zell am See/Österreich. Die Räumlichkeiten des heutigen Karpfen sind auf zwei Etagen verteilt. Unten die sehr offen und geradlinig gestaltete Gaststube, die eine wunderschöne, antike Kommode ziert. Direkt an das Nebenzimmer ist eine Kegelbahn angegliedert. Im oberen Stockwerk wurden einige Fremdenzimmer eingerichtet, die vor allem für die Fahrrad- und Motorradausflügler Richtung Donautal interessant sind. Übernachtung mit Frühstück ab DM 30.- pro Person. Bei schönem Wetter lockt der Biergarten zum Verweilen ins.

Küche: Der Hausherr, Metzger und Küchenmeister von Beruf, bietet Schwäbisches zu günstigen Preisen. Der Jahreszeit entsprechend, werden immer wieder verschiedene Spezialitätenwochen angeboten.

Auszug aus der Karte: Heuberger Filettöpfle DM 22,50, Kässpätzle mit buntem Salat DM 11,80. Abwechslungsreiche Vesperkarte mit kalten und warmen Gerichten.

Freizeitangebot: Wandern, Radfahren, Tennis, Kegeln sowie im Winter Ski und Langlauf, Spaziergänge auf dem Lochen, zur Nusplinger Hütte, Kolpinger Höhle, Heckentalquelle.

Westliche Alb

Gasthof zur Sonne, Stetten a.k.M.

Inh.: *Fam. M.Nuber, Untere Dorf Str. 12, 72510 Stetten a.k.M. - Glashütte, Tel: 07573-5375*

Geöffnet: 11 - 24 Uhr, **Warme Küche:** 11.30 - 23 Uhr, **Ruhetag:** Mittwoch

Info: Der neu erbaute Gasthof zur Sonne liegt in sonniger und ruhiger Lage, abseits vom Durchgangsverkehr, oberhalb des Donautals. Die Räumlichkeiten bestehen aus einem ansprechenden, rustikal ausgestatteten Gastraum und einem Nebenzimmer für insgesamt rund 120 Personen Platz.

Küche: Das Regionale überwiegt. Angeboten werden sowohl kleine Gerichte, als auch schwäbische Spezialitäten und zünftige Hausmachervesper.

Freizeitangebot: Ideales Gebiet für Wanderer und Radfahrer. Tagesfahrten in den Schwarzwald und den Bodensee. Skigebiet Heuberg.

Hotel-Gasthaus zum Kreuz, Stetten a.k.M.

Inh.: *Fam. G. Feucht, Hauptstr. 9, 72510 Stetten a.k.M., Tel: 07573 - 802*

Geöffnet: 8 - 1 Uhr, **Warme Küche:** 11.30 - 14 und 17 - 22 Uhr, **Ruhetag:** Montag

Info: Das Gasthaus wurde im Jahre 1553 erbaut und 1987 sorgfältig renoviert. Vor dem Verfall gerettet, steht das alte Fachwerkhaus heute unter Denkmalschutz. Die Schönheit des historischen Gebäudes und die gemütliche Einrichtung vermitteln schwäbische Gastlichkeit.

Küche: H. Feucht, Küchenchef, schwingt selbst den Kochlöffel und präsentiert eine Küche auf recht hohem Niveau. Neben regionalen Spezialitäten wird dem Gast auch eine feine deutsche Küche geboten. Verwendet werden ausschließlich marktfrische Produkte.

Freizeitangebot: Wanderungen auf dem Heuberg, Schloß Hausen, Schloß Sigmaringen, Wanderungen im Donautal.

Gasthaus zur Krone, Stetten-Frohnstetten

Inh.: *Familie Nolle, Sigmaringerstr. 24, 72510 Stetten-Frohnstetten, Tel: 07573 - 737*

Geöffnet: 10 - 24 Uhr, **Warme Küche:** 11.30 - 14 + 17 - 22 Uhr, Sonn- und Feiertage durchgehend, **Ruhetag:** Dienstag

Info: Am Ortsende von Frohnstetten, kurz bevor man in Richtung Heuberg fährt, liegt rechterhand das Gasthaus zur Krone. Ein Lokal wie es die Schwaben lieben. Hohe Räume, ländliches Mobiliar, kein unnötiger Schnickschnack und dazu die freundliche Bedienung von Frau Nolle persönlich.

Küche: Die Küche bietet nicht nur biedere Hausmannskost. Gute Vesper, schwäbische Gerichte, Spezialitäten und auserlesene Weine. Hausgemachte Eisbecher in den Sommermonaten.

Freizeitangebot: Nach Sigmaringen oder ins Donautal zum Wandern, Radfahren, Kanufahren und Entspannen.

Landgasthaus Müller
Schwenningen/Heuberg

Geöffnet: 10.00 - 24.00 Uhr
Warme Küche: 11.00 - 14.00
und 17.00 - 23.00 Uhr, bei
Anmeldung auch durchgehend

Ruhetag: Montag
Betriebsferien: 3 Wochen
im Januar

Inhaber: Hans Böhm
Hausertalstraße 23
72477 Schwenningen/Heuberg
Telefon und Fax: 0 75 79 - 5 95

Lage: In 900 m Höhe befindet sich am Rande des Heubergs der Ferien- und Erholungsort Schwenningen. In landschaftlich sehr reizvoller Lage findet der anspruchsvolle Gast das Landhaus Müller. Kurz vor dem Abstieg nach Hausen im Donautal, liegt es als eines der letzten Häuser eines Wohngebietes auf der linken Seite.

Info: Das Cafe-Restaurant, in bezaubernder Aussichtslage, bietet dem Gast auch Übernachtungsmöglichkeiten. Gemütliche Räume und eine geschmackvoll angelegte Terrasse laden zur Einkehr ein. Insgesamt finden rund 160 Personen Platz. Das Haus ist bestens für Veranstaltungen und Reisegesellschaften eingerichtet. Ein großer Parkplatz befindet sich direkt vor dem Haus. Die Innenräume sind hell und großzügig gestaltet. Die übergroßen Fenster vermitteln dem Besucher einen Blick auf die Alb wie wir sie lieben. Familie Böhm, die das Landhaus Müller seit dem 1.5.1993 bewirtschaftet, kommt ursprünglich aus dem Fränkischen. Im Service wird sie tatkräftig von der Familie Schneider unterstützt. Ein eingespieltes Team, das dem Haus seine persönliche Note gibt.

Küche: Neben einer abwechslungsreichen Tageskarte bietet die Küche Spezialitäten aus verschiedenen Regionen, sowie täglich frische hausgemachte Kuchen und Torten.

Auszug aus der Karte: Tomatensüppchen mit Krappen DM 5.90, Hirtenfleisch in Zwiebeln und Knoblauchöl gebraten, Kräuter, böhm. Knödel, Salate vom Büfett DM 21.50, Schweineschäufele mit Apfelrotkohl und Kloß DM 17.50, 8 verschiedene Menüvorschläge für besondere Anlässe können erfragt werden.

Freizeitangebot: Besonders empfehlenswert sind Wanderungen zum Schloß Werenwag, zum Schloß Bronnen, zur Burg Wildenstein und zum Wallfahrtsort Beuron.

Westliche Alb

Restaurant Brunnenstube, Scheer

Inh.: Rita et Fabrice Coquelin, Mengener Str. 4, 72561 Scheer, Tel.: 07572 - 3692

Geöffnet: 11.30 - 14 und 18 - 22 Uhr, samstags ab 18Uhr, **Warme Küche:** dito, **Ruhetag:** Sonntagabend und Montag.

Info: Inmitten der kleinen Altstadt von Scheer liegt dieses, nach außen hin recht unscheinbare, Haus. Doch der Schein trügt. Im Innern verbirgt sich eine reizende Gaststätte. Das Restaurant ist hell und elegant eingerichtet. Das Nebenzimmer mit rustikal-elegantem Ambiente bietet Platz für Feierlichkeiten aller Art.

Küche: Die Speisekarte weist nur einige wenige Positionen auf (z.B. Hausgemachte Maultaschen mit Lachs und Steinbutt DM 14,50). Die Verwendung von Frischprodukten ist oberstes Gebot, weshalb die Karte auch 2 - 3 mal in der Woche wechselt.

Freizeitangebot: Spaziergang durch die Sigmaringer Altstadt.

Hotel-Restaurant Donaublick, Scheer

Inh.: Familien Will und Kiemer, Bahnhofstraße 21-28, 72516 Scheer, Tel: Hotel 07572 - 6767 , Restaurant 2293, Weinstube 6702, Fax: 6769

Geöffnet: 9 - 23.30 Uhr, **Warme Küche:** 11 - 14 und 18 - 23.30 Uhr, **Ruhetag:** Do. ab 14 Uhr bis Sa. 17 Uhr, Hotel kein Ruhetag.

Info: Die Speiseräume wurden mit viel Liebe fürs Detail eingerichtet. Im hinteren Teil des Restaurants befindet sich ein Wintergarten, in dem sich die Gäste nicht nur an kalten Wintertagen am offenen Kamin verwöhnen lassen. Im Sommer große Gartenterrasse. Ein paar Schritte entfernt liegt das Hotel mit modernsten Gästezimmern.

Küche: Die Küche arbeitet vorzüglich und bietet neben regionalen Gerichten auch internationale Spezialitäten. Je nach Saison finden Spezialitätenwochen statt oder es wird zum Grillabend geladen.

Freizeitangebot: Keltenmuseum in Hundersingen, Heiligkreuztal.

Hotel - Gasthof Bären, Sigmaringen

Inh.: Familie Grabl, Burgstr.2, 72488 Sigmaringen, Tel: 07571 - 12862 + 50036

Geöffnet: 11-24 Uhr, **Warme Küche:** 11.30 - 14 und 17.30 - 22 Uhr, **Ruhetag:** Mittwoch ab 16 Uhr, Donnerstag

Info: Inmitten der Sigmaringer Innenstadt steht dieses unter Denkmalschutz stehende, traditionsreiche Haus. Die einladenden Gasträume wirken durch ihren rustikal-gepflegten Stil sehr gemütlich. Der "Bären" bietet rund 200 Sitzplätze in den Gaststuben, weitere 80 in einem separaten Saal und 33 Betten in modernen Gastzimmern.

Küche: Herr Grabl verwöhnt seine Gäste sowohl mit schwäbischen Schmankerln, als auch internationalen Spezialitäten. Die Küche zeigt sich auf hohem Niveau. Hier läßt es sich gut Gast sein.

Freizeitangebot: Sigmaringer Schloß, Ausflug ins Donautal.

Gasthof Kreuz, Inzigkofen

Inh.: Fam. Henselmann, Rathausstr. 13, 72514 Inzigkofen, Tel.: 07571 - 51812

Geöffnet: 10 - 24 Uhr, **Warme Küche:** 12 - 14 und 17.30 - 22 Uhr, **Ruhetag:** Montag

Info: Das im Jahre 1732 als Klosterwirtshaus erbaute Gasthaus, war ursprünglich für die Gäste und Besucher des Augustinerinnen - klosters Inzigkofen gedacht. 100 Jahre später ging es in den Besitz der Henselmanns über und es entstand das Gasthaus Kreuz mit Gasträumen für 120 Personen und einigen Gästezimmern.

Küche: Schwäbisch-deftig, ideal für Wandersleut' und Ausflügler, die in ländlicher Idylle die schwäbische Küche genießen möchten.

Freizeitangebot: Spaziergänge im angrenzenden Naturpark oder Besuch des Sigmaringer Fürstenschloßes.

Bärenthaler Hof, Bärenthal

Inh.: Christoph Beck, Nusplingerstr. 33, 78580 Bärenthal, Tel: 07466 - 440

Geöffnet: 10 - 24 Uhr, **Warme Küche:** 11 - 14 und 17.30 - 22 Uhr, **Ruhetag:** Dienstag

Info: Der Bärenthaler Hof ist als gemütliches Ausflugsziel im Bäratal weithin bekannt und liegt idyllisch zwischen Nusplingen und Beuron. Von Frühjahr bis Herbst genießt man die Natur auf der überdachten Terrasse. Nebenzimmer für 20 Personen.

Küche: Die Küche präsentiert sich gut bürgerlich, aber auch internationale Spezialitäten finden ihren Liebhaber. Mit Erscheinen dieses Führers übernimmt ein neuer Pächter das Lokal und führt das Haus in gleicher Art und Weise weiter.

Freizeitangebot: Empfehlenswert sind ein Abstecher nach Beuron oder die Besichtigung der Kolbinger Höhle.

Landgasthof Bären, Bubsheim

Inh.: Hugo Heinemann, Bärenstr. 11, 78585 Bubsheim, Tel: 07429 - 2309

Geöffnet: 11-24 Uhr, **Warme Küche:** 12 - 13.30 und 18 - 21 Uhr, **Ruhetag:** Mittwoch und Freitag ab 14 Uhr.

Info: In 913 m Höhe, hoch über dem Steilabfall zum Anhauser Tal, liegt die winzige Ortschaft Bubsheim. Der gemütliche Landgasthof Bären mit eigener Metzgerei ist zweifelsfrei das Aushängeschild der Gemeinde. Das Restaurant bietet mit Nebenräumen etwa 200 Personen Platz. Die schönen Fremdenzimmer, teilweise mit Balkon, laden zu einem längeren Aufenthalt ein.

Küche: Gehobene Küche zu günstigen Preisen. Neben schwäbischen Gerichten werden saisonale Spezialitäten angeboten.

Freizeitangebot: Wanderungen ins obere Donautal, zur Kolbinger Höhle ca. 9km oder zum Kloster Dreifaltigkeitsberg ca. 11km.

Hotel - Restaurant Pelikan, Beuron

Inh.: Arnold Schönwälder, 88631 Beuron, Tel: 07466 - 406 , Fax: 07466 - 408

Geöffnet: 8 - 24 Uhr, **Warme Küche:** 11.30 - 14 und 17.30 - 21.30 Uhr

Info: Das Hotel - Restaurant ist die erste Adresse in Beuron und liegt gegenüber der berühmten Erzabtei und Klosteranlage. Das Haus bietet mit einem Restaurant, einer Bauernstube, einem Salon, Tagungsräumen, einer Sonnenterrasse und einem Saal, rund 380 Gästen Platz. 30 modern ausgestattete Hotelzimmer.

Küche: Herr Schönwälder bietet preiswerte regionale Gerichte, wie Spätzlesrösti an, serviert aber auch für verwöhnte Zungen Speisen wie Saltimbocca oder ein Thunfischsteak.

Freizeitangebot: Klosteranlage und Abtei, die über die größte Privat-Bibliothek Deutschlands verfügt.

Gasthof - Pension Neumühle, Beuron-Thiergarten

Inh.: Familie Sessler, 88631 Beuron-Thiergarten, Tel: 07570 - 9590

Geöffnet: 10 - 19 Uhr, **Warme Küche:** 11.30 - 19 Uhr, **Ruhetag:** Im Winter Freitags

Info: Inmitten des malerischen Donautals, zwischen Thiergarten und Hausen im Tal, befindet sich der schöne Fachwerkbau mit dem gemütlich eingerichteten Lokal. Daneben entstand ein Neubau in dem 22 Übernachtungsgäste aufgenommen werden können. Alle Zimmer mit Dusche/WC und Balkon.

Küche: Schwäbisch-deftig. Wildspezialtäten. Vom Vesper bis hin zu Kaffee und Kuchen wird alles geboten, was das Herz begehrt. Täglich frisches Bauernbrot.

Freizeitangebot: Fahrradwege, Wandern zur Ruine Hausen, Falkenstein und zur Burg Wildenstein. Angelmöglichkeit für Hausgäste.

Berghaus Alber, Beuron-Thiergarten

Inh.: S.u.P. Schneider, Waldstr. 1, 88631 Beuron-Thiergarten, Tel.: 07570 - 393

Geöffnet: 11.30 - 22 Uhr, **Warme Küche:** 11.30 - 14 und 17 - 22 Uhr, **Ruhetag:** Dienstag.

Info: Oberhalb des malerischen Ortes Thiergarten gelegen, hat man vom Berghaus Alber aus einen einzigartigen Blick ins noch urwüchsige Donautal. Verschiedene Jagdtrophäen und die bewußt rustikal gehaltene Möblierung bieten dem Gast den richtigen Rahmen für einen Donautal-Aufenthalt.

Küche: Die erstklassige und sehr reichhaltige Küche bietet eine große Auswahl. Eine Spezialität des Hauses ist Wildschweinbraten in würziger Preiselbeer-Pfeffersauce mit hausgemachten Spätzle.

Freizeitangebot: Sigmaringer Schloß, Spaziergänge entlang der Donau, Falkensteiner Höhle.

Gutshof Käppeler
Beuron-Thiergarten

Geöffnet: 10.00 - 24.00 Uhr

Warme Küche: 11.30 - 14.00
und 17.30 - 21.30 Uhr,

Ruhetag: Dienstag

Betriebsferien: Mitte Jan.-Feb.

Inhaber: Familie Eha
Hofstraße 20
88631 Beuron-Thiergarten
Telefon: 0 75 70 - 4 79

Lage: Den Gutshof Käppeler zu umgehen wäre eine Sünde. Abgeschieden vom großen Donautal-Rummel, bedarf es einiger Geduld ihn zu finden. Ca. 10 km östlich vor Beuron liegt das idyllische Dorf Thiergarten. Hier biegen Sie rund 30 m nach der Abzweigung in Richtung Stetten a.k.M., beim Restaurant zum Hammer links ab und folgen dem Wegweiser. Das kleine Sträßchen entführt Sie in das Reich von Mutter Natur. Ca. 500 m nachdem Sie die schmale Brücke überquert haben, liegt der Traum Ihrer Wünsche vor Ihnen.

Info: Der Gutshof geht zurück auf ein Dorf namens Weiler, das 1275 erstmals erwähnt wurde aber sich vor dem 30jährigen Krieg auflöste. Überbleibsel aus dieser Zeit sind der Gutshof und die angrenzende St.Georgs Kapelle, die als die kleinste dreischiffige Basilika Europas gilt. Das Lokal ist ein wahres Kleinod aus dem Mittelalter und hat nichts von seinem ursprünglichen Charme verloren. An der Eichenbalkenkonstruktion des Gebäudes und den Mauern wurde nichts verändert, lediglich der Innenraum mußte einer vollständigen Renovierung unterzogen werden. Nun stellt es mit dem offenen Kamin, der Backsteintafelung im Thekenbereich, den vielen kleinen antiken Kostbarkeiten und seinem rustikal-charmanten Charakter eine wahre Augenweide dar. Mit dem Bau einiger Ferienappartements wurde auch an die Urlauber gedacht.

Küche: Die sympatischen Eheleute Eha sind gelernte Hotel- und Küchenmeister. Herr Eha war mehrere Jahre in der Schweiz in ersten Häusern tätig. Die bestens geführte Küche reicht vom Regionalen bis hin zur gehobenen Gastronomie. Die Spezialität des Hauses sind die Angusrinder, die vor dem Haus auf den Weiden des Naturparks Obere Donau aufwachsen.

Auszug aus der Karte: Hausgemachtes Rauchfleisch vom Angusrind, Wild- und Hausschwein, Butter und Brot DM 8.-- bis DM 14.--, Ochsenkotelett DM 25.--, Donauaal in grüner Soße DM 21.--.

Freizeitangebot: Radrundwanderweg Donau, Flußfahrten bzw. -wanderungen bis Passau, zahlreiche Kletterfelsen, Burg Wildenstein, Langlaufgebiet auf dem nahegelegenen Heuberg.

Wanderheim Rauher Stein
Irndorf

Geöffnet: 10.00 - 24.00 Uhr

Warme Küche: ab 12.00 Uhr
durchgehend bis Schluß
Ruhetag: Dienstag

Das Wanderheim ist ein Haus des Schwäbischen Albvereins.

Inhaber: Wanda und Peter Kyek
78597 Irndorf
Telefon: 0 74 66 - 2 76
Telefax: 0 74 66 - 10 70

Lage: Die kleine Ortschaft Irndorf liegt sehr malerisch, etwa 200m über dem Kloster Beuron, im Donautal. Die ruhige Lage und die unverbrauchte Landschaft erinnern den Besucher an fast vergessene Zeiten. Vorbei an der Kirche und der Schule führt die Straße den Wanderfreund an sein Ziel. Nach einiger Mühe und vielen Kurven haben Sie es geschafft. Das Wanderheim Rauher Stein ist in Sicht.

Info: Wanda und Peter Kyek führen dieses Haus nun schon seit vielen Jahren und haben es zu einem beliebten Ausflugsziel gemacht. Wanderer und Ausflügler aus nah und fern kehren hier gerne ein, denn die freundliche und unkomplizierte Art der Wirtsleute macht die Einkehr zur echten Freude. Eingerichtet ist der "Rauhe Stein" wie es sich für ein zünftiges Wanderheim gehört: schlicht, ländlich, gemütlich. 82 Übernachtungsplätze werden angeboten, von 4 und 6 Bettzimmern, bis hin zu Gruppenräumen für 8 - 20 Personen. Ideal für Vereine, Wandergruppen oder Schulklassen. Bei schönem Wetter lädt die Sonnenterrasse zur gemütlichen Rast ein. 3000 qm Freifläche stehen dem Gast zur Verfügung, mit TT, einem Sportplatz und hauseigenen Parkplätzen. Das Haus ist behindertengerecht eingerichtet und seit drei Jahren auch Schullandheim.

Küche: Gekocht wird gutbürgerlich. Sehr beliebt sind die sogenannten Eintopfgerichte.

Auszug aus der Karte: Eintopfgerichte ab DM 10.- (mit Nachschlag), Schweineschnitzel Wiener Art mit Pommes frites und Salat DM 15,80, Hausgemachte Schweinskopfsülze mit Brot DM 10,50, Bratentellersulz mit Brot DM 10,50.

Ausflüge und Besichtigungen: Direkt am Haus befinden sich unzählige Wander- und Ausflugsmöglichkeiten, z.B. zu der genau gegenüberliegenden Burg Wildenstein oder zum schönsten Aussichtspunkt des Donautals, dem Eichfelsen, den Sie in einem etwa 20 min. Fußmarsch erreichen.

Museumsgaststätte Ochsen
im Freilichtmuseum Neuhausen ob Eck

Geöffnet: April bis Oktober ganztägig ab 9 Uhr, November bis März ab 15 Uhr, an Sonn- und Feiertagen ab 10 Uhr.
Warme Küche: durchgehend bis 22 Uhr
Ruhetag: Montag
Betriebsferien: Januar u. Februar

Inhaber: Norbert Ulrich
78579 Neuhausen ob Eck
Telefon: 0 74 67 - 12 41
Telefax: 0 74 67 - 6 58

Lage: Aus der Richtung Donautal kommend, durchqueren Sie Fridingen und lassen auf der Anhöhe das Landhaus Donautal links liegen. Nach ein paar hundert Metern kommen Sie an eine Kreuzung, wo Sie links nach Neuhausen und Stockach abbiegen, ca. 500 m vor Neuhausen, biegen Sie links zu den Parkplätzen des Freilichtmuseums ab.

Info: Das alte Fachwerkhaus geht zurück auf das Jahr 1707. Zu Beginn bekam der "Ochsen" die Bezeichnung "Schildwirtschaft" und damit das Recht, kalte und warme Speisen zu reichen und Gäste übernachten zu lassen. Sehr markant ist der sogenannte Fenstererker, der sich durch seine enge Pfostenstellung auszeichnet und das Ambiente der Gast- räume bestimmt. Nach Betreten der Gaststube fühlt man sich in die damalige Zeit zurückversetzt. Der große, helle Raum strahlt durch seine Einfachheit eine urige und heimelige Atmosphäre aus.

Küche: Norbert Ulrich, der sein Metier von der Pike auf gelernt hat, bietet dem Gast eine schwäbisch-bodenständige Mittagskarte. Abends wird mehr die gehobene regionale Küche gepflegt, für die eine separate Karte aufliegt.

Auszug aus der Karte: Mittags z.B. Linsen mit Spätzle, oder Maultaschen zu zivilen Preisen, abends dann Kalbsteak mit Tomatenscheiben und Käse überbacken, Kroketten und Salat DM 25.80, Schweinelendchen in Calvados mit Apfelscheiben und Beilagen DM 20.50, Salatplatte mit Käse und Salamistreifen DM 9,80.

Freizeitangebot: Das angrenzende Freilichtmuseum ist von 9-18 Uhr geöffnet und gibt dem Besucher einen Einblick in das Dorfleben des 18. Jahrhunderts. Knapp 17 verschiedene Einrichtungen aus dieser Zeit eröffnen sich dem Besucher u.a. die Dorfkirche, die Dorfschmiede, das Rathaus, die Hausmühle oder das Backhaus. Interessant sind auch die handwerklichen und volkskundlichen Vorführungen.

Westliche Alb

Hotel-Café-Restaurant-Landhaus Donautal, Fridingen

Inh.: Bernhard Hansky, Bergsteig 1, 78567 Fridingen, Tel: 07463-469 - Fax: 5099

Geöffnet: 7 - 24 Uhr, **Warme Küche:** 11.30-14 und 18-21 Uhr, Samstags bis 21.30 Uhr, **Ruhetag:** Montag + Freitag abend - ab ca. 18 Uhr, **Betriebsferien:** Ende Januar - Ende Februar

Info: Durch seine verkehrsgünstige Lage - direkt am Knotenpunkt Buchheim-Fridingen-Tuttlingen-Stockach ist es eine gute Adresse für Ausflügler und Feinschmecker. Die liebevoll gedeckten Tische, die Wandmalerei und nicht zuletzt die Eingangshalle mit offenem Kamin und Torbogen, geben dem Haus einen ganz besonderen Reiz.

Küche: Die Küche bietet heimische und internationale Gerichte. Eisspezialitäten und Gebäck aus eigener Patisserie.

Freizeitangebot: Aussichtspunkt mit Blick ins Donautal, Wanderung zum Schloß Bronnen, Freilichtmuseum Neuhausen o.E.

Maultascha

von Heinz-Eugen Schramm

Hackfloisch, Zwiebel, Peitsche'stecka,
wassergwoichte Doppelwecka,
Peterleng, Spinat ond Brät,
älles durch d'Floischwolf dreht,
Oier drüber, Salz und Pfeffer,
geit a Toigle, geit an Treffer
grad für d'Nudelböde gricht,
ond schao kriagt dui Sach a Gsicht!
Drufgschmiart, zuadeckt, toilt ond gschnitta,
net lang gfacklat maih ond ditta,
nei en d'Brüah ond ufkocht gschwend! -
Selber schuld, wer s'Maul verbrennt!

Mittlere Alb

"Je mehr Köche, je minder im Topf,
ein jeder macht´s nach seinem Kopf,
damit das Mus bleibt ungeschmalzen
oder wird zum öfter mal versalzen."

Um 1500, Waldis

Café-Restaurant honey-do, Hohenstaufen

Inh.: Familie. Schießl, Im Eutnbühl 1, 73037 Göppingen-Hohenstaufen, Tel.: 07165-339

Geöffnet: 11.30 - 24 Uhr, **Ruhetag:** Dienstag.

Info: Von der Panoramastube aus haben Sie einen herrlichen Blick auf die "Kaiserberge" Rechberg und Stuifen sowie das umliegende Filstal. Bei klarer Sicht ein Erlebnis, das nur die Alb zu bieten hat.

Küche: Eine große Auswahl an Kuchen und Torten, Produkten aus eigener Schlachtung und viele warme Gerichte werden Ihren Aufenthalt angenehm gestalten. Ein Hobby des Chefs ist es, einen roten und einen weißen Wein selbst auszubauen und offen als "Xaverle" anzubieten.

Freizeitangebot: Kaiserberge Rechberg und Stuifen, Stauferstadt Göppingen.

Schönblick´s Palmengarten, Eislingen

Inh.: K.-H. Kottmann, Höhenweg 11, 73054 Eislingen, Tel.: 07161-82047, Fax: 87467

Geöffnet: Mi.-Sa. 17.30 - 24 Uhr, So. 11 - 24 Uhr, **Warme Küche:** 17.30 - 22 Uhr, So. 11.30 - 14 u. 17.30 - 22 Uhr, **Ruhetag:** Mo. u. Di.

Info: Sie finden das Lokal im Norden Eislingens, Richtung Krummwälden. Mit seiner einmaligen Atmosphäre, die durch einen tropischen Palmengarten bestimmt wird, bildet es den ausgefallenen Rahmen für unvergeßliche Stunden.

Küche: Auch die Küche bietet Überraschungen. Von leicht und frisch bereiteten Spezialitäten der exotischen und schwäbischen Küche bis hin zur Haute Cuisine Frankreichs spannt sich der Bogen des Angebots. Ausgereifte Weine und herrliche Desserts runden das optische und geschmackliche Erlebnis gelungen ab.

Freizeitangebot: Burg Staufeneck, Hohenstaufen, Rechberg.

Burgrestaurant Staufeneck, Salach

Inh.: Erich Straubinger, Burg Staufeneck, 73084 Salach, Tel.: 07162 - 5028

Geöffnet: 11.30 - 24 Uhr, Kaffee und Kuchen 14.30 - 17 Uhr, Sonn- und Feiertags ab 15 Uhr, **Warme Küche:** 12 -13.45 und 18.30 - 21.15 Uhr, **Ruhetag:** Montag.

Info: Das Gourmetrestaurant mit seiner herrlichen Aussicht liegt hoch auf einem Vorbergrücken der Schwäbischen Alb, in Nachbarschaft von Rechberg und Hohenstaufen.

Küche: Kulinarische Träume - von Rolf Straubinger geschickt in Szene gesetzt - lassen Sie genüßliche und schöne Stunden erleben. Geboten wird die Neue Küche aus hochwertigen Rohprodukten des heimischen Saisonangebotes.

Freizeitangebot: Burganlage, Hohenstaufen, Rechberg, Stauferstädte Göppingen und Schwäbisch Gmünd.

Gasthof zum Lamm
Schlat

Geöffnet: 11.00 - 14.00
und 17.00 - 24.00 Uhr.

Warme Küche: 11.30 - 14.00
und 17.00 - 21.30 Uhr,

Ruhetag: Dienstag ganz und
Mittwoch bis 17.00 Uhr

Inhaber: Jörg Geiger
Eschenbacher Straße 1
73114 Schlat
Telefon: 0 71 61 - 99 90 20

Lage: Die Obstbaugemeinde Schlat liegt auf einer wellenförmigen Ebene am Fuße von Fuchseck und Wasserberg, südlich der Bundesstraße Ulm-Göppingen. In der ländlich geprägten Gemeinde steht dieser schöne Fachwerkgasthof, leicht zu finden an der Wegkreuzung Reichenbach-Eschenbach-Göppingen.

Info: Das romantisch anmutende Wirtsgebäude "Zum Lamm" mit seiner empfehlenswerten Spezialitätenküche und eigener Obstbrennerei, bietet eine dem Stil des Hauses entsprechende behaglich rustikale Umgebung für vielseitige Gaumengenüsse. Die Einrichtung ist wirkungsvoll ländlich gehalten und erzielt durch die geschmackvoll zurückhaltende Ausschmückung eine heimelige Atmosphäre.

Küche: Jörg Geiger, der junge und engagierte Koch, steht für eine gutbürgerliche Küche regionaler Prägung. Ausgefallen zubereitete schwäbische Speisen werden ebenso wie die aus heimischer Jagd stammenden Wildgerichte gerne bestellt. Im weiteren Umkreis ist der Lammwirt für seine herzhaften Menue´s - die natürlich von der Vorspeise bis zum Dessert aus frischen Saisonprodukten bestehen - bekannt.

Auszug aus der Karte: Kartoffelsuppe mit Brotwürfel DM 6,20, Salzfleisch mit Kraut DM 11,50, Knusprige Schweineschulter in Altbiersauce, dazu Knödel und Salat DM 19,50, Sauerbraten mit Knödel und Salat DM 18,50, Kalbszunge in Schnittlauchsauce, dazu Kartoffeln und Salat DM 22,50, Ochsenschäufele auf Bouillongemüse DM 17,80, Gerolltes Rehragout mit Spätzle und Salat DM 18,50, Lachs mit Kerbelrahmsoße, dazu Gemüsereis und Blattsalat DM 23.-.

Freizeitangebot: Zu allen Jahreszeiten lädt die wirklich schöne Gegend um Schlat zu herrlichen Spaziergängen ein. Ganz besonders schön ist es während der Obstblüte, die hier meist reich und üppig ausfällt.

Das originelle schwäbische Gasthaus Bürgerhof, Ursenwang

Inh.: Fam. W. Kottmann, Tannenstr. 2, 73037 Göppingen-Ursenwang, Tel.: 07161- 811226

Geöffnet: 11 - 14.30 und 18 - 24 Uhr, **Warme Küche:** 11.30 - 14 und 18 - 21.30 Uhr, **Ruhetag:** Montag und Dienstag.

Info: Der Göppinger Stadtteil liegt am Albtrauf zwischen Schlat und Heiningen. Gleich am Ortseingang befindet sich der originell und sehenswert eingerichtete Gasthof

Küche: Wolfgang und Marianne Kottmann zelebrieren mit Ihren beiden Söhnen Oliver und Marc das ganze Repertoire der original schwäbischen und der neuen deutschen Küche aus stets frischen Zutaten in bemerkenswerter Qualität und Arrangement. Viele aktuelle Tagesangebote. Getränke vom Bratbirnemost bis zum Champagner.

Freizeitangebot: Michaelskirche Heiningen mit spätgotischem Chor und neuentdeckten Fresken, das bekannte Schwefelbad Boll.

Hotel-Restaurant Becher, Donzdorf

Inh.: Fam. Müller, Schloßstr.7, 73072 Donzdorf, Tel.: 07162 - 20050, Fax: 200555

Geöffnet: Hotelbetrieb, **Warme Küche:** 11.30 - 14 und 17.30 - 21.30 Uhr, **Ruhetag:** Sonntag ab 14.00 Uhr und Montag bis 17 Uhr.

Info: Mit Bedacht auf das Detail eingerichtete Räume verbunden mit schwäbischer Gastlichkeit, bestimmen den Stil des zentral im Ort gelegenen Hotels der gehobenen Kategorie.

Küche: Nach Honore de Balzac (franz. Schriftsteller und Feinschmecker) wurde das angeschlossene Gourmet-Restaurant benannt. Hier werden viele kulinarische Leckerbissen aus aller Welt sowie ein wohlsortiertes und erlesenes Weinangebot gereicht.

Freizeitangebot: Reizvolle Wander- und Radwege durch die schöne Alblandschaft, Sportliche Betätigungen wie Reiten, Golfen und Schwimmen.

Landgasthof Rössle, Böhmenkirch-Steinenkirch

Inh.: Thomas Fahrion, Albstr. 9, 89558 Böhmenkirch-Steinenkirch, Tel.: 07332 - 5262

Geöffnet: 10 -24 Uhr, **Warme Küche:** 11.30 - 14 und 17 - 21 Uhr, **Ruhetag:** Montag.

Info: Die ehemalige Poststation und Pferdehandlung ist seit dem 16. Jahrhundert in Familienbesitz. Im renovierten Landgasthof herrscht gemütliche Behaglichkeit.

Küche: Das Rössle mit seiner weit bekannten und beliebten schwäbischen Hausmannskost ist ein wahrer Geheimtip auf der westlichen Ostalb. Liebhaber von Produkten aus eigener Schlachtung finden in der großen Vesperkarte ausgezeichnete Wurstspezialitäten, die auch für Zuhause erworben werden können.

Freizeitangebot: Roggentäle, Eybachtal, Böhmerkircher Albhochfläche.

Burgstüble, Weiler

Inh.: Rolf u.Annelore Lehner, Dorfstr. 12, 73312 Geislingen-Weiler, Tel.: 07331-42162

Geöffnet: Mo.-Sa. 18 Uhr bis Schluß, **Warme Küche:** dito, **Ruhetag:** Sonntag.

Info: Von Ulm kommend fahren Sie nach Amstetten in Richtung Schalkstetten ab. Nach ca. 3km biegen Sie links nach Weiler ab. Das Restaurant liegt in der Ortsmitte. Die Inneneinrichtung mit Holzkassettendecke , die geschmackvollen Bilder und die stilvoll eingedeckten Tische machen dieses Lokal zu einem echten Schmuckkästchen. Der Herr des Hauses berät und serviert selbst mit.

Küche: Die Dame des Hauses führt die Küche, die Feinschmecker von weit her anlockt. Der Lammrücken im Kräutermantel war ein wahrer Hochgenuß.

Freizeitangebot: Spaziergänge und Wanderungen, Stadt Geislingen.

Obere Roggenmühle, Eybach

Inh.: Fam. Seitz, Obere Roggenmühle, 73312 Eybach, Tel.: 07331 - 61945

Geöffnet: 10 -22 Uhr, **Warme Küche:** 11.30 - 14 und 16.30 - 21 Uhr, **Ruhetag:** Montag, von Oktober bis April Montag und Dienstag.

Info: Anton Seitz erwarb 1949 die im Jahre 1371 von Graf Hansen von Rechberg erbaute Mühle und funktionierte sie zu einer Gaststätte um. Dem museumsartigen Gasthof ist ein Pferdeverleih und Ponyreithof angegliedert. Bei gutem Wetter Gartenwirtschaft geöffnet.

Küche: Für Liebhaber von fangfrischen Forellengerichten empfehlen wir den Besuch der Oberen Roggenmühle wärmstens. Forellen in den verschiedensten Zubereitungsformen können hier in wirklich optimaler Geschmacksvielfalt genossen werden.

Freizeitangebot: Ponyreithof, Roggental, Eybachtal, schönes Wandergebiet (Naturschutzgebiet), großer Kinderspielplatz.

Landgasthof Ochsen, Eybach

Inh.: Fam. Irtenkauf, Von Degenfeldstr. 23, 73312 Eybach

Geöffnet: 10 -23 Uhr, **Warme Küche:** 11.30 - 14 und 17 - 21 Uhr, **Ruhetag:** Freitag.

Info: Das modern eingerichtete Haus in ländlich gehobener Ausstattung, bietet neben der empfehlenswerten Verköstigung auch gute Unterbringungsmöglichkeiten für einen Ferienaufenthalt.

Küche: Die mit schwäbischen und internationalen Gerichten reichlich ausgestattete Speisekarte wird je nach Saison mit Wild-, Spargel-, Pilz- oder Fischspezialitäten ergänzt. Die Preise entsprechen dem Angebot und Rahmen.

Freizeitangebot: Stadt Geislingen sowie das landschaftlich reizvolle Eybachtal und Roggental.

Bad Hotel, Bad Überkingen

Inh.: *Mineralbrunnen AG, Badstr. 12, 73334 Bad Überkingen, Tel.: 07331-3020, Fax: 302-20*

Geöffnet: 11 - 24 Uhr, **Warme Küche:** 11.30 - 14 und 18 - 21.30 Uhr, **Ruhetag:** Mittwoch.

Info: In der Ortsmitte von Bad Überkingen betreibt die Mineralbrunnen AG ein Hotel der gehobenen Kategorie. Gastfreundschaft und persönlicher Service sind die Werte, die in dem 600 Jahre alten Haus hochgehalten werden.

Küche: Die internationale Saisonküche bietet in bester Zubereitung täglich 3 Menüs von DM 30.- bis 45.- an. Beachtenswert sind auch die vielen kleinen kalten und warmen Gerichte, die zwischen und nach der Hauptkartenzeit gereicht werden.

Freizeitangebot: Viele Spaziergänge entlang naturnaher Bäche, Thermalbad, Fünftälerstadt Geislingen, der schöne Hotelpark.

Golfhotel/Restaurant Altes Pfarrhaus, Bad Überkingen

Inh.: *Christina Henkel, Badstr. 2, 73337 Bad Überkingen, Tel.: 07331-63036, Fax: 63030*

Geöffnet: 8 - 22 Uhr, **Warme Küche:** 12 - 14 und 18 - 22 Uhr, **Ruhetag:** keinen.

Info: Das alte Pfarrhaus im Herzen von Bad Überkingen bietet exclusive Erholung in gepflegter Atmosphäre. Die mit viel Liebe zum Detail renovierte Herberge kann auf eine altehrwürdige Tradition zurückblicken und bietet vergünstigte Preise für Golfer, Transfer zum Golfplatz sowie Golfpauschalen an.

Küche: Besonderen Wert legt Küchenchef Rainer Jöckle auf marktfrische Rohstoffe. Täglich wechselnde Speisenkarte. Eine Delikatesse sind die Frischfisch-Gerichte (Süß- und Salzwasser). Die Weinkarte weist 200 Positionen auf.

Freizeitangebot: Filstalwanderungen, Stadt Geislingen, Golfplatz.

Kurhotel und Cafe Sanct Bernhard, Bad Ditzenbach

Inh.: *Fam.Schulz, Sonnenbühl 1, 73342 Bad Ditzenbach, Tel: 07334 - 6041 - Fax: 6047*

Geöffnet: 9 - 18 Uhr, **Ruhetag:** Sonntag.

Info: Es ist immer ein Erlebnis, in stilvoller, komfortabler und gepflegter Gastlichkeit Kaffee und Kuchen zu genießen. Das neuerbaute Kurcafe genügt auch höchsten Ansprüchen. Besonders im Sommer ist die herrliche Freiterrasse ein beliebter Treff der Kurgäste und Ausflügler. Das angeschlossene Kurhotel besitzt 27 Komfortzimmer, Appartements und Suiten mit Blick auf die Berge der Alb.

Küche: Täglich frische hausgemachte Kuchen und Torten. Kleine Vesperkarte.

Freizeitangebot: 3 Gehminuten bis zum Thermalbad, Kräuterhaus mit seinen über 500 Naturheilmitteln und Kosmetikas.

Gasthof Hirsch
Gosbach / Bad Ditzenbach

Geöffnet: 11.30 - 14.30 und
17 - 24 Uhr
Warme Küche: 11.30 - 14 und
18 - 21.30 Uhr
Sonn- und Feiertags bis 21 Uhr

Ruhetag: Montag

Inhaber: A. Kottmann
Unterdorfstraße 2
73342 Gosbach / Bad Ditzenbach
Telefon: 0 73 35 / 51 88
Telefax: 0 73 35 / 58 22

Lage: Gosbach liegt einen km von Bad Ditzenbach entfernt. Sie erreichen den Ort am besten, wenn Sie von der Autobahn Stuttgart-Ulm kommend die Ausfahrt Mühlhausen benutzen und auf der B 466 Richtung Geislingen fahren. Nach ca. 3 km liegt der Gasthof rechterhand am Ortseingang. Dem Haus gegenüber finden Sie genügend Parkplätze.

Info: Der Gasthof "Hirsch" ist ein jahrhundert alter Familienbetrieb mit Tradition. Der Herr des Hauses war im Jahre 1992 der Teamchef der Deutschen Nationalmannschaft der Köche Deutschlands. Im "Hirsch" finden Sie drei verschieden eingerichtete Gaststuben. Der erste Raum mit seinem Stammtisch ist mehr rustikal ausgelegt, die beiden anderen Räume sind liebevoll ausstaffiert und mit ihren Polsterbänken und Stühlen vermitteln sie eine gemütliche Atmosphäre.

Küche: Die Küche bietet schwäbisch Deftiges. Ein gut sortiertes Fischangebot sowie Spezialitäten aus der internationalen Küche runden die Speisekarte ab. Diese wechselt ein- bis zweimal die Woche und richtet sich nach dem Angebot der Jahreszeiten.

Nicht zu vergessen die Dessertkarte mit seinem Eisgugelhupf, dem Ofenschlupfer, Mandelpfannküchle und einer Novität im Ländle "der schwäbischen Tasse Kaffee". Mehr wird dazu nicht verraten. Die Weinkarte ist bestens sortiert: Ein reichhaltiges Angebot an Weinen aus der Wachau, der Toscana, Frankreich und natürlich aus Württemberg lockt die Weinzähne aus nah und fern. Hervorragende und prämierte Edelbrände, wie Schlehe, Zwetschge im Eichenfaß und weitere klare Raritäten aus dieser Albregion werden in langer Familientradition vom Küchen- und Brennmeister selbst destilliert.

Auszug aus der Karte: Vorspeisen ab DM 14.-, Suppen ab DM 6,50, Fischgerichte ab DM 24.-, Wildgerichte ab DM 25.-, Schwäbische Gerichte: Kässpätzle DM 11.-, Teller saure Kutteln DM 9.-. Weizenbier 0,5l DM 4,20, Apfelschorle 0,2l DM 2,50.

Freizeitangebot: Bad Ditzenbach mit seinen Heilquellen und ins "Goißatäle" mit herrlichem Blick auf den Albtrauf.

Gasthof-Pension Rad, Bad Ditzenbach

Inh.: Martin Müller, Hauptstraße 70, 73342 Bad Ditzenbach, Tel.: 07334-4374

Geöffnet: 11 - 14 und 17 - 24 Uhr, **Warme Küche:** 11.30 - 14 und 17.30 - 21 Uhr, **Ruhetag:** Dienstag.

Info: Der etwas unscheinbare Gasthof liegt im Ortskern von Bad Ditzenbach mit seinem weit bekannten Thermalbad. Gute Parkmöglichkeiten.

Küche: Vom Küchenchef wird ein gefälliges, gutbürgerliches Angebot aus regionalen und internationalen Gerichten geboten. Die Preisgestaltung entspricht der einer größeren Kurstadt.

Freizeitangebot: Thermalbad, Albtrauf, Bad Ditzenbach, Bad Überkingen.

Café am Brunnengarten, Wiesensteig

Inh.: Florida u. Wolfgang Traub, Hauptstr. 70, 73349 Wiesensteig, Tel.: 07335- 6622

Geöffnet: 11.00 - 24 Uhr, **Warme Küche:** 12.30 - 13.30 und 17 - 21.30 Uhr, **Ruhetag:** Montag.

Info: Eine nette Art einzukehren beschert Ihnen das Café am Brunnengarten, das sich (von der Autobahn A 8 kommend) gleich am Ortsanfang von Wiesensteig befindet. In dem mit einem Kachelofen und einem offenen Kamin romantisch gestaltetem Haus können Sie all das genießen, was Sie von einem guten Café erwarten.

Küche: Täglich frisch und nach eigenen Rezepten hergestellte Torten und Kuchen, delikate Eissorten und Eiscoupes gehören ebenso zum Angebot wie herzhafte Vesper, Toaste und kleine Regionalgerichte.

Freizeitangebot: Oberes Filstal, Wiesensteig mit vielen prächtigen Bauten aus der ehemaligen Residenzzeit, Ruine Reußenstein.

Hotel-Gasthof am Selteltor, Wiesensteig

Inh.: Fam. Storr, Westerheimerstr.3, 73349 Wiesensteig, Tel.: 07335-1830, Fax: 18350

Geöffnet: Hotelbetrieb, **Warme Küche:** 11.30 - 13.30 und 18 - 21 Uhr, So. 11.30 - 14 Uhr, **Ruhetag:** Sonntag ab 15 Uhr und Montag.

Info: Im Zentrum Wiesensteigs, auf halber Höhe über dem Ortskern, steht der neu erbaute Hotel-Gasthof am Selteltor. Mit seinen modern ländlich eingerichteten Gasträumen lockt er zum Besuch.

Küche: Eine echt schwäbische Küche mit saisonalen Spezialitäten erfreut die einkehrenden Gäste. Da sich die Küche großer Beliebtheit erfreut, kann es durchaus vorkommen, daß das Lokal wegen der Bewirtung einer Festgesellschaft geschlossen ist. Bitte eventuell vorher anrufen.

Freizeitangebot: Albstädtchen Wiesensteig mit vielen Sehenswürdigkeiten, Albtrauf und das "Täle".

Brauereigasthof Lamm
Gruibingen

Geöffnet: 10.30 - 24.00 Uhr

Warme Küche: 11.30 - 21.00 Uhr
durchgehend

Ruhetag: Dienstag

Inhaber: Rudolf und Inge Bauer
Hauptstraße 37
73344 Gruibingen
Telefon: 0 73 35 - 77 97
Telefax: 0 73 35 - 77 94

Lage: Der Brauereigasthof liegt an der Durchgangsstraße von Gruibingen, die parallel zur Bundesautobahn A8 Stuttgart-München verläuft. Sie erreichen den Ort von Stuttgart kommend über die Ausfahrt Gruibingen und aus Richtung Ulm kommend über die Ausfahrt Mühlhausen.

Info: Der 1728 erbaute Brauereigasthof ist rustikal eingerichtet und bietet mit seiner Gaststube, dem teilbaren Nebenzimmer sowie dem Nichtraucherzimmer Platz für ca. 130 Personen und somit eine behagliche Einkehr. In den Sommermonaten wird dazu noch im Gartenrestaurant serviert. Mit persönlichem Engagement führt Inge Bauer den stets aufmerksamen Service.

Küche: Der Badener Rudolf Bauer pflegt eine gutbürgerliche, süddeutsche Küche, die mit vielen schmackhaften Varianten aufwartet. Die Auswahl auf der Abendkarte, welche ab 17.00 Uhr gereicht wird, ist originell zusammengestellt und wird von regionalen Spezialitäten bestimmt. Von 11.30 bis 17.00 Uhr bietet die häufig wechselnde Tageskarte ein umfangreiches und gut portioniertes Speisenangebot.

Auszug aus der Karte: Maultaschen nach Oma´s Art in der Brühe DM 11,80, Maultaschen mit Schinken und Käse überbacken und Salat DM 15,50, Badische Spätzlespfanne aus geräuchtem Schinken, Champignons, mit Tomatenscheiben belegt und mit Käse überbacken DM 17,50, Kalbssteak mit Rösti und Gemüse DM 22,50, Gemischter Wildbraten vom Hirsch, Reh und Wildschwein mit Wildjägersauce, Kroketten und Salat vom Bufett DM 24,50.

Freizeitangebot: Thermalbad Ditzenbach, Reußenstein, das Städtchen Wiesensteig und die liebliche Alblandschaft mit ihren gut ausgebauten Wanderwegen.

Gasthaus Krone, Hohenstadt

Inh.: Peter Fuge, Kronengasse 2, 73345 Hohenstadt, Tel.: 07335 - 5215

Geöffnet: Di.-Sa. 11- 24 und So. 10 - 22 Uhr , **Warme Küche:** 11.30 - 14 und 18.00 - 22 Uhr, **Ruhetag:** Montag.

Info: Neben der katholischen Pfarrkirche St.Margarete, im Geislinger Albort Hohenstadt, erwartet ein Hauch Bayern die Gäste. Die etwas andere Gaststätte auf der Alb fällt mit seiner entsprechenden Ausstattung und Dekoration aus dem sonst üblichen Rahmen.

Küche: Das Angebot ist reichhaltig und wartet mit stets frisch zubereiteten Regionalgerichten sowie mit einer saisonal wechselnden Spezialitätenkarte auf.

Freizeitangebot: Die Skulpturen der hl. Margarete und Katherina, die um 1490 gefertigte ulmische Muttergottes der Pfarrkirche. Alblandschaft um Hohenstadt, Drackenstein und Westerheim.

Gasthof Lamm, Neidlingen

Inh.: Max Eberhardt, Weilheimerstr. 6, 72272 Neidlingen, Tel.: 07023 - 2822

Geöffnet: 10 - 14 und 16 - 24 Uhr, **Warme Küche:** 11.30 - 14 und 18.00 - 22 Uhr, **Ruhetag:** Mittwoch.

Info: Unterhalb des 760 m hohen Reußensteins mit seiner aus dem 13. Jahrhundert stammenden Ruine, liegt dieser ländliche Gasthof an der Durchgangsstraße von Wiesensteig nach Weilheim.

Küche: Zu zivilen Preisen läßt es sich hier wie bei Muttern, typisch schwäbisch speisen. Aus der hauseigenen Metzgerei und Küche werden Gerichte auf den Tisch gebracht, die sich in Qualität und Quantität sehen lassen können.

Freizeitangebot: Die 1966 sanierte und gesicherte Ruine Reußenstein, die zur altwürttembergischen Spätgotik gehörende Weilheimer St.-Peter-Kirche mit ihren reichen Wandmalereien.

Die Gaumen sind gar sehr verschieden,
und allen recht zu tun ist gar schwer,
denn was den einen stellt zufrieden,
darüber schimpft ein anderer sehr.

(Gasthausinschrift)

Wirtshaus zum Eseleck
Mühlhausen

Geöffnet: 8.00 - 24.00 Uhr

Warme Küche: durchgehend von 11.00 bis 21.00 Uhr

Ruhetag: Dienstag

Inhaber: Peter und Anita Seibold
Gosbacher Straße 15
73347 Mühlhausen i.T.
Telefon: 0 73 35 - 52 75
Telefax: 0 73 35 - 79 25

Lage: Das obere Filstal, im Volksmund auch nur Täle genannt, gehört mit seinen vielen Seitentälern mit zu den abwechslungreichsten und schönsten Gegenden der Schwäbischen Alb. Inmitten dieses beliebten Ferien-, Freizeit und Erholungsgebietes liegt die Gemeinde Mühlhausen verkehrsgünstig an der Autobahn Ulm-Stuttgart. Ca. 800m von der Ausfahrt Mühlhausen entfernt finden Sie das gut geführte Haus.

Info: Mit seinen liebevoll rustikal eingerichteten Räumlichkeiten und dem bei guter Witterung geöffneten, großen Biergarten, bietet das Eseleck für die unterschiedlichsten Anlässe reichlich Platz und Ruhe. Ob Sie Ihre Reise von Nord nach Süd nur kurz unterbrechen wollen, oder aber ausgehen und einige schöne und genußreiche Stunden erleben wollen, das Eseleck ist dafür immer eine gute Adresse. Kinder und Hunde sind gern gesehen.

Küche: Alle angebotenen internationalen und regionalen Leckereien werden aus stets frischen Zutaten hausgemacht. So bietet die Karte 13 verschiedene, mit fangfrischen Forellen zubereitete, Gerichte. Wildspezialitäten aus der Region, vom Hausherrn selbst erlegt, bereichern das Angebot der Küche. Die täglich wechselnde Speisekarte enthält, je nach Saison, diverse Spargel-, Pilz- und Gänsebraten. Ganz egal was Sie sonst noch wählen, die Hausspezialität "Suppe ohne Namen" sollten Sie sich nicht entgehen lassen.

Auszug aus der Karte: Tomatensuppe DM 4,00, Forellensüpple DM 6,50, Wildschweinkotelett im Hagebuttenrahm mit Schupfnudeln und Salat DM 24,-, Rehsteak im Rosmarinsößle, Haselnußspätzle und Salat DM 27.-, Forelle in Speckbutter mit Kartoffeln und Salat DM 21.-, Forelle in der Wolle mit Shrimps, Reis und Salat DM 26.-, Urschwäbischer Rostbraten DM 23.-, Lammkotelett mit Pommes frites und Bohnen DM 20.-, Mehrere 3-gängige Tagesmenüs von DM 12.- bis 25.-.

Freizeitangebot: Als ein Geschenk der Natur entstand vor vielen Millionen Jahren diese Landschaft, die mit ihren Mischwäldern und Felsformationen zum Spazierengehen und Wandern einlädt.

Hotel-Restaurant Löwen, Bad Boll

Inh.: *Karl Reutter, Haupstr. 46, 73087 Bad Boll, Tel.: 07164 - 5013*

Geöffnet: 10 - 14 und 17 - 24 Uhr, **Warme Küche:** 11.30 - 14 und 17.30 - 22 Uhr, **Ruhetag:** Montag.

Info: Bad Boll, die Gemeinde unterhalb des Aichelberges ist Heimat des Hotel-Restaurants, in dem Sie die Arbeit vergessen und bei Speis und Trank entspannen und genießen können.

Küche: Das schön gestaltete Haus bietet eine gutbürgerliche Regionalküche mit internationalen Variationen. Spezialitäten sind Grillgerichte vom heißen Schiefer.

Freizeitangebot: Viele schöne Spaziergänge, Stauferstadt Göppingen, Holzmaden mit seinen Urweltfunden.

Badhotel Stauferland, Bad Boll

Inh.: *Familie. Schmidt, Gruibinger Str. 32, 73087 Bad Boll, Tel.: 07164 - 2077*

Geöffnet: Hotelbetrieb, **Warme Küche:** 11.30 - 14 und 18 - 21.30 Uhr, **Ruhetag:** keinen.

Info: Sie erreichen das Badhotel über die Autobahnausfahrten Aichelberg oder Gruibingen sowie über die B 10 von Göppingen kommend. In halber Höhenlage, mitten im Grünen, präsentiert sich das noble Haus am Abhang der Schwäbischen Alb mit weitem Blick ins Stauferland. Bei gutem Wetter ist die schöne Terrasse geöffnet.

Küche: Die Neue Küche regionaler Prägung wird in diesem schönen, behaglichen Restaurant zelebriert. Die Preise entsprechen gehobenem Mittelmaß.

Freizeitangebot: Spaziergänge am Albtrauf, Stadt Göppingen mit seiner reichen staufischen Geschichte, Urweltmuseum Holzmaden.

*O Alkohol, o Alkohol,
daß du mein Feind bist, weiß ich wohl.
Doch in der Bibel steht geschrieben,
man soll auch seine Feinde lieben.*

(Kneipenspruch)

Mannigfaltig und faszinierend ist sie, die weite Welt des Weines. Ein Reich der Sinne und des guten Geschmacks. Wo Individualität und Stil zu Hause sind, da weiß man einen guten Wein zu schätzen. Den Vorstellungen und Wünschen des anspruchsvollen Weinkenners gerecht zu werden, das ist unser Anliegen.

WEINWELT
Mack & Schühle
GmbH
Neue Straße 45
Postfach 11 47
D-73277 Owen
Telefon
0 70 21/57 01-0
Telefax
0 70 21/8 32 43

WEINWELT
Mack & Schühle

Die
Erlebniswelt
des Weines

Landhaus Engelhof Restaurant-Café, Bissingen

Inh.: Fam. Wissler, Engelhof, 73266 Bissingen/Teck, Tel.: 07023 - 72888

Geöffnet: 11.30 - 22 Uhr (Abendöffnung je nach Besuch), **Warme Küche:** 11.30 - 21.30 Uhr, **Ruhetag:** Montag.

Info: Oberhalb von Bissingen und kurz vor Ochsenwang liegt dieses gastronomische Kleinod versteckt inmitten herrlicher Natur. Ein Besuch des hübsch gelegenen und ausgestatteten Restaurants lohnt sich zu jeder Jahreszeit.

Küche: Der gut geführte Familienbetrieb bietet eine etwas gehobene, echt schwäbische Küche, die Sie bei gutem Wetter auch auf der wunderschönen Gartenterrasse genießen können.

Freizeitangebot: Viel frische Luft, Wanderungen zu den Burgen der Umgebung (Teck, Rauber, Diepoldsburg), Skisportmöglichkeiten.

Hotel-Gasthof Krone, Ochsenwang

Inh.: Fam. Rettenmaier, Eduard-Mörike-Str. 33, 73266 Ochsenwang, Tel.: 07023 - 9513-0

Geöffnet: 9 - 24 Uhr, **Warme Küche:** 11.30 - 14 und 17.30 - 21 Uhr, dazwischen kleine Karte, **Ruhetag:** Dienstag.

Info: In reizvoller Alblandschaft liegt die ca. 800m hoch gelegene Gemeinde Ochsenwang in deren Zentrum der Hotel-Gasthof mit seiner gemütlich-ländlichen Ausstattung viele kulinarische Spezialitäten bereithält.

Küche: Das gesamte Angebot der einheimischen Küche wird durch internationale Gerichte und Frischfisch-Spezialitäten ergänzt. Je nach Saison werden zudem noch Spargel-, Wild-, Wildgeflügel- und Gänsegerichte zubereitet.

Freizeitangebot: Das Gebiet um Ochsenwang ist als Landschafts-schutzgebiet und Oase der Ruhe ausgewiesen.

Restaurant-Café Alte Bauern-Stub´n, Unterlenningen

Inh.: Fam. Gmainer, Bahnhofstr. 19, 73252 Unterlenningen, Tel.: 0 70 26 - 50 33

Geöffnet: 11 - 24 Uhr, **Warme Küche:** 11 - 14 und 17.3 - 22.30 Uhr, **Ruhetag:** Mittwoch.

Info: Aus einem ehemalig landwirtschaftlichen Lagerhaus entstand ein wirklich schmucker Gasthof, in dem Althergebrachtes liebevoll restauriert und harmonisch eingefugt wurde. Sie finden dieses kleine Museum des bäuerlichen Brauchtums im Ortskern.

Küche: Auch die kulinarische Seite des Restaurants kann sich sehen lassen. Schwäbisch-alpenländische Spezialitäten, hausgemachte Kuchen und Eisspezialitäten sorgen für den weit über das Tal hinaus reichenden Bekanntheitsgrad des Hauses.

Freizeitangebot: Teck, Rauber, Diepoldsburg, Wielandsteine, Radweg Lenninger Tal, Kirchheim-Gutenberg, Beuren.

Landgasthof Otto Hofmeister Haus

Torfgrube

Geöffnet: 10.30 - 24.00 Uhr

Warme Küche: durchgehend von
11.30 bis 21.00 Uhr

Ruhetag: Montag und Dienstag

Inhaber: Familie Moek
73266 Torfgrube
Telefon: 0 70 23 - 9 00 10 - 0
Telefax: 0 70 23 - 9 00 10 - 5

Lage: Auf der Albhochfläche, zwischen Ochsenwang und Schopfloch hat die Familie Moeck einen wirklich bemerkenswerten Ort der Erholung für Leib und Seele geschaffen. Gut ausgebaute Landstraßen führen von der Autobahnausfahrt Kirchheim/Teck über Nabern, Ochsenwang oder von der Autobahnausfahrt Mühlhausen über Wiesensteig zu diesem Kleinod schwäbischer Gastlichkeit.

Info: Großzügige, gediegene und mit viel Liebe zum Detail ausgestattete Räumlichkeiten erwarten den Einkehrenden im Otto Hoffmeister Haus, das durch eine gekonnte Verbindung von schwäbischer Gemütlichkeit und modernem Komfort glänzt. Sorgfältige Tischeindeckung, hübsche Blumen- und Accessoires-Arrangements sowie freundlich proportionierte Sitzgruppen schaffen ein anheimelndes Innenleben. Als besonderes Prunkstück muß auch das große Gartenlokal bezeichnet werden.

Küche: Schon das Studium der handgeschriebenen Speisekarte, die mit saisonal abwechslungsreichen, international und regional ausgerichtetem Speisenangebot aufwartet, wirkt appetitanregend. Interessante Vorspeisen, Hauptgerichte und Desserts der mittleren bis gehobenen Preiskategorie werden von vielen warmen und kalten schwäbischen Spezialitäten zu landesüblichen Preisen ergänzt. Diese gekonnt gewählte Symbiose ermöglicht jedem Gaumen und Geldbeutel den Besuch des wirklich empfehlenswerten Hauses.

Auszug aus der Karte: Linsen mit Spätzle und Saitenwürstle DM 13,50, Tafelspitz mit Meerrettichsauce, Bratkartoffeln und Salat DM 19,50, Forellenfilet aus dem Tannenrauch mit Sahnemeerrettich, Butter und Stangenweißbrot DM 10,50, Lammrückenfilet mit Senf und Kräutern der Provence gratiniert, feine Gemüsegarnitur und gratinierte Kartoffeln DM 39,50.

Freizeitangebot: Die schöne Torfgrubenlandschaft, Ruinen Reußenstein, Rauber und Diepoldsburg, Burg Teck.

Gasthof Adler, Oberlenningen

Inh.: Hermann Diem, Adolf-Scheufelen-Str. 17, 73252 Lenningen, Tel.: 07026-7421

Geöffnet: 11- 14 und 18 - 24 Uhr , **Warme Küche:** 11.30 - 14 und 18.30 - 21.30 Uhr, **Ruhetag:** Montag, Sonn- und Feiertage ab 14 Uhr.

Info: An der Straße Blaubeuren-Kirchheim liegt das Gästehaus der Papierfabrik Scheufelen mit seiner weithin bekannten Gastlichkeit. Gediegenheit, die an den Glanz früherer Tage erinnert, bestimmt das Ambiente des gepflegten Hauses.

Küche: Hermann Diem, Mitglied der Kochvereinigung unter dem Neuffen, bekocht seine Gäste mit nicht alltäglichen, internationalen Gerichten der gehobenen Preiskategorie. Verwendung finden hierzu nur frische, ausgewählte Rohprodukte der Saison.

Freizeitangebot: Burg Teck, Lenninger Tal, Albhochfläche mit dem Randecker Maar, Ruine Reußenstein.

Gasthof Zum Adler, Owen/Teck

Inh.: Robert Scheu, Kirchheimer Str.41, 73277 Owen/Teck, Tel.: 0 70 21 - 5 92 16

Geöffnet: 11 - 22 Uhr, **Warme Küche:** durchgehend, **Ruhetag:** Donnerstag

Info: Mitten in Owen, unterhalb der Teck, steht an der Kreuzung der Straßen Kirchheim-Ulm-Nürtingen der hübsche Fachwerk-Gasthof. Das als Familienbetrieb geführte Haus strahlt eine typisch schwäbische Gediegenheit aus.

Küche: Robert Scheu pflegt eine regionale gutbürgerliche Küche, die für jedermann etwas bietet. Vom "Wirt sei Vesper" bis zu raffinierten Spezialitäten reicht die Spannweite seines Angebots.

Freizeitangebot: Burg Teck, Lenninger Tal mit seiner vielseitigen Vegetation, Ruine Reußenstein, Thermalbad Beuren.

Restaurant-Gästehaus Schwaben-Stüble, Owen/Teck

Inh.: Hermann Scheu, Kirchheimer Str.84, 73277 Owen/Teck, Tel.: 07021 - 55394

Geöffnet: 11 - 14 und 17 - 24 Uhr, Sonn- und Feiertags 11 - 22 Uhr, **Warme Küche:** Mo.-Fr. 11-14 und 17.30 -23 Uhr, Samstags, Sonn- und Feiertags 11 - 22 Uhr durchgehend, **Ruhetag:** Mittwoch.

Info: Im Ortskern von Owen, an der Straße Ulm-Blaubeuren-Kirchheim, bewirtet die Familie Scheu ihre Gäste. Man spürt den schwäbischen Fleiß und den Elan der Wirtsleute in den schön eingerichteten Gaststuben.

Küche: Maultaschen in verschiedenen und für viele bestimmt unbekannten Variationen sind die Spezialität des Hauses. Aber auch die regionalen und internationalen Gerichte kommen nicht zu kurz.

Freizeitangebot: Burg Teck, Antiquitätendorf Dettingen, Ruine Reußenstein, Thermalbad Beuren, Hohenneuffen.

Gaststätte Burg Teck
Owen

Geöffnet: Mo. 10.00 - 14.00 Uhr
Mi.-Sa. 10.00 - 22.00 Uhr
So. + Feiertag 9.00 - 18.00 Uhr

Warme Küche: 11.30 - 14.00
und 18.00 - 21.30 Uhr,
Montags 10.00 - 14.00
Ruhetag: Dienstag

Inhaber: Familie David
Burg Teck
73277 Owen/Teck
Telefon: 0 70 21 - 5 52 08

Lage: Von einem der Alb vorgelagerten, langgestreckten Höhenzug grüßt die Burg Teck weithin sichtbar ins Land hinaus. Ursprünglich im Besitz der Zähringer - erste Nennung 1152 - kam sie 1495 an Württemberg und wurde 1736 zur Festung ausgebaut. Seit 1955 ist die Burg Gaststätte und Wanderheim. Von Owen führt eine gut ausgebaute Straße zu den Parkplätzen Hörnle und Bölle.

Info: Für jeden, der im bürgerlich eingerichteten und von einer Ritterrüstung gekrönten Restaurant die herrliche und weit ins Schwabenland hinausreichende Aussicht genießen kann, wird dieser Gaststättenbesuch ein unvergessliches Erlebnis bleiben. Bei guter Witterung finden Sie im romantischen Burghof viele einladende und gemütliche Ruheplätzchen zur Stärkung und Besinnung.

Küche: Mit bodenständigen, schwäbischen und deutschen Spezialitäten sowie einem hausgemachten Vesper- und Kuchenangebot wartet die Gastwirtsfamilie David ihren Besuchern auf. Das Angebot reicht vom Frühstück auf dem Burghof über ein zünftiges Spanferkelessen mit Fassbier, einem Grillabend im Freien bis zum festlichen Menü im Restaurant. Als besondere Attraktion wird eine deftige Suppe aus der Gulaschkanone angeboten.

Auszug aus der Karte: Portion Leberwurst mit Brot DM 6,50, Hausmacher Vesperteller mit Senf und Brot DM 12,00, Schwäbischer Wurstsalat DM 8,50, Geröstete Leberspätzle mit Ei und Kartoffelsalat DM 12,50, Ripple auf Sauerkraut mit Schupfnudeln DM 15,20, Linsen, Saiten und Spätzle DM 11,80, Tafelspitz mit Klößen und Meerrettichsauce DM 14,80, Zwiebelrostbraten auf Sauerkraut und Schupfnudeln DM 21,50.

Freizeitangebot: Burg Teck, kleine Wanderungen zu folgenden Zielen: Wielandsteine, Engelhof, Ruine Rauber, Torfgrube - Auchert - Breitenstein, Diepoldsburg. Im Winter Langlauf und Abfahrt.

Restaurant-Weinstube Balzholzer Keller, Balzholz

Inh.: Iris Ahrer u. Ralf Strähle, Backhausweg, 72660 Beuren-Balzholz, Tel.: 07025 - 5459

Geöffnet: Di.-Sa. 18 - 24 Uhr, So. 11.30 - 23 Uhr, **Warme Küche:** Di.-Sa. 18 - 23 Uhr, Sonn- und Feiertags 11.30 - 14 und 17.30 - 22 Uhr, **Ruhetag:** Montag.

Info: Das sehr schön restaurierte Fachwerkhaus liegt auf halbem Weg zwischen Beuren und Neuffen, etwas versteckt beim noch in Betrieb befindlichen Gemeindebackhaus. In den Sommermonaten ist der romantisch gelegene Biergarten geöffnet.

Küche: In dem mit besonderem Ambiente versehenen Abendlokal können Sie vom rustikalen Vesper aus selbstgemachter Wurst bis zum allerfeinsten Gourmetmenu viele Köstlichkeiten aus Küche und Keller genießen.

Freizeitangebot: Thermalbad Beuren, Burg Teck, Hohenneuffen.

Restaurant Stadt Neuffen, Neuffen

Inh.: Dieter Kudermann, Oberer Graben 28, 72639 Neuffen, Tel.:07025-2666/5920

Geöffnet: 11 - 14.30 und 18 - 24 Uhr, **Warme Küche:** 11 - 14 und 18 - 21.30 Uhr, **Ruhetag:** Montag ab 14.30 und Dienstag.

Info: Die Stadthalle Neuffen beheimatet dieses helle, gepflegte und modern eingerichtete Speiselokal. In unmittelbarer Nähe von Kirche und Kelter haben Sie von dem, an den Berghang angelehnten Haus mit schöner Terrasse, einen weiten Blick auf das kleine Städtchen Neuffen und seine Umgebung.

Küche: Regionale Gerichte zu ortsübliche Preisen bestimmen das Gros der auswahlreichen Speisekarte. Die Speisen werden gutbürgerlich zubereitet und freundlich serviert.

Freizeitangebot: Burg Hohenneuffen, Thermalbäder Urach und Beuren. Falkensteiner Höhle, ev. Pfarrkirche aus dem 14.Jahrhundert.

Hotel Traube, Neuffen

Inh.: Karlheinz Spring, Hauptstr. 24, 72639 Neuffen, Tel.: 07025 - 2894 / 5121

Geöffnet: 11.30 - 14 und 18 - 24 Uhr, **Warme Küche:** 11.30 - 14 und 18 - 21 Uhr, **Ruhetag:** Freitag ab 14 Uhr und Samstag.

Info: Im Ortskern des Kleinstädtchens Neuffen, das unterhalb des bergspornartig aus dem Albtrauf hervortretenden 743 m hohen Weißjuramassivs Hohenneuffen liegt, betreibt Karlheinz Spring sein Hotel-Restaurant. Schwäbische Gastlichkeit wird in dem solid ausgestatteten Haus groß geschrieben.

Küche: Ein vorwiegend regionales Angebot aus Küche und Keller wird zu etwas gehobenen, aber gerechtfertigten Preisen offeriert. Hier stimmen Rahmen, Qualität und Service.

Freizeitangebot: Burg Hohenneuffen, Thermalbäder Urach und Beuren. Falkensteiner Höhle, ev. Pfarrkirche aus dem 14.Jahrhundert.

Burggaststätte Hohenneuffen
Neuffen

Geöffnet : Von 1.Mai bis 30.Sept.:
Mi.-Sa.9.00 - 22.00 Uhr
So. 9.00 - 19.00 Uhr
Von 1.Okt. bis 30.April:
Mi.-So. 10.00 - 18.00 Uhr
Warme Küche: 11.30 - 14.30
und 18.00 - 21.00 Uhr
Ruhetag: Montag und Dienstag

Inhaber: Erika und Axel Vetter
Burg Hohenneuffen
72637 Neuffen
Telefon: 0 70 25 - 22 06

Lage: Die Festung Hohenneuffen ist die größte Burgruine der Schwäbischen Alb und überragt von ihrem jäh emporsteigenden Weißjura-Felsmassiv aus das so geschichtsträchtige und abwechslungsreiche Umland. Von Hülben, Grabenstetten kommend führt eine schnurgerade Allee, die erst bei der Schloßbuche endet, zur Burg hinauf. Bei Feierlichkeiten ist die Zufahrt bis in den Burghof erlaubt.

Info: Der Familie Vetter gelingt es immer wieder, ihr schön gelegenes und dem äußerlichen Rahmen angepasstes, rustikal-elegantes Restaurant für die unterschiedlichsten Anlässe zu präsentieren. Egal ob Sie in Wanderkleidung mit Bergschuhen und Rucksack, oder im feinen Zwirn mit Lackschuhen Gäste des Hauses sind, die angenehm gemütliche Atmosphäre schafft Wohlbehagen und Zufriedenheit. Unter alten Linden finden Sie im großen Burghof bei Selbstbedienung reichlich Platz. Für Veranstaltungen stehen Räumlichkeiten von 12 bis 200 Personen bereit.

Küche: Die gutbürgerliche, gehobene schwäbische Spezialitätenküche bietet vom einfachen Vesper bis zum Festmenü eine breite Palette regionaler und internationaler Schmankerln. So gehören Peitschenstecken mit Brot ebenso wie ein Entrecôte mit Pfefferrahmsauce zum reichhaltigen Angebot der schönen und informativen Tageskarte. In ihr wird auch den einkehrenden Senioren und kleinen Gästen entsprechend Rechnung getragen. Von 14.30 bis 18.00 Uhr wird eine kleine warme und kalte Karte sowie ein gutes und reichhaltiges Kaffee- und Kuchenangebot offeriert.

Auszug aus der Karte: Kuttelsuppe DM 5.-, Kraftbrühe mit Kräuterflädla DM 5.-, Griebenschmalz im Töpfle mit Zwiebeln und Bauernbrot DM 4,50, Neuffener Ochsenmaulsalat DM 9,50, Hausgemachte Kässpätzle mit Salat DM 12,80, Schwäbischer Zwiebelrostbraten mit Spätzle und Filderweinkraut DM 24,80.

Freizeitangebot: Rundgang durch die Ruine, Spaziergänge in der schönen Landschaft, Thermalbäder Beuren und Urach.

Restaurant-Café Der Sommerberg, Schopfloch

Inh.: G.u.W. Abegg, Kreislerstr. 2, 73252 Lenningen-Schopfloch, Tel.: 07026-2107, Fax: 2388

Geöffnet: ab 11 Uhr, **Warme Küche:** durchgehend, **Ruhetag:** Donnerstag und Freitag.

Info: Das Restaurant-Café liegt von Lenningen kommend am Ortsanfang von Schopfloch. Mit seiner großen Gartenterrasse, dem schönen Kinderspielplatz und dem modern-ländlich eingerichteten Lokal bietet es den richtigen Raum zum gemütlichen Einkehren und Verweilen.

Küche: Das Angebot an regionalen und internationalen Speisen wird durch ständig frische Tagesgerichte und knackige Salate ergänzt. Besonder beliebt sind auch die selbstgemachten Kuchen und Torten.

Freizeitangebot Randecker Maar, Burg Teck, Ruine Reußenstein, die schöne Albhochlandschaft lädt zu ausgedehnten Wanderungen ein.

Beurener Hof, Beuren

Inh.: Anhorn Hotelbetriebs-GmbH, Hohenneuffenerstr.16, 72660 Beuren, Tel.: 07025-91011-0

Geöffnet: 11.30 - 14 und 17.30 - 24 Uhr, **Warme Küche:** 11.30 - 14 und 18 - 21.45 Uhr, **Ruhetag:** Dienstag und Mittwoch bis 18 Uhr.

Info: Der einladende Beurener Hof strahlt mit seiner gehobenen ländlichen Ausstattung Wohlbehagen und Gediegenheit aus. Von Neuffen kommend finden Sie ihn in einer rechten Seitenstraße, kurz vor dem Ortsausgang Richtung Owen/Teck.

Küche: Serviert werden saisonale Spezialitäten im Stil der Neuen Küche, aus stets frischen und landesüblichen Zutaten. Der Chef des Hauses hat auf nationalen und internationalen Kochwettbewerben diverse Auszeichnungen errungen.

Freizeitangebot: Thermalbad Beuren, Burg Teck, Burgruine Hohenneuffen, reichlich Spazier- und Wandermöglichkeiten.

Burgstüble Hohenneuffen, Beuren

Inh.: Fam. Kotouceck, Hauptstr. 7, 72660 Beuren, Tel.: 07025 - 2815

Geöffnet: Mi.-So. 11.30 - 14 und 17.30 - 23 Uhr, **Warme Küche:** 11.30 - 14 und 17.30 - 21.30 Uhr, **Ruhetag:** Montag und Dienstag.

Info: Das von außen eher unscheinbare Burgstüble bietet innen ein solid-gemütliches Ambiente. Die liebevoll zurückhaltend ausgestattete Gaststätte ist ein echter Geheimtip für alle Freunde der bodenständig-schwäbischen Kochkunst.

Küche: Herrn Kotouceck´s Herd kommt vielen Geschmacksrichtungen entgegen und so findet jeder etwas aus dem großen Angebot. Dominierend sind jedoch klassisch schwäbische Gerichte mit denen der Hausherr seine Gäste verwöhnt.

Freizeitangebot: Thermalbad Beuren, Burg Teck, Burgruine Hohenneuffen, Spaziergänge entlang des Albtraufs.

Stausee Hotel-Restaurant
Glems

Geöffnet: 10.00 - 24.00 Uhr

Warme Küche: 11.45 - 14.00
und 18.00 - 21.30 Uhr
Ruhetag: Montag ganz und
Sonntag ab 18 Uhr
Hotelbetrieb ohne Ruhetag

Inhaber: Familie Klose
Unterer Hof 3
72555 Metzingen-Glems
Telefon: 0 71 23 - 92 36-0
Telefax: 0 71 23 - 92 36-63

Lage: Von Urach kommend erreichen Sie das Stausee Hotel-Restaurant am besten, wenn Sie Richtung Metzingen fahren und in Neuhausen (bei der Post) links abbiegen. Nach Glems liegt dann dieses angenehm in die Reutlinger Voralblandschaft integrierte Haus direkt am Weg.

Info: Mit einem schönen Blick auf die herrliche Umgebung und den See bietet das moderne und großzügig eingerichtete Hotel-Restaurant genügend Platz für Ruhe und Entspannung. Großbürgerliche Eleganz und Gediegenheit machen das Flair dieses, für die unterschiedlichsten Anlässe wie Feiern, Tagungen, Konferenzen und Versammlungen, geradezu prädestinierte Haus aus.

Küche: Viele der Jahreszeit entsprechende Speisen sowie schwäbische und internationale Spezialitäten werden durch eine große Auswahl von erlesenen Fischgerichten ergänzt. Als besonders positiv empfanden wir die außergewöhnlichen Beilagen- und Zubereitungsvarianten der exquisiten Küche. Für besondere Anlässe werden ganz auf Ihre Wünsche und Vorstellungen abgestimmte Menues, bis hin zum feierlichen Bankett, innerhalb und außerhalb des Lokals organisiert und durchgeführt.

Auszug aus der Karte: Leberknödelsuppe nach hauseigenem Rezept DM 6.-, Original schwäbische Hirnsuppe DM 6.-, Polardorsch im Senfsößle, Salzkartoffel, bunter Salatteller DM 23,50, Sauerbraten Schwarzwälder Art mit Sauerkirschen, Semmelknödeln, bunter Salatteller DM 24,50, Putengeschnetzeltes in Curryrahm, Früchte, Mandelreis und Erbsengemüse DM 26.-, Filetsteak vom Angusrind unter der Kräuterhaube, überbackene Kartoffeln und bunter Salatteller DM 36,50, Hirschrückenmedaillons "Calvados" mit Broccoliblüten, hausgemachten Nußknöpfle DM 38,50, Lammrückenfilets an einem Basilikumauszug, Zuchinistreifen, Maccairekartoffel DM 34,50.

Freizeitangebot: 2 Kegelbahnen im Hause. Spaziergang um den Stausee. Der Rundweg ist gut ausgebaut und deshalb auch bei nicht so gutem Wetter mit Sonntagsschuhen begehbar. Stadt Reutlingen mit großem Kulturangebot. Achalm. Thermalbad Bad Urach.

Konditorei-Café Sommer, Reutlingen

Inh.: *Heinz Sommer, Wilhelmstr.100, 72764 Reutlingen, Tel.: 0 71 21 - 30 03 80*

Geöffnet: 8 - 18.30 Uhr, Samstag 8 - 17 Uhr, **Warme Küche:** 11.30 - 14 Uhr, **Ruhetag:** Sonntag.

Info: Dieses gemütliche, modern eingerichtete Haus der feinen Confiserie befindet sich in der Reutlinger Fußgängerzone in unmittelbarer Nähe von Marienkirche und Kronprinzbau. Für ihr Fahrzeug bietet sich die Rathaustiefgarage an.

Küche: Süße Anhänger des Gottes Lukullus finden hier ein wahres Eldorado der Genüsse, welches durch kleine warme Gerichte und ein ständig wechselndes Tagesangebot ergänzt wird. Natürlich wird auch ein reichhaltiges Kaffeehausangebot offeriert.

Freizeitangebot: Stadt Reutlingen mit vielfältigem Kulturangebot, Marienkirche, Städtisches Kunstmuseum mit Holzschnitt-Sammlung.

Indisches Spezialitäten-Restaurant Maharaja, Reutlingen

Inh.: *Naresh Kumar, Kaiserstr. 60, 72764 Reutlingen Tel.: 07121-330696, Fax: 550325*

Geöffnet: 11.30 - 14.30 und 17.30 - 24 Uhr, **Warme Küche:** 11.30 - 14 und 18 - 24 Uhr, **Ruhetag:** Montag.

Info: Reutlingen, das Wirtschaftzentrum der Region Neckar-Alb, beheimatet eine vielschichtige Gastronomie, zu der auch das empfehlenswerte indische Spezialitäten-Restaurant gehört. Sie finden das Lokal im Stadtzentrum unweit der Marienkirche.

Küche: Das Angebot der Küche hebt sich deutlich von den sonst auf der Alb üblichen Speisen ab. In Zusammenstellung, Geschmacksvielfalt und Arrangement überzeugen die vielen vegetarischen oder aus Hühner-, Fisch- und Lammfleisch hergestellen Speisen.

Freizeitangebot: Stadt Reutlingen mit vielfältigem Kulturangebot, Marienkirche, eines der schönsten kirchlichen Bauwerke auf der Alb.

Forellenhof Rössle, Lichtenstein-Honau

Inh.: *Fam.Gumpper-Stoll, Heerstr. 20, 72805 Lichtenstein, Tel: 07129 - 9297-0, Fax: 9297-50*

Geöffnet: 10 - 23 Uhr, **Warme Küche:** 11.30 - 14 und 17.30 - 21 Uhr, Sonn- u.Feiertags 11 - 20.30 Uhr, ab 21 Uhr geschl., **Ruhetag:** keinen

Info: Der Forellenhof liegt direkt an der Durchgangsstraße, Richtung Honauer Steige - Lichtenstein. Seit 7 Generationen wird hier der Forelle im wahrsten Sinne der Hof gemacht. Eigene Fischweiher sorgen für frischen Nachschub. Insgesamt finden in dem Forellen-Wallfahrtsort 250 Gäste Platz. Schöner Garten an der Echaz.

Küche: Hier ist natürlich alles auf unseren Lieblingsfisch ausgerichtet. Die Echazforelle wird als Suppe, gedämpft, gekocht und gebacken serviert. Besonders lecker munden die Lachsforellen. Es wird auch schwäbische Küche angeboten.

Freizeitangebot: Lichtenstein, Bären- und Nebelhöhle, Marbach.

AlbHotel
Riederich-Metzingen

Geöffnet: 6.30 - 1.00 Uhr

Warme Küche: Im Restaurant
11.30 - 14.00 u. 18.30 - 21.30 Uhr,
im Stüble 18.00 - 23.30 Uhr
Ruhetag: keinen
Stüble Sa., So. und Feiertags

Inhaber: Fam. Böse-Lindenmann
Hegwiesenstraße 20
72585 Riederich
Telefon: 0 71 23 - 3 80 30
Telefax: 0 71 23 - 3 55 44

Lage: Von Metzingen kommend, Richtung B 312 nach Stuttgart, beim Hinweisschild - Riederich-Industriegebiet - rechts abbiegen. Nach ca. 3 km in der Ortsmitte links abbiegen zum Hotel. Das luftig gestaltete Hotel-Restaurant liegt am Ende des Wohngebietes in ruhiger Ortsrandlage. Ausreichend Parkplätze finden Sie direkt vor dem Hotel.

Info: Das vor ca. 3 Jahren neu errichtete Hotel entspricht dem heutigen Standard und erfüllt alle Wünsche die müde Reisende, Seminarteilnehmer, Kurz- oder Langzeiturlauber am Fuße der Alb erwarten. Das Hotel-Restaurant eignet sich mit seinen elegant eingerichteten Gaststuben und seinem hellen Wintergarten besonders für Konfirmationen, Kommunionen, Geburtstage, Jubiläen und last but not least für Jungverliebte, die sich das Jawort fürs Leben geben. Wer hier mit seinen Freunden und Verwandten feiert, dem stellt das Hotel die Hochzeits-Suite incl. Frühstück zur Verfügung. Komfortable Seminar- und Tagungsräume in eleganter Ausführung mit modernster Technik stehen Ihnen in verschiedenen Größen zur Verfügung. Großzügig ausgestattete Zimmer mit Dusche, Bad, WC, Radio, Kabel-Farbfernseher, Telefon, Faxanschluß und Minibar.

Küche: Der Küchenmeister verwendet ausschließlich frische Produkte, saisonal bedingt, nach Möglichkeit aus dem Ländle. Eiligen Gästen wird das Business-Menü ans Herz gelegt. Das Speisenangebot ist bestens sortiert, hervorragend zubereitet und reicht von regionalen bis hin zu internationalen Spezialitäten. Im Stüble im Untergeschoß kommen die Liebhaber der deftigen, schwäbischen Küche auf ihre Kosten. Besonders die Spätzlesgerichte stehen im Vordergrund. Die "Schwäbische Spätzlesküche" mit über 48 Rezepten ist hier erhältlich.

Auszug aus der Karte: Gekochter Tafelspitz, Meerrettichsoße und Schnittlauchkartoffeln DM 21.60, Schwäbischer Rostbraten mit geschmälzten Maultaschen und Röstkartoffeln DM 27.80, Felchenfilet, Zitronenbutter und Petersilienkartoffeln DM 23.60, Schwäbischer Wurstsalat, Sauergemüse, Brot und Butter DM 10,50.

Freizeitangebot: Reutlingen, Bad Urach mit Thermalbad, Wasserfall und Ruine Hohenurach, Tübingen, Hohenzollernschloß, Lichtenfels.

Hotel Graf Eberhard
Bad Urach

Geöffnet: *Hotelbetrieb*

Warme Küche: *12.00 - 22.00 Uhr durchgehend*

Ruhetag: *keinen*

Inhaber: *Schmids Hotel- und Erlebnisgastronomie GmbH bei den Thermen 2 72574 Bad Urach Telefon: 0 71 25 - 1 48-0 Telefax: 0 71 25 - 82 14*

Lage: Von Reutlingen-Metzingen kommend, liegt das moderne Hotel linkerhand am Ortseingang. Das Hotel-Restaurant liegt am Fuß der Burgruine Hohenurach, eingerahmt von den Wäldern der Alb. Die Zufahrt ist gut beschildert. Sie finden ausreichend Parkplätze.

Info: Das sympatische Ferien-, Kur- und Tagungshotel liegt am liebevoll angelegten Kurpark. Ein überdachter Gang führt direkt zum heilkräftigen Thermal-Mineralbad und dem benachbarten Freizeitbad "Aquadrom". Das Hotel umfaßt 80 behaglich eingerichtete Zimmer. An Komfort und Technik ist alles vorhanden was das Herz begehrt. Sie können wählen unter Komfort-Zimmern mit Blick auf den herrlichen Kurpark, den Maisonetten- oder Hochzeitszimmern, dem Trainer- und Damenzimmer sowie dem reservierten Nichtraucherzimmer. Im Preis inbegriffen ist der Tiefgaragenparkplatz und der Besuch des Thermalbades. Verschieden gestaltete Räumlichkeiten bieten die Möglichkeit für Tagungen, Seminare und Festlichkeiten nach dem Motto: Sie geben ein Fest - wir machen den Rest. Das elegante gemütliche Ambiente der Gasträume ist der Rahmen um anspruchvoll zu genießen.

Küche: Das Küchenteam verarbeitet nach Möglichkeit Produkte vom hauseigenen Bauernhof, wie Kaninchen, Gänse, Puten, Lamm und Ziege. Die Wildspezialitäten stammen aus den Jagdrevieren um Bad Urach, die Fische kommen aus den Ermstalgewässern. Täglich bietet die Küche 2-3 Menüs der klassisch-schwäbischen Küche sowie leichte kalorienarme Gerichte und ein reichhaltiges Angebot an frischen Salaten vom Salatbuffet. Die vitale Kreativität des Küchenteams verdient Applaus.

Auszug aus der Karte: Menü ab DM 29.80, Ziegenkitzkeule im Mostsößle mit Kartoffelklößen und Feldsalat DM 28.-, Hausgemachte Kaninchensülze an Schnittlauchcreme DM 14,50, Kerniges Ochsenkotelett DM 36.-, verschiedene Putengerichte ab DM 20,80, Zimt-Johannisbeerparfait DM 9,80.

Freizeitangebot: Thermal-Mineralbad, Wasserfall, Burgruine Hohenurach, historische Altstadt, Aquadrom, Gestüt Marbach, Seeburg.

Hotel-Restaurant Café Buck

Bad Urach

Geöffnet: 7.30 - 23.00 Uhr

Warme Küche: 11.30 - 14.00 und 18.00 - 21.00 Uhr.

Ruhetag: keinen

Inhaber: Familie Buck
Neue Straße 5-7
72574 Bad Urach
Telefon: 0 71 25 - 17 17
Telefax: 0 71 25 - 4 01 94

Lage: Angrenzend an den historischen Marktplatz mit seinen imponierenden Fachwerkbauten liegt das Hotel-Restaurant Café Buck. Versteckt in einer ruhigen Seitenstraße, finden Sie hinter dem Café das Hotel und den Parkplatz.

Info: Das bestehende Gebäude wurde 1712 erbaut und ist seit 1902 in Familienbesitz. Derzeit führt, nun in der 4. Generation, Herr Hans Wolfgang Buck, gelernter Koch und Konditor, mit seiner Frau, einer ausgebildeten Fachfrau, den Betrieb. Das Café hat eine frische, leicht elegante Note. Die an japanische Teehäuser erinnernde, quadratisch aufgeteilte Glasdecke, strahlt eine angenehme Helligkeit aus. Die in dezenten, warmen Tönen ausgeführte Polsterung der Bestuhlung, schmückt harmonisch als Stofftapete, die mit Aquarellen dekorierten Außenwände. Der Familienbetrieb zählt heute mit zu den beliebtesten Adressen im Raum Bad Urach. Die Leckereien und Spezialitäten aus der eigenen Backstube finden im hauseigenen Ladengeschäft den Weg auch in die häusliche Wohnung und sind gefragte Mitbringsel. Jeden Mittwoch und Samstag wird ab 19.30 Uhr zum Tanz gebeten. Eintritt frei! Das Hotel ist modernstens ausgestattet. Eine große Dachterrasse mit herrlichem Blick auf die Stadt und die Wälder der Alb ist für die Hotelgäste reserviert. Eine Minute vom Stammhaus entfernt steht ein Ferienhaus mit urgemütlichen Appartements für den "speziellen Genießer" zur Verfügung.

Küche: Die Speisen sind meisterhaft, appetitlich zubereitet. Von regionalen Gerichten bis hin zu internationalen Spezialitäten reicht das gut sortierte Angebot. Tagsüber werden durchgehend kleine Gerichte wie Buck's Pizza Speziale oder Lasagne Salmone serviert. Lecker zubereitete Vitaminbomben warten am Salatbüfett. Täglich gibt es frische zubereitete Tagesgerichte zu zivilen Preisen.

Auszug aus der Karte: Bad Uracher Maultaschensüpple DM 6.60, Schupfnudeln mit Kraut DM 9.80, Buck's Pizza Speziale DM 12.80, Ermstalforellen blau, Salzkartoffeln, Butter DM 19.80, zum Nachtisch gibt es ein hausgemachtes Eis oder lieber einen Kuchen?

Freizeitangebot: Bad Urach mit Burgruine, Wasserfall, Aquadrom.

Ermstalfischerei, Bad Urach-Seeburg

Inh.: Gerhard Weihmann, 72574 Bad Urach-Seeburg, An der Enge, Tel: 07125 - 3357

Geöffnet: 9-17 Uhr, **Ruhetag:** Dienstag

Info: Das Fischparadies liegt zwischen Urach und Seeburg von Urach kommend 3 km vor Seeburg, geht es nach einer scharfen Linkskurve rechts ab über eine kleine Brücke Richtung Wald. Vor dort führt ein Schotterweg weiter zu den Fischweihern. Hier haben Sie in idyllischer Umgebung die Möglichkeit Angeln zu leihen und in dem großen Fischteich selbst ihre Fischmahlzeit zu erjagen. Leider gibt es bei den Fischteichen keine Grillmöglichkeit. Aber 500 m weiter, Richtung Seeburg, finden Sie einen herrlichen Grillplatz. Ansonsten wird eben zu hause gebrutzelt. Zu kaufen gibt es hier auch Äschen, Saiblinge und alle Arten von Forellen.

Samstags gibt es geräucherte Forellen frisch aus dem Ofen.

Gaststätte Hirsch, Bad Urach

Inh.: Familie. Maier, Lange Str. 8, 72574 Bad Urach, Tel: 07125 - 70908

Geöffnet: 11.30 - 13.30 und 17.30 - 21 Uhr, **Warme Küche:** dito, **Ruhetag:** Montags ab 14 Uhr und Dienstag.

Info: Der "Hirsch" liegt versteckt in unmittelbarer Nähe des historischen Marktplatzes. Hier gibt es ihn noch, den Stammtisch, wo man sich auf ein Viertele trifft. Die Einrichtung ist einfach-gemütlich. Die Wirtin bedient die Gäste in freundlicher, persönlicher Art noch selbst.

Küche: Die bodenständige einfache Küche wird vom Herrn des Hauses gekocht. Was hier zu annehmbaren Preisen serviert wird, ist gut und ordentlich zubereitet, was der große Mittagstisch beweist.

Freizeitangebot: Bad Urach, Wasserfall, Hohenurach, Gestüt Marbach, Schloß Lichtenstein.

Gestüts-Gasthof, St. Johann

Inh..: Fam. Griesinger, Landesgestüt, 72813 St. Johann, Tel: 07122 - 9296

Geöffnet: 11 Uhr - Schluß, **Warme Küche:** 11.45 - 14 und 18 - 22 Uhr, **Ruhetag:** Montag, Donnerstag ab 18 Uhr, **Betriebsferien:** Dez.

Info: Von Reutlingen aus fahren Sie nach Eningen, erklimmen dort den steilen Albtrauf und nur wenige Kilometer weiter liegt inmitten von Wäldern und Pferdekoppeln der Gestüts-Gasthof. Ein beliebter Ausflugsort für Wanderer und Pferdefreunde. Vor dem Haus finden Sie unter schattigen Kastanienbäumen einen lauschigen Rastplatz.

Küche: Im Herbst Zwiebelkuchen, neuer Wein und Schlachtfest, Große Vesperkarte. Extra Wildkarte. Die Speisen werden reichlich, gut und preiswert serviert.

Freizeitangebot: Gestüt St. Johann, Pferdemuseum im Gestüt Offenhausen, Landesgestüt Marbach.

Flair-Hotel Restaurant Frank
"Vierjahreszeiten", Bad Urach

Geöffnet: 7.30 - 24.00 Uhr

Warme Küche: 11.30 - 14.00
und 17.30 - 21.30 Uhr,

Ruhetag: keinen

Inhaber: E.Frank
Stuttgarter Straße 5
72574 Bad Urach
Telefon: 0 71 25 - 16 96
Telefax: 0 71 25 - 16 56

Lage: Das Hotel Frank mit seinem wunderschönen, renovierten Fachwergebäude, zählt zu den ersten Adressen in Bad Urach und liegt direkt in der historischen Altstadt des bekannten Badeortes.

Info: Das mit besonderem Flair ausgestatte Restaurant bietet mit seinen 4 verschieden gestalteten Gastzimmern den passenden Rahmen für alle Arten von Festlichkeiten, Reisegesellschaften und Tagungen. Ein besonders Schmuckkästchen ist im Sommer die romantische Gartenwirtschaft "zum Höfle". Umgeben von historischen Bauten ist sie ein beliebter Treffpunkt für gemütliche Stunden. Dem Gast stehen 35 Zimmer mit 60 Betten zur Auswahl. Die stilvoll eingerichteten Zimmer sind alle mit Dusche oder Bad/WC, Telefon, Kabelfernseher und teilweise mit Balkon individuell ausgestattet. Parkmöglichkeiten stehen dem Gast im gegenüberliegenden Parkhaus kostengünstig zur Verfügung. Das Hotel ist seit 1903 im Familienbesitz und wird nun schon in der 4. Generation betrieben. Seit 1994 ist es auch Anlaufstelle für "Wandern ohne Gepäck" auf dem "7-Quellen-Weg".

Küche: Die gut geführte Küche im neuen, leichten Trend bietet nationale und schwäbische Spezialitäten an. Täglich wechselndes Salatbüfett. Es werden auch sehr viele Wildgerichte aus eigener Jagd zubereitet.

Auszug aus der Karte: Schwäbische Hirnsuppe DM 6,50, Schweinsschäufele, Sauerkraut, Schupfnudeln DM 18,50, Rehnüßchen, gebackene Champignonköpfe, frisches Gemüse und Serviettenknödel DM 35,80, Hausgemachte Wildmaultäschle, Pilze, Salmesoße und Salatteller DM 17,80, Bauernbrot mit gekochtem oder rohem Albschinken, garniert DM 10,80, Schwäbische Menüs ab DM 36,50 - 63,80.

Freizeitangebot: Rundgang durch die historische Altstadt, Uracher Wasserfall, Ruine Hohenurach, Höhenfreibad, Aquadrom, Ausflug zum Landesgestüt Marbach und Pferdemuseum in Offenhausen, Museum an der Klostermühle, Residenzschloß, Amanduskirche, Gorisbrunnen.

Gasthaus zum Löwen, Grabenstetten

Inh..: Familie. A. Fetzer, Böhringer Str. 4, 72582 Grabenstetten, Tel: 07382 - 340

Geöffnet: Di. - Fr. 11.30 - 14 und 16.30 - 20 Uhr, **Warme Küche:** dito., **Ruhetag:** Montag und Samstag

Info: Das echt schwäbische Wirtschäftle liegt an der Durchfahrtsstraße in der Ortsmitte von Grabenstetten. Zu der Wirtschaft gehört auch eine Metzgerei, die naturgemäß für die bekannt guten schwäbischen Vesper sorgt. Der relativ kleine gemütliche Gastraum mit seinen 35 Plätzen erinnert an die Wirtschaften früherer Tage und blieb von dem rustikalen Stil aus der Fließbandfertigung verschont.

Küche: Gutbürgerlich. Die große Vesperkarte mit seinen vernünftigen Preisen ist besonders bei Wanderern beliebt.

Freizeitangebot: Römerstein, Schertelshöhle, Hohenneuffen, Bad Urach.

Gasthof zum Hirsch, Römerstein-Böhringen

Inh.: Familie Weeger, Albstr. 9, 72587 Römerstein, Tel: 07382 - 352 - Fax: 5649

Geöffnet: 9-24 Uhr, **Warme Küche:** Von 11.30 durchgehend bis 21 Uhr, **Ruhetag:** Dienstag

Info: Das bekannte Ausflugslokal finden Sie in der Ortsmitte. Die traditionelle Gaststube ist zum Glück nicht der Sanierung zum Opfer gefallen und zeugt von der guten alten Zeit. Insgesamt finden hier und im großen Nebenzimmer 140 Gäste Platz. Dem Übernachtungsgast stehen 15 modern-ländlich eingerichtete Fremdenzimmer zur Verfügung.

Küche: Hier kocht der Chef selbst. Von gutbürgerlich bis international reicht das Angebot. Spezialitäten sind die Wildgerichte aus den Wäldern der Alb. Echte schwäbische Hausmannskost!

Freizeitangebot: Römerstein, Bad Urach, Ponyreiten, Tiefenhöhle.

Gasthaus und Metzgerei "Zum Engel", Zaininingen

Inh.: Fam.Mutschler, Mühlensteige 1, 72587 Römerstein-Zaininingen, Tel.: 0 73 82 - 3 88

Geöffnet: 11-19 Uhr, Samstag bis 14 Uhr. **Warme Küche:** 11.45 durchgehend bis 19 Uhr. **Ruhetag:** Mittwoch und jeden letzten Sonntag im Monat.

Info: Der gepflegte Fachwerkbau liegt im Ortskern. Die Gasträume im Erdgeschoß mit 50 Plätzen und im 1.Obergeschoß mit 70 Plätzen sind mit viel Holz und großen bleiverglasten Fenstern freundlich und hell eingerichtet. Die angegliederte Metzgerei bietet erstklassige Hausmacherspezialitäten von der Alb zum Mitnehmen.

Küche: Die Küche ist schwäbisch-regional ausgerichtet und in guten Händen. Die Portionen werden reichlich und heiß serviert. Eine Spezialität ist der Rostbraten mit einer Maultasche überbacken. Für Senioren gibt es auch halbe Portionen.

Freizeitangebot: Bad Urach, Blautopf, Laichiger Tiefenhöhle.

Café Schlößle
Seeburg-Urach

Geöffnet: *12 - 19 Uhr*

Ruhetag: *Montag*

Inhaber: *Familie Lang*
Seeburg
72574 Bad Urach
Telefon: 0 73 81 / 31 20

Lage: Das Café Schlößle liegt ca. 7km von Urach und 5km von Münsingen entfernt, am Ortsende von Seeburg, Richtung Urach, in einem Seitental.

Info: Das anno 1887 als Sanatorium erbaute Kleinod wurde 1971 von dem Konditormeister Michael Lang gekauft und zu einem exquisiten Café umgestaltet. Das innen und außen ganz im Jugendstil gehaltene Haus ist nicht nur ein beliebtes Café, sondern hat schon eine Karriere als Darsteller in einem Agatha Christie Film hinter sich. Zudem finden wir die geheimnisvolle Villa als Buchumschlag wieder. Auch Autohersteller und Modeschöpfer haben das malerische Schlößchen und seinen gepflegten Park als effektvolle Kulisse für Werbeaufnahmen entdeckt. Die stilvolle Ausstattung läßt jedem Romantiker das Herz höher schlagen. Das gastronomisch bestens geführte Haus bietet Ihnen allerlei Spezialitäten an: Speisen, Kaffee, Kuchen und Eis. Im Sommer sitzt man auf der überdachten Terrasse und genießt den Blick in den Park und das angrenzende Ermstal.

Küche: Die Kuchenauswahl ist nicht besonders groß, wird aber täglich frisch vom Herrn des Hauses zubereitet. Aber auch für den kleinen Hunger ist bestens gesorgt. Auf Anfrage werden von Dienstag bis Freitag auch abends kleine Gesellschaften bewirtet.

Auszug aus der Karte: Port. gem.Eis DM 4,50, Schwarzwälder Torte DM 3,60, Tasse Kaffee DM 3,20, Apfelsaft 0,2l DM 2,60, Salatplatte mit Ei DM 12.-, geröstete Maultaschen mit Salat DM 13,50.

Freizeitangebot: In einem 20-minütigen Spaziergang erreichen Sie am anderen Ende von Seeburg die idyllisch gelegene Ermsquelle. Wer noch weiter spazieren will, dem empfehlen wir nach der Quelle eine Wanderung durch die Trailfinger Schlucht, einem romantischen Tal, das an die Karl-May- Filme erinnert. Wer aber mal so richtig "krakseln" will, dem rate ich 5km weiter Richtung Urach zu fahren, und auf die Ruine Hohenwittlingen zu klettern. Übrigens nicht weit davon liegt die Rulaman-Höhle, die in dem gleichlautenden Roman eine Schlüsselrolle spielt.

Übersberger Hof, oberhalb Pfullingen

Inh.: Familie Igl, 72793 Pfullingen, Tel: 07121- 81173

Geöffnet: 11.30 - 24 Uhr, **Warme Küche:** 11.30 durchgehend bis 21.30 Uhr, **Ruhetag:** Montag.

Info: Das bekannte Ausflugslokal liegt oberhalb Pfullingens in 774 m Höhe , in herrlicher Aussichtslage. Sie biegen, von Reutlingen kommend im Zentrum von Pfullingen links ab. Das gemütliche, ganz auf Ausflügler eingestellte Lokal, bietet mit seinem Nebenzimmer und Saal ca. 260 Personen Platz. Im Sommer schöne Freiterrasse.

Küche: Gutbürgerlich. Hausgemachte Kuchen, Landbrot und Vesper sorgen für einen gut gedeckten Tisch. Jeden Tag wechselnde Gerichte. Wild aus eigener Jagd.

Freizeitangebot: Wanderung zum nahe gelegenen Mädelesfelsen und Segelflugplatz, Wildgehege beim Haus. Kinderspielplatz.

Stahlecker Hof, Lichtenstein

Inh.: Familie Feucht, 72805 Lichtenstein, Tel:07122 - 9427

Geöffnet: 10.30 bis Schluß, **Warme Küche:** 11.30 - 20.30 durchgehend, **Ruhetag:** Dienstag, **Betriebsferien:** im November.

Info: Zwischen Holzelfingen und Ohnastetten führt links ein schmaler Waldweg in Richtung Stahleck. Eingerahmt von Wäldern und Feldern liegt der gepflegte Stahlecker Hof mit seiner bekannten Gaststätte. Im Sommer ist die große Terrasse im Freien geöffnet.

Küche: Der Familienbetrieb mit angeschlossener Landwirtschaft bietet eine gute schwäbische Küche. Täglich wechselnde Gerichte ab DM 14.--, Hausschlachtung, große Vesperkarte, Most vom Faß, hausgebackenes Brot und extra Kinderkarte.

Freizeitangebot: Schloß Lichtenstein, Wandern, Entspannen.

Gaststätte-Pension, Nussbaum Hof, Ohnastetten

Inh.: Fam.Nußbaum, Würtingerstr. 13, 72813 St.Johann-Ohnastetten, Tel: 07122 -3409

Geöffnet: 16 - 24 Uhr, **Warme Küche:** 17 - 21.30 Uhr, **Ruhetag:** Sonntag

Info: Der umgebaute Bauernhof, jetzt eine moderne Gaststätte, liegt direkt im Ortskern. Der großräumig, helle Gastraum hat eine sehenswerte, gewölbte Holzdecke. Moderne Zimmer im Haus. Übernachtungsmöglichkeit auch für Pferde. Des Hausherrn Hobby ist die Galloway-Rinderzucht. Die über 60 Zwergrinder grasen das ganze Jahr im Freien rund um das Dorf.

Küche: Fleischgerichte von Sauer-, Rostbraten bis hin zum Steak aus eigener Gallowayzucht. Aber auch an Vegetarier wird gedacht.

Freizeitangebot: Besuch der Galloway-Rinder auf den Weiden, Bad Urach, Schloß Lichtenstein, Bären- und Nebelhöhle.

Gasthof-Landhotel Hirsch, St. Johann-Würtingen

Inh.: Fam.Brendle-Bimek, Hirschstr.4, 72813 St. Johann-Würtingen, Tel: 07122-9275 /1418, Fax:1419

Geöffnet: 9 - 24 Uhr, **Warme Küche:** 11.30 - 14 und 17.30 - 21 Uhr, **Ruhetag:** Montag.

Info: Der "Hirsch" liegt in der Ortsmitte und ist seit 1726 in Familienbesitz. Das moderne, angegliederte Gästehaus zeigt sich in hellen freundlichen Farben. Der Gasthof ist mehr im Stil der 60. Jahre eingerichtet. Neben den modernen Fremdenzimmern mit 52 Betten, stehen Nebenzimmer und ein Saal mit 200 Plätzen zur Verfügung.

Küche: Gutbürgerlich. Der Hausherr leitet die Küche persönlich. Mittags und abends werden Gourmetmenüs ab DM 50,-- serviert. Aber auch schwäbische Spezialitäten finden sich auf der Karte. Kinderteller DM 8.80.

Freizeitangebot: Schloß Lichtenstein, Bären- u. Nebelhöhle, Urach.

Gasthof Albhütte, Traifelberg

Inh.: Familie Friedrich, Traifelberg, 72805 Lichtenstein, Tel: 07129 - 3767

Geöffnet: 11.30 - 24 Uhr, **Warme Küche:** 11.30 -14 u. 18 - 21 Uhr, **Ruhetag:** Sonntag abend ab 18 Uhr und Montag.

Info: Von Reutlingen kommend fahren Sie auf der B 312 Richtung Lichtenstein. Nach der Honauer Steige biegen Sie links ab zum früheren Hotel Traifelberg. Ab dort ist es gut beschildert. Die Albhütte Traifelberg, früher als Reutlinger Hütte bekannt, ist heute ein gemütliches Ausflugslokal zum Gernhaben mit großer Freiterrasse.

Küche: Der Sohn, gelernter Koch, leitet die gutbürgerliche Küche. Tagesmenü ab DM 13.-- bis DM 16.--, große Vesperkarte, hausgemachte Kuchen locken zur Kaffeepause.

Freizeitangebot: Schloß Lichtenstein, Bären- und Nebelhöhle, Landesgestüt Marbach und Offenhausen mit Pferdemuseum.

Hotel-Restaurant Engstinger Hof, Kleinengstingen

Inh. Familie Hellmann, Kleinengstinger Str. 2, 72829 Kleinengstingen, Tel: 07129 - 7884

Geöffnet: 10-24 Uhr, **Warme Küche:** Von 12 Uhr durchgehend bis 23 Uhr, **Ruhetag:** Dienstag

Info: Von Reutlingen kommend in der Ortsmitte links zum Auto-Museum abbiegen - hier liegt der 1988 eröffnete "Engstinger Hof". Bei der Innenausstattung des Restaurants wurde weder an Geld noch an Ideen gespart. Große Natursteinquaderwände, alte Holzbalkendecken, großer Kamin und die hellen, formschönen Möbel bilden eine gelungene Kombination.

Küche: Hier kocht der Chef persönlich. Die Speisekarte ist schwäbisch-regional ausgerichtet. Aber auch das deutsch-internationale Angebot wird berücksichtigt. Am Sonntag Extrakarte.

Freizeitangebot: Automuseum mit Autoklassikern und Motorrädern.

Mittlere Alb

Gasthaus Grüner Baum, St.Johann-Lonsingen

Inh.: Familie Bauder, Albstr.4, 72813 St. Johann-Lonsingen, Tel: 07122-170, Fax: 17217

Geöffnet: 10.30 - 24 Uhr, **Warme Küche:** 12 - 14 und 17.30 - 21 Uhr, Kleine Karte: 14 - 17.30 und 21 - 22 Uhr, Sonntags durchgehend große Karte, **Ruhetag:** Montag

Info: Der beliebte Gasthof liegt am Ortsausgang Richtung Upfingen. Die Innenausstattung mit viel Holz wirkt hell und gepflegt. Gleich am Eingang liegt der Thekenbereich mit Stammtisch. Danach folgen die verschiedenen Gaststuben. Hinter dem Gasthof liegt der große Parkplatz und das moderne Gästehaus mit 90 Betten.

Küche: Wird vom Sohn des Hauses in bester Manier geleitet. Die Portionen sind reichlich, heiß und geschmacklich gut zubereitet. Der Kartoffelsalat und die Spätzle sind allein eine Reise wert.

Freizeitangebot: Lichtenstein, Nebel- und Bärenhöhle, Marbach.

Gasthof-Metzgerei Hirsch, St.Johann-Gächingen

Inh.: Fam.Failenschmid, Parkstr. 2, 72813 St.Johann-Gächingen, Tel.: 0 71 22 - 92 87

Geöffnet: 10-24 Uhr. **Warme Küche:** 12-14 und 17-21 Uhr. **Ruhetag:** Mittwoch. **Betriebsferien:** Februar

Info: Der bekannte Gasthof liegt im Ortskern, an einem kleinen Park. Der Familienbetrieb, nun in der 4. Generation, wird bestens geführt. Die angegliederte Metzgerei verarbeitet nur frische Ware von der Alb. Die Gaststuben, mit bis zu 200 Plätzen, vermitteln die vielbesungene schwäbische Gemütlichkeit. Übernachtungsmöglichkeit im Haus.

Küche: Hier kocht zur Abwechslung die Frau des Hauses. Und gleich vorweg ein Lob an die Küche. Von den Maultaschen bis zum Vesper - natürlich alles hausgemacht und zum Mitnehmen. Tellersulz gibt es das ganze Jahr. Dienstag gibt es ab 17 Uhr Metzelsupp mit Kraut und Schweinsbäckle.

Freizeitangebot: Lichtenstein, Bären- und Nebelhöhle, Marbach.

Wanderheim m. Aussichtsturm Sternberg, Gomadingen

Inh.: Schwäbischer Albverein e.V., Tel: 07385 - 1790

Geöffnet: Samstag und Sonntag von 14 - 21 Uhr

Info: Schon als Kinder wanderten wir von Gomadingen hinauf auf den Sternberg und genossen den herrlichen Blick über die Alb bis hinüber zum Schloß Hohenzollern. Es hat sich bis heute wenig geändert, außer daß das Wanderheim renoviert wurde und Jugend- und Wandergruppen Unterkunft gewährt. Anmeldung unter der og. Telefon- Nr. ist unbedingt erforderlich. Unterhalb des Sternbergs liegt ein großer Waldparkplatz und ein Lehrgarten für alte und neue Nutzpflanzen.

Küche: Kleine Vesperkarte, Kutteln und Maultaschen. Vor dem Heim liegt ein großer Grillplatz.

Freizeitangebot: Typische Wacholderheide, Aussichtsturm, Gestüte Offenhausen und Marbach. Unendliche Waldspaziergänge.

Gestütsgasthof
Gomadingen - Offenhausen

Geöffnet : 11 - 24 Uhr

Warme Küche: 11.45 - 14.15
und 18 - 21.30 Uhr
Dazwischen wird die kleine
Karte gereicht
Ruhetag: Mittwoch

Inhaber: Familie Gulewitsch
Offenhausen
72532 Gomadingen
Telefon: 0 73 85/16 11
Telefax: 0 73 85/14 78

Lage: Der Gestütsgasthof liegt in Sichtweite der Durchgangsstraße umrahmt von hohen, alten Bäumen, eingebunden in die aus dem Mittelalter stammende Klosteranlage, die heute zum Landesgestüt Marbach gehört. Offenhausen liegt ca. 12 km von Münsingen und ca. 18 km von Reutlingen entfernt.

Info: Mit viel Engagement hat die Dame des Hauses die Gasträume ausgeschmückt. Gerätschaften aus dem bäuerlichen Leben, sowie der Küche wurden in Jahrzehnten zusammengetragen und verleihen dem Lokal eine urgemütliche Atmosphäre. Gepolsterte Eckbänke laden zum Verweilen ein. Ein Nebenzimmer mit viel Holz im nordischen Stil eingerichtet, bietet genügend Raum für Reisegesellschaften und Feierlichkeiten. Im Sommer sitzt man im neu angelegten Garten und genießt den Ausblick auf den romantischen Innenhof der ehemaligen Klosteranlage. Zum Gasthof gehört ein herrlich gelegenes Landhaus mit 45 Betten und Konferenzraum.

Küche: Der Schwerpunkt der Küche wird von Vater und Sohn , beide Fachleute erster Güte, auf regionale Speisen gelegt, die möglichst frisch, saisonbedingt und bestens zubereitet serviert werden. So finden wir auf der Karte Lammspezialitäten von der Alb oder Fischgerichte von Zander und Waller. Besonders interessant sind auch die Spätzlesgerichte. Das dazu passende Buch kann an Ort und Stelle erworben werden.

Auszug aus der Karte: Saure Kutteln mit Röstkartoffeln DM 14,50, Wurstknödel mit Ei geröstet und Salat DM 13,50, Saure Bohnenspatzen mit Wurst DM 13,50, Lammnüßchen mit Gemüse und Kartoffeln DM 24,50.

Freizeitangebot: Ein besonderes Erlebnis ist für Pferdekenner der Besuch des in einer alten Kirche untergebrachten Pferdemuseums sowie die idyllisch gelegene Lauterquelle. Wanderung zum Sternenberg mit Aussichtsturm, Schloß Lichtenstein, Bärenhöhle.

Gestütsgasthof, Marbach

Inh.: Familie Eisenschmid, 72532 Gomadingen-Marbach, Tel: 07385 - 719

Geöffnet: 8-20 Uhr, **Warme Küche:** 11.30-14 und 17.30-20 Uhr, ansonsten kleine Karte, **Ruhetag:** Montag

Info: Der Gestütsgasthof Marbach liegt ca. 8 km von Münsingen entfernt im Lautertal. Der alte Gastraum ist ganz auf Pferdefreunde abgestimmt. Daneben liegt der große Saal der für Gesellschaften und Busse reserviert ist. Im Sommer lädt ein kleiner Freisitz zu Kaffee und Kuchen ein.

Küche: Das Haus bietet eine einfache, gutbürgerliche Küche an. Die Mittagskarte wechselt täglich. Nachmittags gibt es Kaffee, Kuchen und Hausmachervesper.

Freizeitangebot: In unmittelbarer Nachbarschaft liegt das weithin bekannte Landesgestüt. Jagdschloß Grafeneck.

Café-Restaurant Fingerle, Münsingen

Inh.: Familie Fingerle, Hauptstr. 43, 72525 Münsingen, Tel: 07381 - 2756

Geöffnet: 9.30-24 Uhr, **Warme Küche:** durchgehend, **Ruhetag:** Montag und Dienstag

Info: Das um die Jahrhundertwende erstellte Gasthaus erkennen Sie an der unverfälschten Ziegelaußenfassade. Innen finden Sie ein nettes, zeitgemäß eingerichtetes Cafe-Restaurant mit gemütlichen Sitznischen und Holzbalkendecke. Das gut geführte Lokal wird von Herrn Fingerle jun. und seiner Frau, beide ausgebildete Fachleute, geleitet.

Küche: Beliebt sind die hausgemachten Kuchen und Torten, auch zum Mitnehmen. Zudem wurde ein Partyservice eingerichtet. Spezialitäten sind die Steaks auf dem heißen Stein gebraten. Sonntags gibt es Menüs ab DM 20.80 sowie eine nette Auswahl an vegetarischen Gerichten.

Freizeitangebot: Marbach, Lichtenstein, Bärenhöhle, Lautertal.

Gasthof Wiesental, Münsingen

Inh.: Familie Chatzigiannidis, Lautertalstr. 10, 72525 Münsingen, Tel: 07381 - 2147

Geöffnet: 11-14 und 16 - 24 Uhr, **Warme Küche:** Auch zum Mitnehmen zu den vorstehenden Zeiten, **Ruhetag:** Montag

Info: Das griechische Spezialitätenlokal liegt am Ortsausgang von Münsingen, Richtung Lautertal, direkt neben dem Sportplatz. Seit 10 Jahren komme ich hierher, wenn mein Magen mal wieder nach Abwechslung ruft, und noch nie wurde ich enttäuscht. Die Frau des Hauses hat ein feines Händchen im Anrichten der Speisen. Der griechische Charme in Form von Luky dem Wirt, bringt auch die rauheste Schale zum Schmelzen.

Küche: Wie schon angedeutet gut und sehr appetitlich zubereitet. Besonders gefragt sind auch die gut belegten Pizzas.

Freizeitangebot: Das nahe Lautertal mit seinen Burgen und Ruinen.

Hotel Gasthof Herrmann
Münsingen

Geöffnet: 7- 24 Uhr

Warme Küche: 11.30 - 14.00
und 17.30 - 21.30 Uhr
Ruhetag: Freitag
Betriebsferien:
2 Wochen im Januar

Inhaber: Familie Autenrieth
Am Marktplatz
72525 Münsingen
Telefon: 0 73 81 - 22 02 + 7 49
Telefax: 0 73 81 - 62 82

Lage: Der Gasthof liegt im Ortskern, am Marktplatz, direkt neben dem historischen Stadtbrunnen. Der gepflegte Fachwerkbau ist nicht zu verfehlen.

Info: Der Gasthof hat eine lange Tradition und ist seit vier Generationen in Familienbesitz. Die beiden Söhne des Hauses bringen ihre Erfahrung der Lehr- und Wanderjahre nun in Küche und Service ein, wobei besonders die Küche neue Akzente setzt. Die Gasträume mit ihrer warmen Holzvertäfelung und den behaglichen Eckbänken strahlen schwäbische Gemütlichkeit aus. Der freundliche Service bleibt in angenehmer Erinnerung. Für Festlichkeiten aller Art sowie Reisegesellschaften stehen verschiedene Räume und ein moderner Saal mit bis zu 150 Sitzplätzen zur Verfügung. Das gut geführte Hotel, in ruhiger Altstadtlage, beherbergt 35 moderne Fremdenzimmer, mit behaglichen Aufenthaltsräumen. Desweiteren ist es Anlaufstation des 7-Quellen-Rundwanderweges.

Küche: Das junge Küchenteam versteht es, die traditionellen Gerichte mit der neuen schwäbischen Küche zu kombinieren. Man geht neue, kreative Wege, die unsere Hochachtung verdienen. Spezialitäten des Hauses sind der Schwäbische Rahmsauerbraten, dann verschiedene Wildgerichte aus den Wäldern der Alb, hausgemachte Maultaschen und, jahreszeitlich bedingt, appetitlich angerichtete vegetarische Gerichte. Aber auch die Wandersleut kommen nicht zu kurz: Herzhafte Vesper von der Schwäbischen Vesperplatte bis hin zum zarten Rindfleischsalat mit Gurke, Champignons und Tomate ist alles vertreten was das Herz begehrt. Bei schönem Wetter wird auch der Freisitz neben dem Brunnen bewirtschaftet.

Auszug aus der Karte: Kraftbrühe mit Markklößchen DM 6.-, zarte Rehmedaillon in Pfifferlingrahmsoße, Heidelbeerren, Gemüse und Spätzle DM 29,50, Allgäuer Kässpätzle mit verschiedenen Salaten DM 14.-, Schwäbische Vesperplatte DM 12.-

Freizeitangebot: Bad Urach, Landesgestüt Marbach, Wimsener Höhle, Kloster Zwiefalten, Schloß Liechtenstein.

Gasthof "Zum grünen Baum", Dapfen

Inh.: Fam. Dethier, Lautertalstr. 45, 72532 Gomadingen-Dapfen, Tel.: 0 73 85 - 4 21

Geöffnet: 10 - 23.30 Uhr. **Warme Küche:** 11-14 und 17 - 21.30 Uhr. **Ruhetag:** Donnerstag.

Info: Der Gasthof liegt im idyllischen Ortskern, des von Wäldern und Wiesen umrahmten Albdorfes. Der neu renovierte Gastraum für 150 Personen vermittelt Schwäbische Gemütlichkeit. Im Sommer bietet eine Freiterrasse eine schöne Aussicht ins Lautertal. Hinter dem Haus liegt ein großer Parkplatz.

Küche: Der Metzgermeister und Koch bietet reichhaltige Vesper aus eigener Schlachtung an. Auf eine gute Schwäbische Küche wird Wert gelegt. Spezialitäten des Hauses sind die Maultaschen, auch zum Mitnehmen!

Freizeitangebot: Landesgestüt Marbach, Bad Urach, Wimsener Höhle, Schloß Lichtenstein.

Gasthof-Pension "Zum Hirsch", Dapfen

Inh.: Fam. Bückle, Lautertalstr. 59, 72532 Gomadingen-Dapfen, Tel.: 07385 - 4 27, Fax:1311

Geöffnet: 9 - 24 Uhr. **Warme Küche:** 11.30 - 14 und 17.30 - 20.30 Uhr. **Ruhetag:** Dienstag.

Info: Im Ortskern, direkt an der Lauter, liegt der Gasthof Hirsch. Ein großes Stechschild lädt den Wanderer zum Essen und Trinken ein. Der Eingang liegt auf der Rückseite des Hauses, neben dem großen Parkplatz, der auch Bussen Platz bietet. Das neu erbaute Gästehaus mit Schwimmbad, Sauna und modernen Zimmern empfiehlt sich für einen Urlaub. Geräumige Gasträume bieten genügend Platz für Feiern aller Art sowie für Reisegesellschaften.

Küche: Das Speisenangebot ist bürgerlich-regional ausgerichtet.

Freizeitangebot: Landesgestüt Marbach, Bauernmuseum Ödenwaldstetten, Wimsener Höhle, Barockkirche Zwiefalten.

Brauerei Gasthof Lamm, Ödenwaldstetten

Inhaber: Fam. Speidel, Ödenwaldstetten, Im Dorf 5, 72531 Hohenstein, Tel. 0 73 87 / 2 75

Geöffnet: 11-24 Uhr. **Warme Küche:** 11-14 und 18-21.30 Uhr. Dazwischen gibt es die kleine Karte. Sonntags durchgehend warme Küche. **Ruhetag:** Dienstag

Info: Der 1763 gegründete Gasthof ist ein reiner Familienbetrieb und wird von den beiden Söhnen, Küchenmeister und Betriebswirt, sowie den Familienangehörigen geführt. Das Lokal selbst mit seinen holzvertäfelten Wänden, gepolsterten Eckbänken und großen Fenstern ist für große Ausflugsgruppen eingerichtet.

Küche: Die Küche ist erfreulich kreativ und gut geführt. Besonderer Wert wird auf die regionalen Spezialitäten gelegt, die in neuen Variationen auf den Tisch kommen.

Besichtigung: Das örtliche Bauernmuseum mit seinem Mustergarten ist auf jeden Fall einen Besuch wert.

Landgasthof Hirsch
Mehrstetten

Geöffnet: 10.00 - 24.00 Uhr

Warme Küche: 11.30 - 14.00
und 16.00 bis 21.00 Uhr

Ruhetag: Montag
Betriebsferien: 4 Wochen im
November

Inhaber: Familie Mandel
Mehrstetten
72537 Mehrstetten

Lage: Selten findet man als Gast ein so ruhig und mitten im Grünen gelegenes Restaurant. Die Obstwiese vor dem Haus liegt zum Greifen nahe. Im Hinterrund die Wiesen und Wälder der Alb. An warmen Sonnentagen genießt der Gast den herrlichen Fernblick von der großen Gartenterrasse. Der Gasthof selbst liegt südlich angrenzend an das mit viel Fingerspitzengefühl sanierte Albdorf Mehrstetten. Nach Ulm sind es ca. 40km und nach Münsingen 9km.

Info: Der "Hirsch" bis 1990 im Ortskern gelegen, wurde an die Peripherie verlegt, wo er nun im neuen Glanz in hellen, modernen Räumen an die alte Tradition anknüpft. Die Gasträume mit ihren großen Panoramafenstern wirken freundlich-elegant, an dänische Wohnkultur erinnernd. Den Mittelpunkt bildet ein großer Kachelofen mit einer Rundbank, wie aus Omas Zeiten. Frische Blumen auf den Tischen und eine gekonnt dezente Wanddekoration sorgen für die gewünschte Behaglichkeit. Gleich nebenan liegt das Gästhaus mit seinen modernen Zimmern mit Dusche, Farb-TV, Telefon und Balkon. Auf Wunsch steht ein Konferenzraum zur Verfügung.

Küche: In der Küche wirkt der Sohn des Hauses, der aus der Fremde zurückgekehrt, die Mutter entlastet und die Speisekarte mit neuen Ideen bereichert. Eine Spezialität des Hauses ist das hausgemachte Bauernbrot aus dem Holzbackofen, das ohne Chemiezusätze hergestellt wird. Aus derselben Feuerstelle werden auch Schweine-, Kalbs- und Lammhaxen angeboten. Frische Forellen aus der Urspringquelle erfreuen die Fischkenner.

Auszug aus der Karte: Kräuterflädlessuppe DM 4,50, Kutteln, Bratkartoffeln und Brot DM 11,80, Rostbraten mit Salaltteller und Brot DM 18.-, Lammhäxle, Kartoffeln und Salat DM 23.- (für Senioren DM 16,80), Apfelschorle 0,2l DM 2,50, Weizen 0,5l DM 3,80. Für Veranstaltungen (150 Sitzplätze) aller Art wird der Mehrstetter Backofenschmaus angeboten.

Freizeitangebot: Wanderungen zu Fuß oder mit dem Fahrrad in die unverdorbene Natur der Albhochfläche. Besuch des Heimatmuseums, Anmeldung erforderlich.

Gasthof-Pension Rössle, Hundersingen

Inh.: Fam. Schenzle, Schloßrainstr. 24, 72525 Hundersingen, Telefon: 0 73 83 - 3 89

Geöffnet: 11-Schluß. **Warme Küche:** Durchgehend von 11-21 Uhr. Sonntag bis 20 Uhr. **Ruhetag:** Mittwoch. **Betriebsferien:** Januar.

Info: Wer durchs Lautertal bummelt, sei es mit Auto, Fahrrad oder per pedes, kommt automatisch am "Rössle" vorbei. Liegt es doch an einem markanten Punkt des malerischen Straßendorfes an der Lauter. Hier finden Sie eine echte Dorfidylle. Die Gasträume sind alle neu renoviert. Polsterbänke und -stühle, geschmackvolle Stofflampen und viel Holz sorgen für die nötige Gemütlichkeit.

Küche: Die Hausschlachtung sorgt für eine gut sortierte Vesperkarte. Hausmacherwurst auch zum Mitnehmen! Kinder und Senioren haben ein preisgünstiges Speisenangebot. Wildspezialitäten von Reh und Wildschwein.

Freizeitangebot: Lautertal mit interessanten Burg- und Schloßruinen.

Gasthaus Hirsch, Bichishausen

Inh.: Fam. Treß, Stettener Halde 3, 72525 Münsingen-Bichishausen, Tel.: 07383-1491

Geöffnet: Mo.-Fr. 11.30 - 14 und 16 - 22 Uhr, Sa.-So. 11.30 - 22 Uhr, **Warme Küche:** 11.30 - 14 und 18 - 21 Uhr, **Ruhetag:** Mittwoch.

Info: Der "Hirsch" ist das einzige Gasthaus im Ort und liegt an der Umgehungsstraße am Ortsende. Neben dem schmucken Backsteinbau finden Sie genügend Parkmöglichkeiten. In der Nähe des Hauses finden Motor- und Radwanderer direkt am Waldrand den städtischen Zeltplatz (ohne WC und Wasser) mit großer Grillstelle. Die Morgenwäsche findet in der Lauter statt. Ein beliebter Treff ist die große Gartenwirtschaft des Hirschen.

Küche: Gut bürgerlich. Der Chef kocht selbst. Frische Forellen und Spezialitäten je nach Saison. Wild aus heimischen Wäldern.

Freizeitangebot: Burgen und Schlößer der Gegend, Wanderungen.

Gasthof-Pension Wittstaig, Münsingen-Gundelfingen

Inh.: Familie König, 72525 Gundelfingen, Tel: 07383 - 1272, Fax: 1024

Geöffnet: 11 - 23 Uhr, **Warme Küche:** 11.30 - 14 und 17.30 - 21 Uhr, **Ruhetag:** Dienstag

Info: Die "Wittstaig" wird bereits 1460 erwähnt und war früher eine Bannmühle der Hohengundelfinger. Heute steht hier ein bekannter Gasthof in dem sich die Pensionsgäste mehr als wohl fühlen. Die Gartenterrasse ist ein beliebter Treff. 4 Gasträume mit insgesamt 150 Plätzen bieten genügend Platz für Veranstaltungen aller Art.

Küche: Sie bietet gute regionale Speisen, wie Forellen frisch aus der Lauter, seit neuestem auch Lachsforellen, Wildgerichte von der Alb, schwäbische Vesper aus eigener Schlachtung aber auch Kaffee und Kuchen sind sehr gefragt.

Freizeitangebot: Burgen und Ruinen im Lautertal, Wanderwege.

Zum Köhlerwirt, Hayingen-Münzdorf

Inh.: Franz Geiselhart, Lautertalstr. 41, 72534 Hayingen-Münzdorf, Tel: 07386 - 241

Geöffnet: Unter der Woche nur abends, Samstags ab 10 Uhr bis Schluß, Sonntags ab 9 Uhr bis Schluß, **Warme Küche:** Nur nach Anmeldung, **Ruhetag:** keinen.

Info: Die Köhlerei, die jedes Jahr im Juli und August durchgeführt wird, hat der Großvater, der außer dem Beruf des Köhlers noch Mesner, Gastwirt, Linsentrierer und Schneckenmäster war, eingeführt. Auf der mittleren Alb ist es die einzige Möglichkeit im Sommer wie zu Urzeiten qualmende Meiler zu beobachten.

Küche: Die Spezialitäten des Hauses sind auf Holzkohle gegrillte Hähnchen - nur nach Anmeldung! Hausmachervesper mit selbstgemachtem Bauernbrot, im Herbst des öfteren Schlachtplatten.

Freizeitangebot: Rauchende Meiler im Wald etwa Juli bis August.

Gasthof und Bauernhof Rose, Ehestetten

Inh.: Fam. Tress, Aichelauer Str. 9, 72534 Hayingen-Ehestetten, Tel: 07383-341, Fax: 1834

Geöffnet: Wochentags warme Küche von 11.30-14 und 17-21 Uhr, Samstag durchgehend warme Küche bis 21 Uhr, Sonntags bis 20 Uhr, **Ruhetag:** Dienstag

Info: Seit 1950 betreibt die Familie Tress biologisch-dynamischen Landbau. Frau Tress ist ausgebildete Gesundheitsberaterin nach Dr. Bruker. Wer einen Überblick über biologisch-dynamischen Landbau gewinnen möchte hat die Möglichkeit hier Urlaub zu machen.

Küche: Das Angebot reicht von vegetarischen Gerichten bis hin zu sauren Kutteln mit hausgemachtem Bauernbrot. Hausgemachte Wurst und Vollkornbrot aus dem Holzofen auch zum Mitnehmen.

Freizeitangebot: Zwiefalten, Landesgestüt Marbach oder einfach in Gottes freier Natur mal tief durchatmen.

Gasthof-Pension Zum Hirsch
Hayingen-Indelhausen

Geöffnet: 8 - 23 Uhr

Warme Küche: 11.30-14 und 17.30 - 21 Uhr
Nachmittags: Vesper, Kaffee und Kuchen
Ruhetag: Montag

Inhaber: Familie Kloker
Wannenweg 2
72534 Hayingen-Indelhausen
Telefon: 0 73 86 - 2 76 / 3 92
Telefax: 0 73 86 - 2 06

Lage: Indelhausen liegt ca. 8 km von Zwiefalten entfernt. Sie können den Gasthof Zum Hirsch nicht verfehlen. Das traditionelle Gasthaus liegt direkt an der Kreuzung nach Ehingen-Hayingen.

Info: Vor dem Haus liegt ein großer Parkplatz. Den Biergarten finden Sie einen Katzensprung daneben. Links vom Haus geht es zu der neugestalteten Gartenterrasse mit besonderem Flair. Wildromantisch sitzen Sie mitten im Steingarten in luftiger Höhe, mit Blick auf die hübsche Bergkirche. Im Erdgeschoß liegt die eigentliche Gaststätte. Die Innenausstattung strahlt durch eine Holz-Kasettendecke, Rauputzwände, Butzenscheiben und gepolsterte Eckbänke eine gediegene Gastlichkeit aus. Seit 1911 ist der "Hirsch" im Familienbesitz. Als erstes wurde hier erkannt, welche Möglichkeiten das Lautertal dem Fremdenverkehr verschafft. Heute bietet das angegliederte Gästehaus mit seinen 60 Betten Urlaub vom Feinsten. Sauna, Solarium, Trimm-Raum, Tischtennis, Kaminzimmer und die herrliche Hanglage lassen nichts zu wünschen übrig. Außerdem ist hier eine Anlaufstation des 7-Quellen-Rundwanderweges.

Küche: Regional-bodenständig und bestens geführt. Der Sohn des Hauses versteht es glänzend, regionale Gerichte mit der neuen deutschen Küche zu verbinden. So finden wir, an alte Tradition anknüpfend, handgesammelte Weinbergschnecken von der Alb, frische Forellen und Wildspezialitäten auf der Karte. Hausgemachte Vesper mit selbstgebackenem Brot laden zum Schmausen ein.

Auszug aus der Karte: Gebackene Zuccini mit Kartoffelpüree und Tomaten-Knoblauchsoße DM 19,20, Rehbraten in Wacholderrahmsoße mit Spätzle und Salat DM 22,50, Maultaschen geschmälzt DM 10,80, Weizen 0,5l DM 3,60, Cola 0,2l DM 2.-.

Freizeitangebot: Burgen und Ruinen des Lautertals, Zwiefalten, Wimsener Höhle, Landesgestüt Marbach. Ein Paradies für Wanderer.

Gasthof Adler
Hayingen-Anhausen

Geöffnet: 11 Uhr bis Schluß

Warme Küche: 11.30 - 14.00
und 17.30 - 20.30 Uhr.

Ruhetag: Dienstag

Inhaber: Familie Frey
Am Mühlweg 20
72534 Hayingen-Anhausen
Telefon: 0 73 86 / 3 27 oder 5 18

Lage: Von Ulm kommend biegen Sie in Ehingen rechts ab Richtung Münsingen. Nach ca. 12km rechts Richtung Dächingen-Anhausen abbiegen. Dort fahren Sie bis zur Ortsmitte, biegen rechts ab und fahren weiter über die Lauterbrücke. Nach ca. 100m erblicken Sie am Ende einer Sackgasse den Adler.

Info: Dieser traditionsreiche Gasthof erhielt erstmals am 30. April 1785 die Schankerlaubnis, sowie das Recht Branntwein zu brennen. Ebenso wurde gnädigst erlaubt Wein auszuschenken und Weißbrot zu verkaufen. Die Schnapsbrennerei ist übrigens noch heute jeden Winter in Betrieb. Der hausgemachte Schlehenschnaps ist ein echter Geheimtip. Der Weinkeller lockt Weinzähne aus nah und fern ins Lautertal. Die Auswahl ist überraschend groß und bestens sortiert.

Das Lokal ist bürgerlich-ländlich, mit viel Holz und gemütlichem Kachelofen, eingerichtet. Vom angegliederten Speisezimmer mit seinen großen Fenstern geht der Blick über den Tellerrand hinaus, direkt zum Gemüsegarten mit seinen Blumen und Salatbeeten. Rechts vom alten Gasthaus steht das architektonisch gelungene Gästehaus mit seinen modern eingerichteten Zimmern. Hier ist auch eine Anlaufstelle des "7-Quellen-Weges" Wandern ohne Gepäck.

Küche: Das Speisenangebot ist regional-bodenständig und gut zubereitet. Ein besonderes Kompliment gilt dem hausgemachten Kuchen. Der Adler ist ein reiner Familienbetrieb mit angegliederter Landwirtschaft: Also frisch auf den Tisch auch aus eigener Schlachtung.

Auszug aus der Karte: Suppen sind die Spezialität des Hauses und werden immer, mehr als reichlich, in der Terrine serviert. Maultaschen geröstet DM 11.-, Schweinebraten mit Spätzle und Salat DM 13.-, Rostbraten mit Salatplatte DM 18.-, Kinder- und Seniorenteller DM 8.-.

Freizeitangebot: Zur nahegelegenen, renovierten Schützburg und der Meisenburg mit ihrer Ziegenherde. Das Lautertal zeigt sich hinter dem Gasthof von seiner schönsten Seite. Nur 5 Minuten bis zum Autoparkplatz. Bequem wandern auch für Senioren und Behinderte.

Gasthof-Pension Zum Kreuz
Hayingen

Geöffnet: 8.30 - 24 Uhr

Warme Küche: 11 - 14 und 17.30 - 21 Uhr

Ruhetag: Dienstag
Betriebsferien: November

Inhaber: Familie Nille
Kirchstraße 4
72534 Hayingen
Telefon: 0 73 86 - 2 90
Telefax: 0 73 86 - 13 18

Lage: Der reizende Kurort Hayingen liegt ca. 6 km von Zwiefalten entfernt, mitten im Herzen der Schwäbischen Alb. Der Gasthof Zum Kreuz liegt unmittelbar neben der frisch renovierten barocken Dorfkirche im Ortskern.

Info: Direkt hinter dem Gasthof liegt das Gästehaus mit 2 Ferienwohnungen und modernen Fremdenzimmern. Parken können Sie direkt daneben auf dem Dorfplatz, von wo aus Sie die Wasserspiele des Dorfbrunnens bestaunen können. Das etwas einfache Äußere des Gasthofes wird durch die gut geführte Küche wieder wett gemacht. Die rustikale Ausstattung der Gasträume mit Holzdecke und grün gekachelter Theke, sind ganz auf den großen Andrang der Sommertouristen ausgerichtet. Reisegesellschaften finden ausreichend Platz. Insgesamt stehen 120 Sitzplätze zur Verfügung. Das separate Nebenzimmer mit 40 Plätzen eignet sich besonders für Familienfeiern aller Art. Vor dem Haus, direkt neben der Dorfkirche, finden Sie die lauschige Gartenterrasse. Der Gasthof ist seit 1927 in Familienbesitz. 1980 hat sich das neue Gästehaus dazugesellt.

Küche: Die gut geführte Küche lockt Rad- und Autowanderer in Scharen herbei. Das tägliche Mittagsmenü ist nicht nur wegen seines Preises zu empfehlen. Schwäbische Spezialitäten wie Maultaschen, Kässpätzle, Schupfnudeln und Saure Kutteln fehlen ebensowenig auf der Karte wie Reh- oder Lammbraten. Beliebt sind auch die Vesper aus eigener Schlachtung.

Auszug aus der Karte: Täglich Mittagsmenü von DM 8,50 bis 11,80, Kinderteller DM 6,80.

Freizeitangebot: Zwiefalten mit seinem Münster, einer Perle des Schwäbischen Barocks, Wimsener Höhle, Landesgestüt Marbach, Burg Derneck (Albverein) sowie Ausflüge in das reizvolle Lautertal. Besuch des Naturtheaters Hayingen.

Gasthaus Friedrichshöhle

Hayingen-Wimsen

Geöffnet: 9-18 Uhr

Warme Küche: 11.30-14 Uhr
nach 14 Uhr Vesper, Kaffee
und Kuchen

Ruhetag: Von April - incl.Okt.
durchgehend geöffnet,
im Winter Montag Ruhetag

Inhaber: Familie Braun
72534 Hayingen-Wimsen
Telefon: 0 73 73 / 8 13

Lage: Das bekannte Ausflugslokal liegt genau zwischen Hayingen und Zwiefalten in einem kleinen Seitental.

Info: Im Sommer sitzt man unmittelbar am kleinen Forellenweiher, einem gestauten Mühlwehr, wo Sie Dutzende von Forellen im glasklaren Wasser bei ihren Spielen beobachten können. Ca. 100m oberhalb im Tal, liegt ein geräumiger Parkplatz für etwa 200 Pkw und Busse.

Küche: Das alte Gasthaus Friedrichshöhle lädt zum Mittagessen, Vesper, Kaffee und Kuchen ein. Das Angebot ist relativ klein, dafür aber schnell auf dem Tisch und gut zubereitet. Die Portionen sind mehr als reichlich. Natürlich sind hier Forellen die Spezialität des Hauses. Die große Eiskarte erfreut dann mehr die Kinderschar. Wenn der Wettergott mal nicht so gut gestimmt ist, finden Sie im urigen, im Stil der Jahrhundertwende belassenen Gastraum, bequem Platz.

Auszug aus der Karte: Schweinebraten, Spätzle, Salat DM 12,80 - Wurstsalat, Brot DM 8,20 - Apfelschorle 0,2l DM 2.- - Weizen 0,5l DM 3,40.

Freizeitangebot: Von Hayingen fahren Sie Richtung Ehestetten. Am Ortsende links abbiegen nach Aichstetten. Nach ca. 3 km finden Sie den Wanderparkplatz mit einer Schutzhütte und zwei Grillplätzen. Hier beginnt der 4km lange Wanderweg durch´s Glastal (eine der schönsten Talwanderungen die ich kenne) zur Wimsener Höhle. Gehzeit ungefähr 1 Stunde.

Vor dem Gasthaus treffen zwei kristallklare Bäche zusammen, die Glas und die Zwiefalter Aach; Letztere erblickt nur wenige Meter entfernt aus einem 3x3m großen Felsportal das Licht der Welt. Hier ist auch gleichzeitig der Eingang zur Friedrichshöhle, besser bekannt als Wimsener Höhle. Sie ist die einzige aktive Wasserhöhle Deutschlands, die für Besucher erschlossen und mit einem Boot befahrbar ist.

Gasthof zur Post, Hotel-Restaurant-Café, Zwiefalten

Inh.: Familie Feldhahn, Hauptstr. 44, 88529 Zwiefalten, Tel: 07373-302, Fax: 2360

Geöffnet: 7.30 - 24 Uhr, **Warme Küche:** 11.30 - 14 und 17.30 - 21.30 Uhr, **Ruhetag:** Dienstag, **Betriebsferien:** Januar.

Info: Das familiär geführte Haus liegt im Herzen von Zwiefalten. 1695 wird der Gasthof erstmals erwähnt. Das großräumige Lokal bietet zusammen mit den zwei Nebenzimmern Platz für 165 Gäste. Im Sommer Terrasse mit 80 Plätzen. Das Hotel bietet 19 moderne Gästezimmer und 2 Ferienwohnungen und ist auch Anlaufstation vom 7-Quellen-Rundwanderweg. Pauschalangebot: Wandern und Barock.

Küche: Gut bürgerlich, Spezialitäten sind Forellen und hausgemachte Maultaschen. Wechselnde Tageskarte, Seniorenteller und Kinderteller.

Freizeitangebot: Zwiefalter Münster, Obermarchtal, Wimsener Höhle

Brauerei-Gaststätte Zwiefalten

Inh.: Familie Heid, Hauptstr. 24, 88592 Zwiefalten, Tel: 07373-323

Geöffnet: 9 - 23 Uhr, **Warme Küche:** 11.30 - 14.30 und 17 - 21 Uhr, Dazwischen gibt es die kleine Karte, **Ruhetag:** Donnerstag, **Betriebsferien:** Mitte November 3 Wochen

Info: 1521 wurde das Klosterbrauhaus erstmals erwähnt. Zum Glück hat die alte Bausubstanz die Jahrhunderte überstanden. So finden wir im Inneren wuchtige Balkenkonstruktionen und hohe Decken durch kräftige Säulen gestützt. Möbliert mit urwüchsigen Tischen und Bänken vermittelt es die unverkennbare Atmosphäre alter Brauhausgaststätten. Insgesamt bietet das Haus 140 Personen Platz.

Küche: Gut bürgerlich, täglich neue Tagesgerichte, Kinderkarte, Spezialitäten der Saison, große Vesperkarte.

Freizeitangebot: Die Klosteranlagen in Zwiefalten, Obermarchtal .

Gasthaus zur Brücke, Rechtenstein

Inh.: Familie Miller, Karl-Weiß-Str. 1, 89611 Rechtenstein, Tel: 07375 - 257

Geöffnet: 7.30 - 24 Uhr, **Warme Küche:** 11.30 -14 und 17.30 - 22 Uhr, **Ruhetag:** Montag

Info: Das gemütliche Lokal thront wie ein Wächter, umrahmt von steil herab stürzenden Albfelsen, an der Rechtensteiner Donaubrücke. 1867 erstmals als Gasthaus erwähnt, ist es nun seit vier Generationen in Familienbesitz. Die Preisgestaltung des Hauses verdient besondere Aufmerksamkeit. Rostbraten mit Beilagen DM 16.--, saure Kutteln mit kostenlosem Nachschlag DM 7.--.Fremdenzimmer - Vollpension bei 4 Tagen ab DM 35.-- pro Tag. Ein echter Geheimtip !!!

Küche: Gut bürgerlich. Die Frau des Hauses kocht selbst.

Freizeitangebot: Aussichtsturm, Barockkirchen in Obermarchtal und Zwiefalten.

Brauerei-Gasthof Rössle
Zwiefaltendorf

Geöffnet: 9.00 - 24.00 Uhr.
Warme Küche: 11.30 - 13.30
und 16.30 - 22.00 Uhr.
Kleine Karte durchgehend.
Ruhetag: Sonntag
Betriebsferien: Ende August 8
Tage, 16.12. bis Mitte Januar

Inhaber: Familie Blank
Von Spethstraße 19
88499 Riedlingen-Zwiefaltendorf
Telefon: 0 73 73 - 6 43 / 3 22
Telefax: 0 73 73 - 25 33

Lage: Von Zwiefalten kommend biegen Sie links nach Zwiefaltendorf ab. Nach ungefähr 4 km taucht das idyllische, abseits gelegene Albdorf auf. Im Ortskern, neben der Säge, der Aach und dem alten Schlößchen, liegt das "Rössle", in einem echten Herrgottswinkel.

Info: In unmittelbarer Nachbarschaft liegt die St. Michaelskirche, ein gotisches Kleinod aus dem Jahre 776. Auf dem Kirchturm thront im Sommer der Liebling der Bewohner und Touristen, ein wahrhaftiges Storchenehepaar (März bis September). Aber auch in der Tiefe gibt es hier Sehenswertes zu bewundern. So liegt unter der Gaststätte neben den tiefen, in Tuffstein gehauenen Bierkellern, eine kleine Tropfsteinhöhle. Die rührige Familie Blank betreibt neben der Brauerei seit altersher auch noch eine Mosterei und Brennerei. Ein echtes Novum auf der Alb. Natürlich auch alles zum Mitnehmen. Besonders die verschiedenen Erzeugnisse aus der Brennerei sind beliebte Mitbringsel z.B. Obstler DM 16.--, Vorlauf 0.7l DM 18.--. Der urgemütliche Gasthof bietet mit Nebenzimmer 90 Gästen Platz. Hier heißt es: Sich niederlassen und wohl fühlen. Dem Familienbetrieb angegliedert ist auch ein Gästehaus, das im Sommer besonders vom Donauradwanderweg profitiert. Übernachtung ab DM 30.--, ab drei Nächten DM 25.--.

Küche: Ist das Reich von Frau Blank. Sie ist eine echte Säule in diesem Familienmultiunternehmen. Und sie kocht echte Spezialitäten, wie das Riedlinger Gröscht. Daß die Maultaschen, Spätzle und Flädla hausgemacht sind, versteht sich von selbst. Die frischen Aachforellen und Rostbraten ergänzen diesen schwäbischen Schlemmeratlas.

Auszug aus der Karte: Flädlessuppe DM 3.--, Krautspätzle DM 8.50, mit Kesselfleisch DM 12.--, Riedlinger Gröschts DM 5.50, Maultaschen in der Brühe DM 6.50, geschmelzt auf Kraut DM 8.--, Rostbraten DM 16.--, Frische Forellen mit Beilagen ab DM 14.--. Tagesgerichte ab DM 8,50. Kräftige Vesper aus Hausschlachtung.

Freizeitangebot: St. Michaelskirche, Höhlen- und Brauereiführung nach Anmeldung, neben dem Gasthof liegt das alte Schlößchen mit einer Kunstgalerie, Antiquitätenverkauf und Weinkabinett.

Gasthof Neuhaus, Bechingen

Inh.: Fam. Hänle, Ortsstr. 19, 88499 Riedlingen-Bechingen, Tel.: 0 73 73 - 8 82

Geöffnet: 10-24 Uhr. **Warme Küche:** ab 12 Uhr durchgehend bis Schluß, Sonntags ab 11 Uhr. **Ruhetag:** Samstag.

Info: Seit 1850 ist das Gasthaus im Familienbesitz. Davor war es die Zehendscheuer des Klosters Zwiefalten. Hier finden Sie die typische Wirtschaft auf dem Lande. Die Atmosphäre ist freundlich und aufgeschlossen. Ein beliebter Treff für Wanderer und Liebhaber des gut geführten Mittagstisches.

Küche: Einfach, deftig, regional ausgerichtet. Die Suppen kommen wie zu Großmutters Zeiten grundsätzlich in der Schüssel auf den Tisch. Mittags ist es meistens voll besetzt. Über dem Eingang steht: "Herr segne dieses Haus und alle die gehn ein und aus". Dem wollen wir uns anschließen.

Freizeitangebot: Kloster Zwiefalten, Obermarchtal, Wimsener Höhle.

Restaurant-Pizzeria Casonato, Riedlingen

Inh.: Renato Casonato, Pfauenstr. 8, 88499 Riedlingen, Tel: 07371 - 2674

Geöffnet: 11-24 Uhr, **Warme Küche:** durchgehend, **Ruhetag:** keinen.

Info: Das beliebte italienische Lokal finden Sie im Ortskern, zwei Minuten vom Rathaus entfernt. Im neu renovierten Restaurant wird nun auch im I. Geschoß serviert. Ein interessantes Schauspiel ist immer wieder die offene Pizzabäckerei.

Küche: Die bestens zubereiteten Suppen, die Tomatensuppe war erstklassig, Vorspeisen, Nudelgerichte, Fleisch- und Fischgerichte sowie die Salate stammen aus der Küche von Garciella, der Frau des Hauses. Besonders gelungen waren die heiß servierten Pizzanudeln (Brot). Empfehlenswert die große Familienpizza für 4-5 Personen. Auf Wunsch wird sie auch mit Fisch belegt.

Freizeitangebot: Altstadt von Zwiefalten mit Kloster, Obermarchtal.

Hotel-Restaurant-Weinstube Mohren, Riedlingen

Inh.: A. Braun, Marktplatz 7, 88499 Riedlingen, Tel.: 07371 - 7320 - Fax: 13119

Geöffnet: Hotelbetrieb 7 - 24 Uhr, **Warme Küche:** 11-14 und 18 - 21 Uhr, **Ruhetag:** Montag

Info: Das traditionsreiche Hotel liegt am Marktplatz inmitten des alten malerischen Donaustädtchens. Seit 1835 im Familienbesitz. Das Haus bietet 50 Betten und einen großen Saal für Familienfeiern und Reisegesellschaften. Das Restaurant präsentiert sich in drei Stil-richtungen: Jugendstil, dem gemütlich, renovierten Teil und der Ecke aus den fünfziger Jahren.

Küche: Wird gut geführt und ist regional-gehoben einzuordnen. Es werden auch halbe Portionen serviert. Die Karte wird durch saisonale Aktionen angereichert.

Freizeitangebot: Historische Altstadt von Riedlingen, Zwiefalten.

Gasthaus zum Felsen
Zwiefalten-Baach

Geöffnet: 9.00 - 24.00 Uhr

Warme Küche: 11.30 - 14.30 und 17.00 - 21.00 Uhr.

Ruhetag: Samstag, bei Gruppen über 30 Personen wird nach Anmeldung geöffnet.

Inhaber: Familie Ege
Riedlinger Straße 6
88529 Zwiefalten-Baach
Telefon: 0 73 73 - 3 44

Lage: Das renovierte Speiselokal liegt in einem der schönsten Wandergebiete der Alb. Von Zwiefalten kommend finden Sie es nach ca. 600 m am Ortseingang von Baach. Neben dem Haus liegt die Freiterrasse. Es sind ausreichend Parkplätze vorhanden.

Info: Seit 1382 ist das Haus im Besitz der Familie. Seit 1774 wird hier eine Gaststätte betrieben. Die dicken Außenmauern legen dafür Zeugnis ab. Die Gaststube hat ein elegant-rustikales Ambiente. Die formschöne Holzdecke, ein in die Wand eingelassener antiker Kachelofen, kombiniert mit gemütlichen Eckbänken laden zum Wiederkommen ein. Das Jagdstüble verdient mit Recht seinen Namen. Jagdtrophäen schmücken das gepflegt Nebenzimmer und laden zu Wildspezialitäten aus den Albwäldern ein. Insgesamt verfügt das Haus über 130 Sitzplätze und ist der geeignete Ort um mit Freunden, Verwandten oder einer Reisegesellschaft Rast zu machen oder ein Fest zu feiern. Anmeldung ist zu empfehlen. Der "Felsen" ist ein echter Familienbetrieb.

Küche: Hinter den trutzigen Mauern des "Felsen" wird eine Küche geführt, die unser Kompliment verdient. Auf heißen Tellern werden Gerichte serviert, wo auch das Auge auf seine Kosten kommt. Spezialität des Hauses sind die fangfrischen Aachforellen. Vom Küchenchef persönlich zubereitet sind sie ein echter Gaumenschmaus. Aber auch bodenständige-regionale Gerichte, wie der Schwäbische Hochzeitsschmaus bis zum Kesselfleisch mit Kraut oder Kutteln, werden serviert. Für hungrige Wandersleut und Fahrradtouristen vom Donau-Radwanderweg wartet eine große Vesperkarte.

Auszug aus der Karte: Flädlessuppe DM 4.--, Salatplatte ab DM 10.50, Wildschweinbraten, Spätzle und Salat DM 21.90, Putenschnitzel, Kroketten und Salat DM 18.50, Aachforelle, Petersilien-Kartoffeln und Salat DM 18.50, Kinderteller ab DM 8.50, Tagesgerichte wechselnd ab DM 12.50 - 17.--.

Freizeitangebot: Klosteranlage Zwiefalten, Kloster Obermarchtal, Wimsener Höhle, Wanderungen im Lautertal.

Schloßstüble - Schloß Mochental

Inh.: A. Mautz, 89584 Mochental, Tel: 07375-276

Geöffnet: 12 - Schluß, **Warme Küche:** Es gibt nur Vesper, Kaffee und Kuchen - durchgehend, **Ruhetag:** keinen

Info: Von Ulm kommend biegen Sie von der B 311 am Ortsende von Ehingen rechts nach Kirchen ab. Sie betreten den Schloßhof durch einen wunderschönen Torbogen und gleich rechter Hand liegt das Schloßstüble mit seinem originell-rustikalen Garten. Im Inneren finden Sie eine gemütliche Gaststube mit Holzdecke, weiß geputzten Mauern und großen Tischen zum Vespern und Kaffee trinken.

Küche: Die Vesper stammen aus eigener Hausschlachtung. Auch die Kuchen werden selbst gebacken.

Freizeitangebot: Schloß Mochental, ein Treffpunkt für Liebhaber moderner Kunst. Herrliche Wanderwege liegen vor der Tür.

Restaurant Talhof, Mühlen

Inh.: Giovanni u. Doris Bordonaro, 89584 Ehingen-Mühlen, Tel: 07395 - 364

Geöffnet: 17 - 23.30 Uhr, **Warme Küche:** dito, an Sonn- und Feiertagen von 11 - 23.30 Uhr durchgehend, **Ruhetag:** Dienstag, **Betriebsferien:** 6 Wochen im Sommer während der Schulferien.

Info: Der Talhof liegt abseits in einem reizenden kleinen Tal, eingebettet in einem schmucken Albdörfchen. Sie fahren von Ehingen Richtung Kirchen und biegen dazwischen hinter Schlechtenfeld rechts ab. Das deutsch-italienische Restaurant steht seit über 10 Jahren unter der erfolgreichen Leitung der Familie Bordonaro.

Küche: Die Angebotspalette umfaßt italienische und deutsche Küche und wird von der Frau des Hauses bestens zubereitet. Wechselnde Tagesgerichte, Pizzas auf Wunsch auch mit Vollkornteig.

Freizeitangebot: Schloß Mochental, ein Paradies für Wandersleut.

Landgasthof Adler, Altsteußlingen

Inh.: Familie Fisel, An der B 465, 89584 Altsteußlingen, Tel: 07395 - 330

Geöffnet: 9 - 24 Uhr, **Warme Küche:** 11.30 - 14 und 17 - 21 Uhr, **Ruhetag:** Dienstag ab 15 Uhr und Mittwoch.

Info: Der "Adler" liegt von Ehingen kommend rechter Hand am Ortsende an der B 465. Vor dem Haus liegt ein großer Parkplatz. Hinter dem Haus finden Sie einen Kinderspielplatz. Bei Sonnenschein lädt eine beschauliche Gartenterrasse mit Blick auf die umliegenden Felder und Wälder zum Vesper ein. Die große Gaststube ist gemütlich eingerichtet. Der Landgasthof Adler zählt mit zu den ältesten Gasthäusern auf der Alb.

Küche: Gut bürgerliche, warme Speisen. Vesper aus eigener Hausschlachtung. Selbstgebackenes Brot aus dem Holzofen.

Freizeitangebot: Ausflüge, Wanderungen, Schloß Mochental.

Gasthof Hotel Hirsch
Ehingen-Kirchen

Geöffnet: 8 - 23 Uhr

Warme Küche: 11.30 - 14.00
und 17.30 - 21.00 Uhr.

Ruhetag: Montag

Inhaber: Familie Fiesel
Osterstraße 3
89584 Ehingen-Kirchen
Telefon: 0 73 93 - 40 41
Telefax: 0 73 93 - 41 01

Lage: Von Ulm kommend fahren Sie auf der B 311 Richtung Sigmaringen. Nach der Umfahrung von Ehingen biegen Sie rechts ab nach Kirchen. Nach ca. 6 km liegt der Ort rechterhand an einem Südhang. In der Ortsmitte liegt der wunderschön renovierte Fachwerkbau mit angrenzendem Hotel.

Info: Der Gasthof, eines der ältesten Gebäude des Albdorfs, wurde liebevoll renoviert und ist ein Schmuckstück alter Baukunst. Besonders gefällig sind die herrlichen Blumenkästen, die auch das moderne Hotel mit einbeziehen. Das neu erbaute Hotel mit seinen 30 Betten ist auf dem neuesten Stand der Technik - Dusche, WC, Radio, TV, Telefon und Tresor sind selbstverständlich. Für Urlauber stehen außerdem noch zwei Appartements zur Verfügung. Das Haus mit seinen 170 Sitzplätzen, unterteilt in mehrere Nebenzimmer, eignet sich ideal für Reisegesellschaften, Ausflügler mit dem Drahtesel und Autowanderer. Ein herrlicher Platz für einen Kurzurlaub oder um sich zu einem Seminar oder einer Tagung zu treffen. Die Governmenträume sind mit viel Holz rustikal-gemütlich eingerichtet. Das Haus mit Tradition ist schon seit über 50 Jahren im Familienbesitz. Die beiden Söhne des Hauses knüpfen mit ihrer bestens geführten Küche daran an.

Küche: Hier muß applaudiert werden. Was hier auf den Tisch kommt, ist eine Ehre für die schwäbische Küche. Besonders die Spätzle, der Kartoffelsalat sowie die Suppen und Soßen sind echte Gaumenschmeichler. Die Küche ist auch für größere Gesellschaften bestens ausgerüstet.

Auszug aus der Karte: Schwäbische Hochzeitssuppe DM 5,20, Rehbraten mit Spätzle und Salat DM 23,80, Jägerschnitzel mit Spätzle und Salat DM 16,50, Vanillecreme mit Himbeermark DM 6.-, Weizenbier 0,5l DM 3,50, Apfelschorle 0,25l DM 2.-.

Freizeitangebot: In diesem von Wäldern eingerahmten Albtal kommen Spaziergänger und Wanderer voll auf ihre Kosten. Ein Ausflug zum Schloß Mochental mit seiner zeitgenössischen Galerie und Besenmuseum ist fast ein Muß. Zwiefalten mit seiner einmaligen Barockkirche und die Wimsener Höhe sind weitere Perlen der Alb.

Hotel-Restaurant Adler, Ehingen

Inh.: Fam. Mauz, Haupstr.116, 89584 Ehingen, Tel: 07391-8043, Fax: 54921

Geöffnet: 7 - 24 Uhr, **Warme Küche:** 11.30 - 14 und 17 - 22 Uhr, **Ruhetag:** Sonntag ab 14 Uhr und Montag

Info: Das bestens geführte Hotel-Restaurant ist seit vier Generationen in Familienbesitz. Fremdenzimmer mit 60 Betten vom Architekten mit Fingerspitzengefühl bestens ausstaffiert, locken Gäste aus nah und fern zum Kurzurlaub, zu Konferenzen oder Geschäftstreffen. Die Perle des Hauses ist aber sein großer Saal, der meisterlich mit gekonnten Holzarbeiten und großen handgeschmiedeten Lüstern ausgestattet ist.

Küche: Gut bürgerlich in gehobener Klasse. Empfehlenswert! Sie bietet regionale wie internationale Gerichte.

Freizeitangebot: Altstadtbummel, Schloß Mochental mit seiner modernen Bilder-Galerie, Kloster Zwiefalten, Wimsener Höhle.

Gasthaus Rose, Ehingen

Inh.: Anton Geisinger, Haupt Str. 10, 89584 Ehingen, Tel: 07391 - 8300

Geöffnet: 11 - 24 Uhr, **Warme Küche:** 11 - 14 und 17 - 22 Uhr, **Ruhetag:** Montag

Info: Von Ulm kommend, nehmen Sie gleich die erste Ausfahrt nach Ehingen. Nach ca. 500 m finden Sie die "Rose" auf der rechten Seite. Das zeitgemäß-gemütlich eingerichtete Lokal ist wegen seiner guten Küche ein beliebter Treff für Jung und Alt.

Küche: Verdient ein großes Kompliment. Zu jeder Jahreszeit werden saisonal bedingte Spezialitäten geboten, wie z.B. eine extra Spargelkarte, Wild- Spezialitäten, Pilzgerichte sowie eine gut sortierte Fischkarte. Jeden Tag bietet die Küche drei Menüs zur Auswahl ab DM 24.80. Das Gourmet-Menü liegt allerdings bei DM 52.--

Freizeitangebot: Schloß Mochental mit Galerie und Besenmuseum.

Hotel-Restaurant # Gasthof zum Ochsen
Ehingen/Donau

Geöffnet: *11.30 - 14 Uhr
und 17.30 - 24 Uhr*

Warme Küche: *11.30 - 14
und 17.30 - 22 Uhr*

Ruhetag: *Sonntag*

Inhaber: *Familie Elmar Reisch
Schulgasse 3
89584 Ehingen/Donau
Telefon: 0 73 91 - 5 35 68*

Lage: Das neu renovierte Lokal finden Sie im Herzen der Altstadt von Ehingen. Nicht ganz einfach zu finden ist die Zufahrt zur Tiefgarage auf der Rückseite des Hotels.

Info: Zum erstmals 1630 erwähnten Gasthof zum Ochsen gehörten in früheren Zeiten noch eine Landwirtschaft, eine Brauerei und eine Metzgerei. Im Zuge der Altstadtsanierung wurde der Gasthof 1988 totalsaniert, was ihm mit Sicherheit nicht geschadet hat.

Der Gastraum mit 64 Sitzplätzen sowie das Nebenzimmer mit 24 Plätzen sind mit viel Liebe und Fingerspitzengefühl mit ausgesuchten Antiquitäten, geschmackvollen Bildern und Orientteppichen dezent und elegant im Stil klassischer Restaurants eingerichtet und bilden den richtigen Rahmen um sich von Lukull verwöhnen zu lassen.

Küche: Hier führt Herr Elmar Reisch persönlich Regie. Man merkt sofort, daß er sich den Wind der Fremde um die Nase hat wehen lassen. Zuletzt als Chefkoch in ersten Häusern tätig, hat ihn das Heimweh wieder in die Mauern seiner Geburtsstadt zurück geführt. Hier zelebriert er nun eine Küche die großen Respekt verdient. Glücklich darf sich schätzen, wer hier speisen darf. Unser Menü vom Hausherren zusammengestellt bestand aus: Carpaccio vom Rind, Seeteufel auf hausgemachten Kräuternudeln, Barberie-Ente, Gamsbraten mit Rotkohl und Kartoffelknödel, Mousse.

Weiter im Angebot finden Sie hausgemachte Pasteten, Terrinen, Welse und Eglifilet vom Bodensee. Alles frisch aus der Region und zweimal die Woche direkt vom Pariser Markt.

Auszug aus der Karte: Menü ab 46.-, Tomatensuppe DM 6.-, gekochter Tafelspitz mit Wirsing und Bratkartoffeln DM 24,50, Zwiebelrostbraten mit Schupfnudeln und Salat DM 26,50, Kässpätzle mit Salat DM 14.-, Pils 0,3l DM 3,80. Empfehlenswert sind die Weine aus dem In- und Ausland.

Freizeitangebot: Stadtbummel durch die romantische Kleinstadt. Die Alb liegt direkt vor den Füßen der Stadt. Besuch des ca. 7 km entfernten Schloß Mochental Galerie und Besenmuseum.

99

Vesperstube-Gasthof zum Löwen, Talsteußlingen

Inh.: Familie R.Simmendinger, 89601 Talsteußlingen, Tel: 07384 - 221

Geöffnet: 10-24 Uhr, Sonntags ab 14 Uhr, **Warme Küche:** Vesper und kleine warme Gerichte gibt es durchgehend, **Ruhetag:** Mittwoch

Info: Dieses Kleinod von Gaststätte liegt im Schmiechtal, zwischen Hütten und Schmiechen. Die kleine Gaststube bietet 40 Personen Platz. Hier ist noch die unverfälschte Atmosphäre alter Gasthäuser zu spüren. Der Gasthof ist mit der Landwirtschaft seit 400 Jahren in Familienbesitz. Frau Simmerdinger ist die Seele des Lokals.

Küche: Vesper aus eigener Schlachtung und Aufzucht. Gebackene Schinkenwurst mit Ei und Zwiebeln auf Wunsch, Brot oder einfach Spiegeleier, sind so die kleinen, warmen Gerichte. Und alles zu erschwinglichen Preisen. Zum Vesper trinkt man den hausgemachten Most.

Freizeitangebot: Grenzstein von 1714, ideales Wandergebiet.

Landgasthof Lamm, Feldstetten

Inh.: Familie Fülle, Lange Str. 36, 89150 Feldstetten, Tel: 07333 - 6396

Geöffnet: 11 - 24 Uhr, **Warme Küche:** 11 - 14 und 17 - 21 Uhr, **Ruhetag:** Mittwoch

Info: Der 1928 erbaute Landgasthof liegt im Ortskern, direkt an der Durchgangsstraße. Das große Nebenzimmer mit 100 Sitzplätzen ist Ziel von Reisegesellschaften und Wandergruppen.

Küche: Gut bürgerlich - schwäbisch - deftig. Ein Leckerbissen sind die hausgemachten Maultaschen, die mit frisch angerösteten Zwiebeln abgeschmelzt, mit reichlich Kraftbrühe in einer Suppenschüssel serviert werden. Dazu gibt es eine große Portion Kartoffelsalat und das alles für DM 10.--.Empfehlenswert auch die Hausmacher Vesper und Braten aus der eigenen Schweinemast.

Freizeitangebot: : Wanderungen auf den Hochflächen der Alb.

Landgasthof-Hotel-Pension Post, Feldstetten

Inh.: Fam. Gekeler, Lange Str. 60, 89150 Feldstetten, Tel: 07333 - 5118 - Fax: 21151

Geöffnet: Hotelbetrieb , 11 - 23 Uhr, **Warme Küche:** 11 -14 und 17.50 - 21 Uhr, **Ruhetag:** Montag

Info: Seit dem 15. Jahrhundert ist die "Post" im Familienbesitz. Den Reisenden erwartet ein modernes, freundliches Gasthaus mit mehreren Nebenzimmern. Das Hotel und das Gästehaus mit zeitgemäßem Komfort bieten 40 Betten. Wer hier mit seinen Freunden und Verwandten Geburtstag feiert, bekommt zur Feier des Tages einen großen Laib Bauernbrot überreicht.

Küche: Die Küche wird vom Sohn des Hauses bestens geführt. Regionale Gerichte aus eigener Schlachtung, deftige Vesper, Wildspezialitäten und Menüs der gehobenen Klasse, Kaffee und Kuchen.

Freizeitangebot: Bad Urach, Tiefenhöhle Laichingen, Blaubeuren.

Gasthaus zur Ratstube
Laichingen

Geöffnet: 10.00 - 14.00
und 17.00 - 24.00 Uhr.
Warme Küche: 11.30 - 14.00
und 17.00 - 21.30 Uhr.

Ruhetag: Montag und Dienstag

Inhaber: Familie Golombek
Weberstraße 12
89150 Laichingen
Telefon: 0 73 33 - 55 16

Lage: Das gemütliche Albstädtchen liegt zwischen Bad Urach (24 km) und Blaubeuren (12 km) mitten auf der Alb. 7 km sind es bis zur Autobahnausfahrt Merklingen. Das bekannte Speiselokal finden Sie leicht zurückversetzt in der Stadtmitte.

Info: Die "Ratstube" ist ein kleiner Geheimtip in der Region. Hier stimmt die bestens geführte Küche mit dem Service und der Ausstattung überein. Wer das Glück hat hier speisen zu dürfen, spürt schon beim Betreten der Gaststube das besondere Flair des alten schwäbischen Gasthauses. Hier hat man noch rechtzeitig erkannt welch unverdorbene, gewachsene Gemütlichkeit in diesen historischen Mauern verborgen sind. Die gelungene Dekoration, bestehend aus alten Fotos, die die Geschichte des Hauses widerspiegeln, eine schöne alte Wanduhr, Küchengeräte aus Großmutters Zeiten und Pferdeutensilien vergangener Tage geben dem Lokal einen Hauch von Romantik. Der Kachelofen, die Holzbalkendecke, schöne Eckbänke, bilden dazu den richtigen Rahmen. Der Nebenraum, bewacht von einem geschnitzten mannshohen Nachtwächter, ist mit seinen 50 Sitzplätzen der ideale Ort für Festivitäten aller Art.

Küche: Der Herr des Hauses, Metzgermeister und gelernter Koch, hat sich kräftig den Wind der Fremde um die Nase wehen lassen, bevor er mit seiner Frau in Laichingen vor Anker ging. Die Küche ist gut-bürgerlich, schwäbisch-regional ausgerichtet und verdient unseren Applaus. Denn hausgemachte Maultaschen werden immer mehr geschätzt als bloße Imitationen großer Küchen. Die Maultaschenkarte des Hauses spricht diesbezüglich für sich selbst.

Auszug aus der Karte: Frische Alb-Forellen, Salatbüffet, täglich neue Karte mit Menüs ab DM 17,--, Kinder- und Seniorenteller ab DM 11.50, Spätzle mit Soße für Kinder DM 4.50, Tagessuppe DM 5.50, Zwiebelrostbraten, Spätzle, Salat DM 25.50, Krautpfännle, Jungschweinnacken, Specksemmelknödel DM 18.80, Wildschweinbraten Specksemmelknödel, Salat DM 26.50, Kässpätzle, Salat DM 17.50.

Freizeitangebot: Reiten und Wandern, Laichinger Tiefenhöhle, Weber- und Heimatmuseum.

Gaststätte und Metzgerei Zum Engel, Suppingen

Inh.: Hans Hirschle, Hauptstr. 24, 89150 Laichingen-Suppingen, Tel: 07333 - 6834

Geöffnet: 8 - 24 Uhr, **Warme Küche:** 11.30 - 14 und 17 - 21.30 Uhr,
Ruhetag: Donnerstag ab 14 Uhr, Montag ganztägig

Info: Hier feiert ein Fachehepaar schwäbische Gastronomie wie aus dem Bilderbuch. Daß dies auch belohnt wird, kann man im Foyer der Gaststätte bewundern. Goldmedaillien und Diplome legen dafür Zeugnis ab. Das urgemütliche Lokal, ist ein Treffpunkt von Jung und Alt. Die Küche ist fast ein Geheimtip.

Küche: Der "Rauhe Alb Teller" mit Maultaschen, Spätzle, Schupfnudeln und Filets ist eine Reise wert. Der Sauerbraten ist ein echter Zungenschmeichler. Die Schlachtplatte und die Vesper sind genau das Richtige für ausgehungerte Wanderer.

Freizeitangebot: Tiefenhöhle Laichingen, Blaubeuren, Bad Urach.

Gasthaus zum Ochsen, Berghülen

Inh.: Familie Braungart, Blaubeurer Str. 14, 89180 Berghülen, Tel: 07344-6318, Fax: 21672

Geöffnet: 6.30 - 23 Uhr, **Warme Küche:** 11.30 - 14 und 17 - 21 Uhr,
Ruhetag: Montag

Info: Verläßt man die Autobahn bei Merklingen und fährt Richtung Blaubeuren, kommt man nach einigen Kilometern nach Berghülen. Seit 1850 ist das Gasthaus in Familienbesitz. Der Sohn des Hauses, gelernter Koch und Metzger schwingt in gekonnter Manier den Kochlöffel. Seine beiden Schwestern sind für Service und Verwaltung zuständig.

Küche: Die Speiseauswahl ist solide-schwäbisch, reichlich und wird heiß serviert. Und das zu zivilen Preisen. Am Sonntag gibt es Menüs, wie Spanferkel oder Rehbraten mit Spätzle und Salat.

Freizeitangebot: Blaubeurer Blautopf und Kloster, Radwandergebiet.

Restaurant-Pension Jägerstüble, Blaubeuren-Seißen

Inh.: Johann-Georg Bosch, Schäferweg 14, 89143 Blaubeuren-Seißen, Tel.: 07344 - 6453

Geöffnet: 10 - 14 Uhr und 17 Uhr bis Schluß, Sonntags durchgehend geöffnet, **Warme Küche:** 11.30 - 14 und 17 - 21 Uhr.

Info: Von Blaubeuren kommend auf halber Höhe links nach Seißen abbiegen. Nach ca. 2km am Ortseingang linkerhand das Hinweisschild beachten. Das Restaurant liegt versteckt hinter hohen Fichten. Das gemütliche, mit Jagdtrophäen ausgestattete Lokal macht seinem Namen alle Ehre. Im Sommer ist die geplegte, überdachte Gartenterrasse geöffnet.

Küche: Die Küche des Hauses verdient Applaus. Die exzellent zubereiteten Speisen, Soßen, Salate und Suppen sind eine echte Gaumenfreude. Spezialitäten sind, wie soll es auch anders sein, Wildgerichte.

Freizeitangebot: Waldwanderungen, Blaubeurer Blautopf u. Kloster.

Hotel Krehl "Zur Ratstube"

Laichingen

Geöffnet : *Hotelbetrieb durchgehend*
Warme Küche: *18.00 - 21.30 Uhr*
Ruhetag: *Samstag und Sonntag (für angemeldete Gesellschaften geöffnet)*

Inhaber: *Familie Hettinger*
Radstraße 7
89150 Laichingen
Telefon: 0 73 33 - 40 21-40 23
Telefax: 0 73 33 - 40 20

Lage: Laichingen liegt ca. 5km von der Autobahn A 8 Stuttgart-München entfernt, zwischen Bad Urach und Blaubeuren mitten auf der Schwäbischen Alb. Das Hotel finden Sie im Ortskern.

Info: Das 1984 erbaute Hotel mit 30 modernen und mit allem Komfort eingerichteten Zimmern und 2 Ferienwohnungen hat sich besonders als Tagungshotel und als ein gastliches Haus für besondere Anlässe einen Namen gemacht. Es lohnt sich mal einen Menüvorschlag für eine Betriebs- oder Geburtstagsfeier einzuholen. Ein Abend in dem liebevoll mit Zirbelholz und offenem Kamin eingerichteten "Stüble" ist ein Erlebnis von besonderem Reiz. Hier finden Sie den passenden Rahmen für Festlichkeiten und Tagungen in angenehmer Atmosphäre. Moderne Seminartechnik steht zur Verfügung. Die Gasträume sind hell und freundlich in dezenten Farben eingerichtet. Eine gepflegte Tischdekoration mit frischen Blumen und farbenfrohen Aquarellen sorgen für ein ansprechendes Ambiente. Im Foyer dürfen Sie ein in die Wand gearbeitetes Kunstwerk bewundern, das an die große Vergangenheit Laichingens als Leinen-Stadt erinnert. Im Sommer lockt ein lauschiges Plätzchen auf der Rückseite des Hotels ins Freie.

Küche: Das Repertoire der Küche reicht von regional bis international. Die Leitung der Küche liegt in den Händen von Frau Hettinger. Die Spezialität des Hauses sind die hausgemachten Maultaschen mit interessanten Füllungen wie z.B. die Spinatmaultaschen, die schwäbischen Vesper und besondere Desserts.

Auszug aus der Karte: Tagessuppe DM 5.20, Grüne Nudeln mit Schinken, Champignons und Gorgonzolarahm überbacken, Salate DM 15.40, Zwiebelrostbraten, Spätzle, Salat DM 24,80, Zirbelstubenbrett DM 15,80, Rehbraten, Spätzle, Salate DM 23.20, Geschmelzte Spinatmaultaschen, Salate DM 15.40. Der gut sortierte Weinkeller, das große Hobby von Herrn Hettinger, bietet eine Auswahl von über 120 Weinen berühmter württembergischer Weingüter, sowie vielen bekannten Anbaugebieten Deutschlands, Frankreichs, Italiens, Australiens, Südafrikas und Californiens.

Freizeitangebot: Laichinger Tiefenhöhle, Weber- u. Heimatmuseum.

Herzlich willkommen auf der Schwäbischen Alb

Luftkurort **Westerheim**

Suchen Sie Ruhe, Erholung und Ausgleich in gesunder Luft? Dann sind Sie bei uns richtig. In 820 m Höhenlage erwartet Sie ein mildes Reizklima in herrlicher Landschaft. Genießen Sie unsere schwäbische Gastlichkeit und erfreuen Sie sich an unseren vielfältigen Freizeitmöglichkeiten.

Auskünfte: Verkehrsbüro   Telefon 0 73 33/40 32
Schertelshöhle Telefon 0 73 33/64 06

Gasthof zum Adler, Westerheim

Inh.: Familie Kneer, Wiesensteiger Str. 29, 72589 Westerheim, Tel: 07333 - 6792

Geöffnet: 10 - 24 Uhr, **Warme Küche:** 11.30 - 14.30 und 17.30 - 21 Uhr, **Ruhetag:** Mittwoch

Info: Der "Adler" liegt am Ortsende, Richtung Wiesensteig. Das Fachehepaar, eine erfrischende Mischung aus Schwaben und Bayern, führen das Lokal nach einem speziell ausgestellten Jahreskalender: Es beginnt im Januar mit Wildgerichten, im März ist Starkbierzeit mit bayrischen Schmankerln, im April gibt es Lammspezialitäten , im Herbst folgt dann ein Oktoberfest mit bayrischem Bier und Wammerln und Schwammerln mit Brezen-Serviettenknödeln. Im November folgen die Martinsgänse. Mehr wird nicht verraten.

Küche: Die Führung durch Herrn Kneer verdient unser Kompliment !

Freizeitangebot: Schertelshöhle, Tiefenhöhle, Rundwanderweg.

Gasthof-Pension Rössle
Westerheim

Geöffnet : 9.00 - 24.00 Uhr.

Warme Küche: 11.30 - 14.00
und 17.00 - 21.00 Uhr.

Ruhetag: Dienstag

Inhaber: Familie Goll
Donnstetter Straße 10
72589 Westerheim
Telefon: 0 73 33 - 67 94

Lage: Der schmucke Gasthof liegt im Ortskern, an der Ausfahrtsstraße Richtung Donnstetten. Er ist kaum zu verfehlen, mit seinen großen Holzbalkonen und hübschen Hängepflanzen sowie dem aufsteigenden Rössle neben dem Eingang.

Info: Das Angebot des Luftkurortes mit seinem Hallenbad, Kegelbahnen, Tennisplätzen und Rundwanderwegen um die Schertelshöhle wird ergänzt durch eine gut geführte Gastronomie wie die im "Rössle". Seit vier Generationen ist das Haus im Besitz der Familie Goll. Die Gasträume sind hell und freundlich eingerichtet. Den Pensionsgästen stehen 35 Betten mit zeitgemäßem Komfort wie Dusche, WC, Telefon, Fernseher und großen Holzbalkonen zur Verfügung. Für den Herbstwanderer ist eine rechtzeitige Reservierung zu empfehlen. Der Gasthof bietet insgesamt Platz für 140 Personen. Zwei Nebenzimmer mit je 50 Plätzen sind ein beliebter Treff für Reisegesellschaften und Familienfeiern. Menüvorschläge werden vom Herrn des Hauses, einem Meister der Kochkunst, gerne erarbeitet. Ein besonderer Service des Hauses ist für die Reitersleut eingerichtet. So bietet das "Rössle" auch Ihren vierbeinigen Freunden Unterkunft für die Nacht. Ebenso werden spezielle Wochenpauschalen angeboten - z.B. mit freiem Eintritt ins Hallenbad oder Planwagenfahrten. Im Sommer lädt das Haus zum traditionellen Hof-Hock ein.

Küche: Herr Goll verwöhnt seine Gäste mit schwäbischen Spezialitäten wie Wildgerichten aus den umliegenden Wäldern der Alb. Er legt besonderen Wert auf frische Ware. Aber auch die internationale Küche kommt nicht zu kurz. Die Wanderer finden eine zünftige Vesperkarte vor. Die Hausmacherwurst wird auch gerne für zu Hause eingepackt. Hausgemachter Most.

Auszug aus der Karte: Tagessuppe DM 3.50, zur Jagdzeit verschiedene Wildschwein- und Rehgerichte ab DM 5,80, Kinder- und Seniorenteller ab DM 8,80 - 15,80, Sauerbraten, Kartoffelklöße DM 14,80, Hausmacher Maultaschen DM 10,80, Cola 0,2l DM 2,20, Weizen 0,5l DM 3,80.

Freizeitangebot: Vielfältige Möglichkeiten im Luftkurort.

Landgasthof Krone, Nellingen

Inh.: Fam. Stricker, Aicherstr. 7-9, 89191 Nellingen, Tel.: 07337 - 9696-0, Fax: 969696

Geöffnet: 6 - 24 Uhr, **Warme Küche:** 11.30-14 und 17.30 -21.30 Uhr, **Ruhetag:** Sonn- und Feiertage, Für Gruppen auch an Feiertagen geöffnet, Hotel ganzjährig geöffnet.

Info: Von der Ausfahrt der A 8 Merklingen kommend, liegt der Landgasthof direkt an der Durchgangsstraße Richtung Geislingen. Seit 1841 wird die ländlich-rustikale Krone als Familienbetrieb geführt.

Küche: Hier läuft die Ware nicht vom Band, hier schafft man noch mit Herz und Hand. Die gutbürgerlich schwäbische Saisonküche wartet mit einer täglich wechselnden Karte auf. Eigene Metzgerei, Wurstdosenverkauf, Weinhandel mit -proben, Most und Schnaps.

Freizeitangebot: Segelflugplatz, Motorflugplatz mit Fallschirmspringen, Planwagenfahrten, Ferien auf dem Bauernhof, Reiten.

Forellenfischer, Blaubeuren-Weiler

Inh.: Fam. Rau, Aachtalstr.6, 89143 Blaubeuren-Weiler, Telefon: 0 73 44 - 65 45
Geöffnet: 11-14 und 18-24 Uhr. **Warme Küche:** 11.30-14 und 18-21.45 Uhr. **Betriebsferien:** Ende August 10 Tage und 3 Wochen im Januar .**Ruhetag:** Sonntagabend und Montag.

Info: Von Ulm kommend, fahren Sie am Blaubeurer Bahnhof vorbei, Richtung Ehingen. Nach ca. 2 km biegen Sie rechts ab nach Weiler. Das reizende Lokal finden Sie in der Ortsmitte in einem frisch renovierten Fachwerkbau. Wenn die Sonne lacht, lädt der lauschige Garten hinterm Haus zum Dinieren ein.

Küche: Das Küchenzepter schwingt hier der Herr des Hauses seit Jahren in gekonnter Manier selbst. Mit seinen 105 Sitzplätzen eignet sich das Lokal bestens für Veranstaltungen aller Art.

Freizeitangebot: Besuch des Blautopfs sowie die angrenzenden Klosteranlagen. Herrliche Gelegenheit für Radwanderer im Blautal.

Albstuben, Sonderbuch

Inh.: Fam. Seidl, Blaubeurer Str. 33, 89143 Blaubeuren-Sonderbuch, Tel: 07344- 6843

Geöffnet: 11 - 24 Uhr, **Warme Küche:** 11 - 14 und 17.30 - 22 Uhr, **Ruhetag:** Montag

Info: Das gut geführte Restaurant liegt am Albtrauf direkt über Blaubeuren. Die Ausstattung des Lokals entspricht gehobenem Standard. Das behagliche Nebenzimmer ist ein besonderes Schmuckstück und bietet genügend Raum für Feierlichkeiten aller Art. Hinter dem Haus liegt die Gartenwirtschaft und der Parkplatz.

Küche: Die Küche ist in guten Händen und bietet ein traditionelles und internationales Programm. Dieses reicht von Grünen Nudeln mit Gorgonzolasoße bis zur Seeteufelschnitte.

Freizeitangebot: Blautopf und Kloster in Blaubeuren. Herrliches Wandergebiet.

BAUUNTERNEHMUNG ULM

STRASSENBAU

ERD- UND TIEFBAU

HYDRAULISCHER ROHRVORTRIEB

SPORTPLATZBAU

GARTEN- UND LANDSCHAFTSBAU

PFLASTERARBEITEN

KIES- UND SPLITTWERK

INTERNATIONALE SPEDITION

GUSSASPHALT-ARBEITEN

Telefon: 07 31 - 40 92 - 0
Telefax: 07 31 - 40 92 - 85
Industriegebiet Donautal
Boschstraße 12 - 14
89079 Ulm

Schloßrestaurant Erbach

Inh.: Lanza, Am Schloßberg, 89155 Erbach, Telefon: 0 73 05 - 69 54

Geöffnet: 12-14 und 18-24 Uhr. **Warme Küche:** bis 22.00 Uhr.
Ruhetag: Montag- und Dienstagnachmittag.

Info: Wie der Name schon ausdrückt, finden Sie das Restaurant im Schloß Erbach. Es ist relativ einfach zu finden, denn seine trutzigen Mauern stehen auf dem höchsten Punkt des Ortes und künden dem Besucher von höchster Eßkultur. Schon das Entrée ist königlich: Vom großen Parkplatz kommend, durchschreitet man, gesäumt von alten Bäumen, das mittelalterliche Burgtor. Das sogenannte Foyer ist hier die große Schloßhalle, die allein Platz für 200 Personen bietet. Danach geht es links ab in den Tempel der Gaumenfreuden.

Küche: Die Küche wird exzellent geführt und bietet Mittags-Menus ab DM 45.-, abends ab DM 60.-, Hauptgerichte ab DM 32.-.

Freizeitangebot: Schloß Erbach, nach Voranmeldung Führungen.

108

Gut, ich bin
anspruchsvoll.
Gerade deshalb.

...das gönn' ich
mir einfach!

Crêperie Kornhäusle
Ulm / Donau

Geöffnet: *11.30 - 23.30 Uhr*

Warme Küche: *durchgehend*

Ruhetag: *keinen*

Inhaber: Wolfgang Fruh
Kornhausgasse 8
89073 Ulm
Telefon: 07 31 / 6 81 02

Lage: Das "Kornhäusle" liegt im Zentrum von Ulm, ca. 5 Minuten östlich vom Münster entfernt, in der Kornhausgasse, beim Kornhaus. Einfach zu merken: Dreimal K und Sie sind da. Parken können Sie im ca. 200m entfernten Parkhaus in der Frauenstraße.

Info: Das im 16. Jahrhundert erbaute Bürgerhaus wurde 1976 totalsaniert und beherbergt seither Ulms erste Crêperie. Die Ausstattung ist gemütlich-rustikal, den einfachen Crêperien der Bretagne nachempfunden, dem Geburtsland der hauchzarten Pfannkuchen. Die Dekoration, bestehend aus Fleckerlteppichen, Leitern, Korb-Lampen, altem Werkzeug aus Schmiede und Schreinerei, Gerätschaften aus Landwirtschaft und Küche, gibt dem Lokal ein besonderes Flair. Auch die Außenfassade wurde sorgfältig restauriert und errang im Fassadenwettbewerb einen 1. Preis.

Küche: Die Crêpes gibt es mit süßer und würziger Füllung. Insgesamt können Sie unter 39 verschiedenen Variationen wählen. Die pikanten Zutaten werden auch ganz nach Ihrem persönlichen Geschmack zusammengestellt. Wer's mal gerne ohne Fleisch versuchen will, dem stehen 6 vegetarische Crêpes zur Auswahl. Beliebt sind die knackig-frischen Salatteller, die besonders wegen ihres reichhaltigen Angebotes geschätzt werden. Alle Speisen auch zum Mitnehmen! Für die Crêpes- und Salatzubereitung werden soweit möglich Produkte aus biologischem Anbau verwendet. So liefert ein Demeter- und ein Biolandbetrieb aus dem Ulmer Nahbereich Mehl, Milch und Eier von freilebenden Hühnern für die Crêpeszubereitung. Diese Gaumenschmeichler werden schnell und heiß serviert. Bon appetit!

Auszug aus der Karte: Pikante Crêpes ab DM 9.-, Süße Crêpes ab DM 6,10, Salatteller ab DM 12,80, Vegetarische Crêpes ab DM 9,10, Getränke: Cidre, Beerenweine, französische Weine aus biologischem Anbau.

Freizeitangebot: Kornhaus, Ulmer Münster, Ulmer Museum oder ein Spaziergang an der nahen Donau, historisches Fischerviertel, Deutsches Brotmuseum.

Barfüßer - Das kleine Brauhaus
Ulm / Donau

Geöffnet: 11 - 1 Uhr
Freitag + Samstag bis 2 Uhr

Warme Küche: durchgehend

Ruhetag: keinen

Inhaber: Barfüßer GmbH
Lautenberg 1
89073 Ulm
Telefon: 07 31 - 9 22 93 - 0
Telefax: 07 31 - 9 22 93 - 20

Lage: Das Barfüßer-Brauhaus liegt im Herzen von Ulm, einen Steinwurf vom Münster entfernt, versteckt hinter einer modernen Fassade, angrenzend an das romantische Fischerviertel. Dort liegt auch nur 3 Minuten entfernt das gleichnamige Parkhaus.

Info: Das "Barfüßer" ist Ulm´s erste Hausbrauerei. Mitten im Lokal thront majestätisch die kupferne Sudpfanne in der vor den Augen der Gäste das hauseigene Bier gebraut wird. Süffig, frisch vom Tank wird das kühle Naß, ein unverfälschtes, naturtrübes Pilsner serviert. Insgesamt finden in den verschiedenen Gasträumen, die nach alten Vorbildern bierig-gemütlich eingerichtet sind, 230 Gäste Platz. Für Reisegesellschaften, die ermattet von der Münsterbesteigung sich für neue Abenteuer stärken wollen, ist das Barfüßer die ideale Anlaufstation. Nebenzimmer mit 30 und 50 Sitzplätzen laden zum Schmausen ein. Nach Voranmeldung werden auch Brauereibesichtigungen durchgeführt. Daß es dem Gast nie langweilig wird, dafür sorgt schon der Wirt mit seinen neuen Ideen und Aktionen. Sei es eine neue Dekoration oder jeden Dienstag ab 22 Uhr "Karaoke". Hier geht echt die Post ab, wenn sich die jungen Talente der Öffentlichkeit präsentieren.

Küche: Die Speisekarte ist regional-deftig ausgerichtet. Spezialitäten des Hauses sind die immer frischen Brezeln, mitsamt herzhaftem, warmem Leberkäs. Mittwoch ist generell Maultaschentag. Dafür versammeln sich am Samstag dann mehr die Liebhaber der bayerischen Küche um ihre Weißwürste zu schnabulieren. Eine täglich wechselnde Speisekarte, das Salatbuffet, aber auch Gerichte für den kleinen Geldbeutel sorgen für Abwechslung.

Auszug aus der Karte: 2 Weißwürste mit Brezel DM 6,80, frisch gebackener Leberkäs mit Baguette DM 5,90, Krustenbraten mit Beilage nach Wahl DM 12,90, Pils 0,2l DM 2,70 - auch zum Mitnehmen im 15l-Fässchen, in der 1-l Flasche oder in der 2l-Kanne.

Freizeitangebot: Münster vor der Haustür und Rundgang durch´s Fischerviertel.

Gasthaus im Zunfthaus der Schiffleute
Ulm / Donau

Geöffnet: 11 - 24 Uhr

Warme Küche: 11.00 - 14.30 und 17.00 - 23.30 Uhr

Ruhetag: keinen

Inhaber: Hans Mahlknecht
Fischergasse 31
89073 Ulm
Telefon: 07 31 - 6 44 11
Telefax: 07 31 - 6 44 39

Lage: Die stadtbekannte Gaststätte, allgemein kurz Zunfthaus genannt, liegt in einem der schönsten Flecken der Altstadt von Ulm, im Fischerviertel, direkt an der Blau und eine Gehminute von der Donau. Fünf Minuten entfernt davon finden Sie ein Parkhaus für Ihren Pkw.

Info: Erbaut wurde das Gebäude im 15. Jahrhundert von den Ulmer Schiffleuten. Das 1976 generalüberholte Fachwerkgebäude beherbergt heute eines der originellsten Lokale der Altstadt. Die über 100 Sitzplätze sind auf drei Ebenen verteilt. Die rustikale Einrichtung erinnert etwas an die bayerischen Braugaststätten mit Ihrer bierigen Atmosphäre. Gleich beim Eingang empfängt den Gast wohl eine der urigsten Theken Ulms. Hier wird Ulmer wie Bayerisches Bier gezapft. Daß es mundet, wird an der großen Bierkrugsammlung der Stammgäste sichtbar, die an der Decke ihre eigenen Humpen hängen haben. Gleich dahinter thront der runde Stammtisch, der zum Glück seine Geschichten für sich behält, denn wenn er erzählen könnte, würden so manchem die Ohren klingeln. Auf der zweiten Ebene blickt man auf einen riesigen Kronleuchter, eine originelle Bildersammlung sowie hinaus auf die Blau, die direkt am Haus vorbei fließt um kurz darauf in die Donau zu münden. Eine Treppe weiter oben befindet sich eine weitere Sitzgruppe, die von mächtigen Querbalken umrahmt, den Blick auf das Fischerplätzle frei gibt, Ulm´s gutes Wohnzimmer, finden hier doch seit ewigen Zeiten die bekanntesten Ulmer "Feschtla" statt. Das beliebte Gasthaus wird von Anfang an von Hans Mahlknecht geführt, einem Wirt aus altem Schrot und Korn.

Küche: Die Küche ist bodenständig schwäbisch. Sie reicht vom Gaisburger Marsch bis hin zu den hausgemachten Maultaschen, bekannt auch als "Herrgottsbscheißerle". Ein echtes Schmankerl.

Auszug aus der Karte: Katzegschroi auf der Holzschaufel DM 11,80, Brotsupp DM 4,00, Gaisburger Marsch DM 13,50, Schwäbischer Vespergalgen DM 14,00, Weizen 0,5l DM 4,50, Apfelsaftschorle 0,3l DM 3,50.

Freizeitangebot: Spaziergang durch das historische Fischerviertel oder an der Donau entlang, Ulmer Münster, Deutsches Brotmuseum.

Wirtshaus Krone
Ulm / Donau

Geöffnet : Mo.-Fr. 17 - 24 Uhr
Sa. 17 bis 1 Uhr

Warme Küche: 17 - 23 Uhr

Ruhetag: Sonn- und Feiertags

Inhaber: Jost Wachsmann
und Dieter Heim
Kronengasse 4
89073 Ulm
Telefon: 07 31 / 6 25 66

Lage: Das wohl berühmteste Wirtshaus von Ulm liegt im Zentrum der Stadt, in der wenig befahrenen Kronengasse. Leicht zu finden ist es für Ortsunkundige, wenn sie das Rathaus als Orientierungspunkt nehmen. Nur 3 Min. davon entfernt liegt es südwestlich, hinter dem sehenswerten Rathaus, direkt am Eingang zum Fischerviertel, der romantischen Altstadt von Ulm.

Info: Die Krone ist in die Geschichte als die Ulmer Fürstenherberge eingegangen. Hier logierten im Jahre 1401 Kaiser Ruprecht, 1430 Kaiser Siegismund, 1492 Kaiser Maximilian, weiter Erzbischöfe von Mainz, Trier und Köln, 1775 der Dichter Christian Daniel Schubart und so reiht sich eine Berühmtheit an die andere. 1882 wurde die Brauerei nach über 500 Jahren eingestellt. 1943 im Ulmer Bombenhagel schwer beschädigt, wurde das Gebäude nach dem Krieg wieder instandgesetzt. 1992 wurde die Krone gründlich renoviert und zählt mit seiner urigen, gemütlichen Atmosphäre wieder zu den ersten Adressen in Ulm. Das Lokal eignet sich bestens für gesellige Abende, Feierlichkeiten oder einfach auf einen kurzen Sprung zu einem kühlen Kronen-Kellerpils.

Küche: Die gut geführte Küche hat sich ganz auf schwäbische Gerichte spezialisiert. Von Linsen, Saure Kutteln, hausgemachten Maultaschen, Gaisburger Marsch und Kässpätzle ist alles vertreten, was die regionale Küche auszeichnet. Eine Besonderheit ist auch der Ulmer Schärrkuchen, der in 11 Variationen angeboten wird.

Auszug aus der Karte: Gaisburger Marsch DM 13,80, Kässpätzle DM 14,80, Tafelspitz in Meerrettichsoße mit Röstkartoffeln und Salat DM 23,50, Schärrkuchenvariationen von DM 10,50 bis DM 16,50, Fischtopf mit Knoblauchbrot DM 21,50, Sauerbraten mit hausgemachten Spätzle und Salat DM 23,50, Schwäbischer Zwiebel-rostbraten mit hausgemachten Spätzle und Salatteller DM 26,50. Getränke: Kellerpils 0,5l DM 4,90, Spezial Dunkel 0,5l DM 4,90.

Freizeitangebot: Das historische Rathaus mit seiner weltberühmten Uhr, Ulmer Museum. Ulmer Münster mit dem höchsten Kirchturm der Welt, Fischerviertel mit Donaupromenade.

Pfnür´s Restaurant im Lobinger Hotel Weisses Ross, Langenau

Inh.: S. Pfnür, Hindburgstr. 29, 89129 Langenau, Tel.: 07345-22621

Geöffnet: 11.30 - 14 und 17.30 - 24 Uhr, **Warme Küche:** 11.30 - 14 und 17.30 - 22.30 Uhr, **Ruhetag:** Sonntag.

Info: Herr und Frau Pfnür haben ihr Gastspiel in Wiblingen im Klosterstüble abgebrochen und sind mit ihrer Anhängerschar nach Langenau ins Hotel Weisses Ross umgezogen. In eleganter Atmosphäre wird in bewährter Manier feine und regionale Küche angeboten. Für Betriebs- und Familienfeste finden nun bis zu 50 Personen Platz.

Küche: Herr Pfnür hat sich in Ulm und drum herum in kurzer Zeit einen Namen als Gourmetfachmann erworben. Was hier serviert wird ist erste Sahne und darf ruhig ein paar Märker mehr kosten.

Freizeitangebot: Die wird hier ganz Lukull gewidmet.

Romantik-Hotel und Landgasthof Adler Rammingen

Inh.: Fam. Apolloni Riegestr.15, 89192 Rammingen, Telefon: 07345-96410, Fax: 964110

Geöffnet: 7 - 14 und 17 - 24 Uhr, **Ruhetag:** Montag - Dienstag 18 Uhr, Hotel geöffnet.

Info: Das bekannte Romantik-Hotel lebt nicht nur von seiner ländlich-hübschen Lage und seinem gemütlichen Ambiente, sondern auch durch die von der Dame des Hauses lobenswert geführten Küche. Am besten über die Autobahn-Ausfahrt Langenau zu erreichen.

Küche: Vom Sauerampfersüppchen, Flädlessuppe, Lammrücken, Wachteln, Wild- und Fischspezialitäten ist alles vertreten, was das Herz begehrt und den Gaumen verwöhnt.

Freizeitangebot: Ganz in der Nähe liegt das romantische Lonetal und lädt zum Wandern ein.

Gasthaus Schlößle, Rammingen-Lindenau

Inh.: Katharina Steeger, Lindenau, 89192 Rammingen, Telefon 07345-5312

Geöffnet: 8-20 Uhr. **Durchgehend Vesper. Ruhetag:** keinen.

Info: Die Ausstattung hat das Flair vergangener Jahrhunderte. Das Gebäude wurde erstmals 1274 erwähnt und beherbergt in seiner langen Geschichte ein Hospiz, eine Zisterzienserkloster, eine Apotheke und ist nun ein gut besuchtes Vesperlokal mit einem rustikalen Garten. Sollte die Wirtschaft trotzdem einmal geschlossen sein, finden Sie ein Schild mit dem Hinweis: "Bin im Stall".

Küche: Die Vesper reichen vom Sauren Käs bis hin zum hausgemachten Wurstsalat.

Freizeitangebot: Rundwanderung durch das Lonetal.

Ein Mensch beim Essen
ist ein gut' Gesicht ...

So beginnt Carl Zuckmayer sein Loblied
auf's Essen. Zu Recht.
Wenn's allerdings ein voller Genuß sein
soll, gehört das Trinken dazu.
Wir denken dabei immer an unser
Ulmer Münster Bier.

Beliebt und bekannt weit über den
Münsterschatten hinaus, ist's ein
herrlich-frischer Begleiter zu allerlei
Gaumenschmaus.
Oder es ist auf sich ganz allein gestellt:
Am Stammtisch oder am Tresen, dort,
wo Gemütlichkeit und Kommunikation
gesucht und gefunden werden.

Prosit Euch allen!

Ulmer**Münster**Bier
...aus reiner Lebensfreude!

Gasthaus Lamm, Altheim/Alb-Zähringen

Inh.: Hans Buck, Hauptstr.4, 89174 Altheim, Tel.: 07340-538

Geöffnet: 10 - 24 Uhr, **Warme Küche:** keine, **Ruhetag:** Donnerstag und Freitag.

Info: Zähringen liegt hübsch eingebettet am Übergang von Ulmer und Heidenheimer Alb. Das Gasthaus hält verschiedene Räumlichkeiten, von der urigen Wirtsstube über ein Gartenlokal bis zu den modern ländlich eingerichteten Zimmern bereit.

Küche: Hans Buck's Gasthof gilt im weiten Umkreis als besondere Adresse für Liebhaber ländlicher Brotzeiten und Wirtshausatmosphäre. (Prädikat besonders empfehlenswert)

Freizeitangebot: Wanderungen in der bezaubernden Landschaft. Ausflüge zu den nahegelegenen Städten Ulm, Heidenheim und Geislingen.

Gasthof-Metzgerei Engel, Altheim

Inh.: Ernst Ott, Kirchstr.2, 89174 Altheim/Alb, Tel.: 07340-537, Fax: 07340-7456

Geöffnet: Fr. - Mo. 10 - 24 Uhr, Mi. und Do. 10 - 21 Uhr, **Warme Küche:** 11.30 - 14 und 17.30 - 20.30 Uhr, **Ruhetag:** Dienstag.

Lage: Oberhalb von Hungerbrunnen und Lonetal - im Herzen der Ulmer Alb - liegt Altheim auf halbem Weg zwischen Ulm und Heidenheim. Der gemütlich eingerichtete und ausgestattete Gasthof befindet sich direkt an der Ortsdurchgangsstraße.

Küche: Der Gasthof wartet seinen Gästen mit einer empfehlenswerten regionalen Landküche auf. Als besondere Spezialität gilt die donnerstags angebotene Schlachtplatte mit Blut- und Leberwürsten, Kesselfleisch, Sauerkraut und Röstkartoffeln für ganze DM 9.-.

Freizeitangebot: Hungerbrunnental, oberes Lonetal, ev. Pfarrkirche in Altheim, die abwechslungsreiche Hochfläche der Ulmer Alb.

Gasthof Lonetal, Breitingen

Inh.: Fam. Popp, Hinter den Gärten 2, 89183 Breitingen, Tel.: 07340-6171

Geöffnet: 10 - 24 Uhr, **Warme Küche:** 11.30 - 14 Uhr und 17 - 21.30 Uhr, **Ruhetag:** Montag ab 14 Uhr und Mittwoch ganz.

Info: Breitingen, ca. 10 km nördlich von Ulm gelegen, beheimatet an seinem Ortsrand die im oberen Lonetal gut bekannte und beliebte Speisegaststätte Lonetal. In moderner Landgaststättenatmosphäre bietet der Gasthof rund 90 Sitzplätze an. Ein Nebenzimmer bietet 35 Personen den richtigen Rahmen für Festlichkeiten aller Art.

Küche: Mit einer gutbürgerlichen Küchenleistung hat sich die Familie Popp einen guten Namen bei Freunden der schwäbischen Regionalküche gemacht . Zu den besonders zivilen Preisen werden hier typische Landgerichte angeboten.

Freizeitangebot: Lonetalwanderung, Ulmer Alb, Stadt Ulm.

Östliche Alb

"Fünf sind geladen,
zehn sind gekommen,
gieß Wasser zur Suppe,
heiß alle willkommen."

Östliche Alb

Restaurant Meyer´s Keller, Nördlingen

Inh.: Joachim Kaiser, Marienhöhe 8, 86720 Nördlingen, Tel.: 0 90 81 - 44 93

Geöffnet: 11-14 und 18-24 Uhr, **Warme Küche:** 11.30-14 und 18-22 Uhr, **Ruhetag:** Ganzer Montag und Dienstag-Nachmittag

Info: In schöner Ortsrandlage liegt Joachim Kaiser´s Gourmettempel. Ob Sie im elegant ausgestatteten Lokal ein großes Menü, oder unter Kastanien und Linden im deftigen Biergarten kleine Delikatessen zu sich nehmen - Sie werden begeistert sein.

Küche: Es werden nur Gerichte aus marktfrischen Zutaten, die mit größter Sorgfalt und handwerklichem Können zubereitet werden, angeboten. Gepflegt wird eine gehobene Küche internationaler Gourmetprägung.

Freizeitangebot: Nördlingen mit Ries, Karthäusertal mit Klosterruine, Burgruinen Ober- und Niederhaus, Schloß Harburg.

Restaurant-Vinothek Hotel Sonne, Bopfingen

Inh.: Familie Sperber, Am Markt, 73441 Bopfingen, Tel.: 07362-9606-0, Fax: 9606-40

Geöffnet: 11 - 23 Uhr, **Warme Küche:** 11.30 - 14 und 18 - 21.30 Uhr, **Ruhetag:** Sonntagabend und Montagmittag.

Info: Das Hotel liegt im Zentrum des reizenden Ostalb-Städtchens, direkt am Marktplatz. Moderne Gästezimmer und Seminarräume in dem erst 1993 total sanierten Haus, machen es zu einem beliebten Tagungsort.

Küche: Herr Sperber leitet die Küche selbst und bietet leichte Neue Küche. Schwäbische Spezialitäten, aber auch Fisch und Lamm findet der Gourmet auf der Karte. Die kulinarischen Arrangements sind Glanzlichter besonderer Güte und verdienen unser Kompliment. Im Naturgewölbekeller lagern ca. 170 verschiedene Spitzengewächse.

Freizeitangebot: Vielfältiges Kultur- und Freizeitangebot.

Schloßgaststätte Kapfenburg, Lauchheim

Inh.: Peter u. Hannelore Müller, Kapfenburg, 73466 Lauchheim, Tel.: 07363 - 4625

Geöffnet: 9 - 24 Uhr, **Warme Küche:** 11.30 - 14 und 18 - 22 Uhr, **Ruhetag:** Montag.

Info: Die zum Deutschorden gehörende Kapfenburg liegt am Nordtrauf des Härtsfeldes unweit der Autobahn A 7 Würzburg-Kempten. In dem mit jagdlichen Gegenständen und Motiven ausgeschmückten Burggemäuer wartet die Familie Müller mit schwäbischen und mittelalterlichen Spezialitäten auf.

Küche: Das Angebot reicht vom Gruppenessen "Schlemmen wie im Mittelalter" über typisch schwäbische Gerichte bis zum typischen Vesper mit selbstgebackenem Brot und wachholdergeräuchertem Wildschwein-schinken. Empfehlenswert: Die hausgemachten Kuchen und Torten.

Freizeitangebot: Kapfenburg, barockes Residenzschloß Baldern.

Gasthof-Restaurant Roter Ochsen
Lauchheim

Geöffnet: 10.00 - 14.00
und 17.00 - 24.00 Uhr

Warme Küche: 11.30 - 14.00
und 17.00 - 22.00 Uhr

Ruhetag: Montag

Inhaber: Josef Groll
Hauptstraße 24
73466 Lauchheim
Telefon: 0 73 63 - 53 29
Telefax: 0 73 63 - 73 24

Lage: Entlang des steil abfallenden Härtsfeldtraufes führt die Bundesstraße Aalen - Nördlingen dicht an der bereits im Jahre 1431 mit Stadtrecht versehenen Ansiedlung Lauchheim vorbei. In seinem Kern konnte Lauchheim einige bauliche Zeugen der geschichtsträchtigen Vergangenheit bewahren. Zu diesen Kleinoden gehört zweifellos auch das gegenüber des Marktplatzes angesiedelte Restaurant "Roter Ochsen".

Info: Schon von außen macht dieser ländliche Gasthof einen einladenden Eindruck. Im Innern beherrscht ein nostalgisch elegantes Interieur das Ambiente. Die familiäre Atmosphäre des Hauses wird durch den regen und aufmerksamen Service unterstützt. 16 liebevoll eingerichtete Gästezimmer ergänzen das Leistungsangebot.

Küche: Den optischen Eindruck des Hauses verstärkt Josef Grolls bemerkenswerte Küche, die mit vielen großen und kleinen Überraschungen aufwartet. So gehören typisch schwäbische wie auch internationale Gerichte zum großen Repertoire des Hausherrn. Ein von der Chefin bestens geleiteter Service sowie ein besonders erwähnenswertes Preis-Leistungsverhältnis runden den guten Gesamteindruck des Lokals ab.

Auszug aus der Karte: Zanderfilet mit Sahnesauce, Kartoffeln und Salatteller DM 26,50, Rotbarschfilet gebacken mit Sauce-Remoulade, Zitrone, Kartoffeln und Salat DM 19,20, Schweinerückensteak "Forstmeister" mit feinen Pilzen, Spätzle und Salat DM 18,80, Filetsteak mit scharf gewürzter Gemüsegarnitur, Bohnen, Paprika, Perlzwiebeln, Champignons, Speck und Röstkartoffeln DM 33,40.

Freizeitangebot: Kapfenburg, Tafelberg Ipf, Stausee Rainau-Buch, ehemalige Reichsstädte Aalen und Bopfingen mit ihrem vielseitigen Angebot, Tennis.

Kaiserhof-Hotel Sonne, Nördlingen

Inh.: HBB Hotelbau u. Betriebs GmbH & Co.KG, Marktplatz 3, 86712 Nördlingen, Tel.: 0 90 81 - 50 67, Fax: 0 90 81 - 2 39 99

Geöffnet: 11.30 - 22 Uhr, **Warme Küche:** 11.30 - 14 und 18 - 21.30 Uhr, **Ruhetag:** Sonntagabend.

Info: Im Zentrum, neben dem "Daniel", dem weithin sichtbaren Wahrzeichen Nördlingens, steht die ehemalige Kaiserherberge Sonne, die urkundlich erstmals im Jahre 1405 erwähnt wurde.

Küche: Mit großer Sorgfalt werden regionale Köstlichkeiten sowie bodenständige Gerichte aus dem Ries gepflegt und hochgehalten. Hinzu kommen bemerkenswerte und abwechslungsreiche Spezialitätenwochen aus verschiedenen europäischen Regionen.

Freizeitangebot: Mittelalterliche Altstadt Nördlingens mit weitgehend erhaltener Stadtmauer, Daniel mit Kirche, Meteoritenkrater.

Gasthof-Hotel Zum Lamm, Bopfingen-Trochtelfingen

Inh.: I. u. J. Ehinger, Ostalbstr. 115, 73441 Bopfingen-Trochtelfingen, Tel.: 07362 - 4001

Geöffnet: Di. - So. 10 - 24 Uhr, **Warme Küche:** 11.30 - 14 und 18 - 22 Uhr, **Ruhetag:** Montag.

Info: Der Gasthof liegt direkt an der Bundesstraße von Bopfingen nach Nördlingen. In einem liebevoll restaurierten Fachwerkhaus untergebracht, lädt er mit seiner behaglich-rustikalen Ausstrahlung zur Einkehr ein.

Küche: Der Küchenmeister Jörg Ehinger kocht regionale Spezialitäten mit internationalen Akzenten. So finden Sie viele bekannte Gerichte in schmackhaften, jedoch unbekannten Kombinationen und Variationen.

Freizeitangebot: Kesselberg Ipf, Bopfingen, Nördlinger Ries, Schlösser Wallerstein und Baldern.

Landgasthof Vogthof, Röthardt

Inh.: Hans Ilg, Bergbaustr. 28, 73433 Aalen-Röthardt, Tel.: 07361 - 73688

Geöffnet: 10 - 24 Uhr, **Warme Küche:** 11.30 - 13.45 und 18 - 21.45 Uhr, **Ruhetag:** Freitag und jeden 4. Sonntag im Monat ab 14 Uhr.

Info: Unterhalb des Braunenbergs - mit seinem Funk- und Fernsehturm weithin sichtbar - liegt der schön gelegene Vorort Röthardt. Im Vogthof werden auch nette Gästezimmer angeboten.

Küche: Landestypische Spezialitäten, die in gutbürgerlicher Qualität gekocht und von einem aufmerksamen Service gereicht werden, stellen das Gros der reichhaltigen Speisekarte. Die Portionen sind reichlich und preiswert.

Freizeitangebot: Besucherbergwerk, Braunenberg, Stadt Aalen mit vielen Sehenswürdigkeiten.

Brauereigasthof Sonne
Essingen

Geöffnet: 10.00 - 24.00 Uhr

Warme Küche: 11.30 - 13.30
und 17.00 - 22.00 Uhr,
Ruhetag: Donnerstag ab 18.00 Uhr
und Freitag ganz
Fremdenzimmer: kein Ruhetag

Inhaber: Albrecht und Susanne Meyer
Rathausgasse 17
73457 Essingen
Telefon: 0 73 65 - 2 72 (50 31)
Telefax: 0 73 65 - 50 32

Lage: Die ländlich anmutende - ca. 6km westlich von Aalen gelegene - Ostalbgemeinde Essingen schmiegt sich lieblich an die Hänge des noch jungen Remstales. Im Ortszentrum, gegenüber dem Schloß der Barone von Woellwart, lädt dieser schmucke und traditionsreiche Platz gastlicher Begegnung zur Einkehr.

Info: Der bäuerlichen Umgebung angepasst ist das Ambiente des Brauereigasthofes Sonne der seine Gäste in drei voneinander getrennten Räumlichkeiten bewirtet. Ob Sie in der rustikalen Wirtsstube oder in den bürgerlichen Speisezimmern Platz nehmen, die "Sonne" hält genügend Sitzgelegenheiten für angenehme und frohe Stunden, Tagungen oder Familienfeiern bereit. Im Sommer ist die schöne Terrasse geöffnet.

Küche: Albrecht Meyer bietet von einfachen Landgerichten bis zu köstlichen Gaumenfreuden ein reichhaltiges Angebot an gutbürgerlich schwäbischen und internationalen Lukullitäten. Neben den ganzjährig vertretenen ortstypischen Speisen favorisiert der passionierte Koch und Gastwirt einen optimalen Saisonreigen aus stets frischen und schmackhaften Gerichten.

Auszug aus der Karte: Tagessuppe DM 3,50, Pfifferlingrahmsuppe mit Sahnehaube DM 6,50, Schweinelendchen mit Apfelscheiben in Calvadossahne, Kroketten und buntgemischtem Salatteller DM 22,80, Saftiger Frischlingsbraten in Trollingersahne, Spätzle oder Semmelknödel und gemischtem Salatteller DM 21,80, Zanderfilet "Müllerin Art" mit Buttersauce, Dillrisotto und Blattsalaten in Kräuterdressing DM 24,50, Sonnenpfännle mit Pfifferlingrahmsoße und Kässpätzle DM 23,80..

Freizeitangebot: Kegelbahnen auf Vorbestellung, Essingen ist Ausgangspunkt für schöne Wanderungen und Spaziergänge durch die abwechslungsreiche Ostalblandschaft. Limesthermen Aalen, Limesmuseum Aalen, Skizentrum Hirtenteich. Tiefer Stollen Wasseralfingen, Wandern im Felsenmeer Wental.

Hotel-Gasthof Im Pelzwasen, Aalen

Inh.: Dieter Jörg, Eichendorffstr. 10, 73431 Aalen, Tel.: 07361 - 31761, Fax: 36463

Geöffnet: Mittags außer Mo. und Di. 11-14 Uhr, Abends Mo. 18-20 Uhr, Di.-Fr. 17.30-24 Uhr, Sa. 17.30 - 1 Uhr, **Warme Küche:** 11.30 - 14 und 18.00 - 21.30 Uhr, **Ruhetag:** Sonntag Abend, Montag und Dienstag nachmittags.

Info: In ruhiger Höhenlage des Stadtteil Pelzwasen, bietet der Gasthof eine dem Gast zugetane Gastronomie. Bei gutem Wetter steht außer den freundlichen Gasträumen noch eine große, bewirtete Sonnenterrasse zur Verfügung.

Küche: Die Küche obliegt Dieter Jörg, der regionale Spezialitäten und internationale Gerichte in vielfältiger Auswahl und verfeinerter Form zu angemessenen Preisen bietet.

Freizeitangebot: Kocherursprung, großes Freizeitangebot in Aalen.

Hotel-Gasthof Grauleshof, Aalen

Inh.: Alois Graule, Ziegelstraße 155, 73431 Aalen, Tel.: 07361 - 32469, Fax: 36218

Geöffnet: 11-14 und 17.30-23 Uhr, **Warme Küche:** 11.30 - 14 und 18.00 - 21.30 Uhr, **Ruhetag:** Montag.

Info: Der Hotel-Gasthof liegt nur wenige Kilometer vor dem Stadtkern in landschaftlich reizvoller Lage am Fuße des Härtsfelds. Sie erreichen ihn von der Autobahn Würzburg-Kempten Ausfahrt Aalen-Oberkochen oder von Aalen aus über die Landstraße nach Waldhausen-Neresheim.

Küche: Alois Graule´s bekannt gute Küche ist ein beliebter Treffpunkt für Freunde schwäbischer Gaumenfreuden, die dem modernen Kochstil angepasst, aber nicht überzüchtet wurde.

Freizeitangebot: Besucherbergwerk Tiefer Stollen, Thermalbad, Skilifte und Loipen, Wanderungen zum Braunenberg.

Gasthof Falken, Aalen

Inh.: Rolf Rettenmaier, Schubartstraße 12, 73430 Aalen, Tel.: 07361 - 62780

Geöffnet: Di.-Sa. 10-14 und 17.00-23.30 Uhr, So. und Feiertage 10-14 Uhr, **Warme Küche:** 11.30 - 14 und 17.30 - 21.30 Uhr, **Ruhetag:** Montag.

Info: Im Aalener Bankenviertel, unweit des Bahnhofes, betreibt Rolf Rettenmaier sein gutbürgerliches Speiselokal. Die Einrichtung ist gediegen-rustikal mit einer sehr ansprechenden Note.

Küche: Abwechslungsreich ist das Küchenangebot. Neben internationalen Gerichten werden vor allem Spezialitäten der Ostalb gerne bestellt. Vielleicht weil die Küche nicht nach Sternen und Kochmützen strebt, sondern auf regionale und klassische Zubereitung setzt, herrscht reger Besucherandrang.

Freizeitangebot: Stadtkern Aalen, diverse Museen, Thermalbad.

Roter Ochsen
Aalen

Geöffnet: *10.00 - 14.00
und 17.00 - 24.00 Uhr*

Warme Küche: *11.00 - 14.00
und 17.00 - 22.00 Uhr*

Ruhetag: *keinen*

Inhaber: *Familie Schatzmayr
Radgasse 9
73430 Aalen
Telefon: 0 73 61 - 6 25 17
Telefax: 0 73 61 - 6 91 34*

Lage: Im Herzen von Aalen, hinter dem alten Rathaus, in einer Seitengasse der Fußgängerzone befindet sich Schatzmayr´s Roter Ochsen. Parkmöglichkeiten für Pkw und Busse stehen im Hof oder ca. 40 m entfernt im Busbahnhof Gmünder Torplatz zur Verfügung.

Info: Der Rote Ochsen empfiehlt sich für Treffs, Gesellschaften und Veranstaltungen aller Art und zählt in Gastraum, Nebenzimmer und kleinem Saal 130 Sitzplätze. Schon beim Betreten durch das schöne schmiedeeiserne Tor und dem anschließenden Treppenhaus spürt man die im Haus gepflegte, herzliche Gastlichkeit. Die Räumlichkeiten sind gediegen ausgestattet und mit zierenden Originalstücken aus der guten alten Zeit liebevoll ausgeschmückt.

Küche: Der renommierte Koch Siegfried Schatzmayr offeriert eine gutbürgerliche Küche, deren Leistungsfähigkeit sich in der vielseitigen Speisekarte mit ihren ausgesuchten Köstlichkeiten widerspiegelt. Nicht nur der regionalen Gerichte wegen, die mit Liebe und Hingabe aus hochwertigen Rohprodukten zubereitet werden, verdient die Küche Anerkennung. Ergänzt wird die lobenswerte Küchenleistung durch einen aufmerksamen Service.

Auszug aus der Karte: Tagessuppe DM 4,50, Schwäbischer Sauerbraten in Trollinger-Rotweinsauce, Preißelbeeren mit Sahne und hausgemachten Eierspätzle DM 16,80, Kalbsrückensteak in Pfifferlingrahmsauce mit altem Sherry verfeinert und hausgemachten Eierspätzle DM 26,80, Hausplatte Roter Ochsen mit Kalbs-, Rinder- und Schweinefilets in herzhafter grüner Pfefferrahmsauce, Grilltomate, weißem und grünem Spargel, Wildreisduo, hausgemachten Eierspätzle und Kartoffelbällchen DM 32,80.

Freizeitangebot: Fußgängerzone, Marktbrunnen, diverse Museen, Thermalbad, Besucherberwerk Tiefer Stollen, reichhaltiges Sportangebot.

Weißes Rössle, Königsbronn

Inh.: Lorenz Lindenmeyer, Zanger Str. 1, 89551 Königsbronn, Tel.: 07328 - 6282

Geöffnet: 10-14.30 und 17-24 Uhr, **Warme Küche:** 11.30-14 und 17-22 Uhr, **Ruhetag:** Montag, Sonn- und Feiertags ab 14 Uhr.

Info: Bereits 1552 wurde das Rössle als Wirts- und Bindehaus des Zisterzienserklosters Königsbronn erwähnt. Mit seinem großen und stimmungsvollen Biergarten bietet es - direkt am Quelltopf der Brenz-eine Besonderheit.

Küche: Herr Lindenmeyer unterhält hier einen Ort traditionsreicher Gastlichkeit mit seiner weithin bekannten Küche schwäbischer Prägung. Eine Spezialität des Hauses ist das Spanferkelessen für Gesellschaften.

Freizeitangebot: Brenztopf, Itzelberger See, Torbogenmuseum, Landesfischereimuseum

Hotel Asbrock "Goldenes Lamm", Aalen-Unterkochen

Inh.: Fam.Asbrock, Kocherstr.8, 73432 Aalen-Unterkochen, Tel.: 07361 - 8182, Fax: 88282

Geöffnet: ganzjährig, **Warme Küche:** 12 - 14 und 18 - 21.45 Uhr, **Ruhetag:** keinen.

Info: Raum und Rahmen für jeden Anlass bietet das im Herzen von Unterkochen liegende Familienhotel. Hier finden Sie Charme diskret und traumhaft in Szene gesetzt.

Küche: Zum Fest für die Augen gesellen sich kulinarische Köstlichkeiten aus Küche und Keller - die lustvoll zelebriert - ungeahnte Gaumenerlebnisse möglich machen.

Freizeitangebot: Vielseitiges Theater- und Museumsangebot von Aalen, Umweltmuseum, Optisches Museum Carl Zeiss, Besucherbergwerk Tiefer Stollen, Limes-Thermen, Spaziergang zum reizvollen Kocherursprung.

Hotel-Restaurant Adler, Aalen-Waldhausen

Inh.: H.Dambacher, Deutschordenstr.8, 73432 Aalen, Tel.:07367-2004, Fax: 20 07

Geöffnet: 10-14 und 17-24 Uhr, **Warme Küche:** 11 - 14 und 17.30 - 22 Uhr, **Ruhetag:** Montag.

Info: Direkt neben der Kirche in Waldhausen, das Sie über die Autobahnausfahrt Aalen-Oberkochen der A 7 leicht erreichen, unterhält die Familie Dambacher ihr wirklich empfehlenswertes Restaurant.

Küche: Da ausschließlich frische und wertvolle Produkte verarbeitet werden, beinhaltet die handgeschriebene Karte nur saisonbedingte Spezialitäten. Leistung, Qualität und Preis stimmen und für Kenner guter Tröpfchen hält man stets einige Raritäten bereit.

Freizeitangebot Benediktinerkloster Neresheim, ehemalige Deutschordensburg Kapfenburg, Kocherursprung, Stadt Aalen.

Restaurant Palast
Aalen

Geöffnet: 11.00 - 14.00
und 17.00 - 24.00 Uhr
Sa. und So. 11.00 - 1.00 Uhr

Warme Küche: 11.00 - 14.00
und 17.00 - 24.00 Uhr

Ruhetag: Montag

Inhaber: Karabulut Berat
Gerberstraße 16
73430 Aalen
Telefon: 0 73 61 - 68 04 00

Lage: Schon früh entwickelte sich in Aalen eine reiche und vielgestaltige multikulturelle Gastronomie. So verwundert es kaum, daß sich in ihren Mauern ein Lokal dieser Prägung etablierte. Die Gerberstraße liegt zwar etwas versteckt aber trotzdem leicht auffindbar im erweiterten Stadtkern. Am Besten fahren Sie aus Richtung Wasseralfingen an. Die 2. Ampel nach der Esso-Tankstelle rechts und dann gleich wieder rechts. Großer Parkplatz vor dem Haus.

Info: In einem Teil des ehemaligen "Milchwerkes" wurde das orientalische Restaurant Palast eingerichtet. Eine moderne Konzeption mit einer lobenswerten Gastfreundlichkeit stellen den Rahmen für ein Eßvergnügen ganz anderer Art. Daneben bietet der Gastgeber für Geburtstagspartys, Jubilarfeiern oder sonstige Anlässe die Gestaltung orientalischer Abende für bis zu 150 Personen an. Jeden ersten Samstag im Monat Orientalischer Abend mit Bauchtanz.

Küche: Der Besuch des Palast-Restaurants eröffnet neue Geschmacksideen und erweckt Eindrücke bleibender Art. Die Fremdartigkeit beginnt schon mit dem Aussuchen der Speisen. Für ein besseres Verständnis der Karte werden die Gerichte in der Unterzeile deutsch beschrieben. Aus dem Text ersehen Sie dann, daß die meisten Zutaten Ihnen wohl bekannt sein werden. Also keine Angst - es lohnt sich wirklich! Was Sie hier auf den Teller bekommen, glänzt durch Ideenreichtum, Vielfältigkeit, Originalität und Klasse.

Auszug aus der Karte: Mercimek Corbasi (Rote Linsensuppe) DM 5.--, Palast Mezesi (gemischter Vorspeisenteller) groß DM 12.--, klein DM 7.--, Firinada Balik (im Ofen gegarte Forelle in Tomaten-Zwiebel-Knoblauchfüllung), Kartoffeln, Salat DM 18.--, Palast Hzgara (gemischte Grillplatte mit Reis und Salat) DM 22.--, ET Sote (Rindfleisch in der Pfanne gebraten, mit Paprika, Tomaten, Zwiebeln, Reis DM 13.--, Türkische Maultaschen mit Hackfleisch gefüllt in Knoblauchsoße DM 14.-.

Freizeitangebot: Die alte Reichsstadt Aalen mit seinen vielen Museen und kulturellen Angeboten. Die schöne Landschaft der Ostalb sowie viele Freizeit- und Sportangebote.

AUF NATÜRLICHE ART
GESUND UND FIT
LEBEN

BIOTIK - PHARMA

svp écoulement
Postfach 1909
89509 Heidenheim

Hotel-Restaurant Am Rathaus
Oberkochen

Geöffnet: Hotelbetrieb

Warme Küche: 11.00 - 14.00
und 17.30 - 22.00 Uhr

Ruhetag: Freitag

Inhaber: Paul Weeber
Am Rathaus
73447 Oberkochen
Telefon: 0 73 64 - 3 95 / 3 96
Telefax: 0 73 64 - 59 55

Lage: Oberkochen, Zentrum der optischen und werkzeugherstellenden Industrie, liegt auf halbem Wege zwischen Aalen und Heidenheim im noch jungen Kochertal. Und genau hier liegt ein Hotel-Restaurant mit Weltstadt-Flair. Durch die Anbindung Oberkochens an die Autobahn Würzburg-Kempten und die Lage an der Bundesstraße Aalen-Ulm ist Oberkochen leicht und bequem zu erreichen. In der Stadt ist der Weg zum Rathaus und somit auch zum Hotel-Restaurant "Am Rathaus" gut beschildert und leicht zu finden.

Info: Im großzügig eleganten Stil präsentiert sich das Hotel-Restaurant, dessen internationales Flair vom Gastgeberehepaar begründet wurde. Das Restaurant entspricht in Bezug auf Behaglichkeit und Eleganz der gehobenen Kategorie. Mit viel Liebe zum Detail eingerichtete und ausgestattete Räume sowie eine edle Hotelbar dienen der Bewirtung der Gäste aus aller Herren Länder. Bei schönem Wetter lädt die große Terrasse zum Verweilen unter freiem Himmel ein. Mit seinen modernen und geschmackvoll eingerichteten Gästezimmern bietet das Haus gute Übernachtungsmöglichkeiten.

Küche: Hausherr Paul Weeber weiß immer etwas Besonderes zu bieten, wobei die Jahreszeiten und das frische Angebot den Küchenzettel diktieren. Mit seiner modernen, auf regionalen und internationalen Gerichten basierenden Küche verdient er großes Lob und Anerkennung. Zweifellos profitiert der Gast von der reichen Erfahrung und Kreativität des Küchenchefs. Schon das Studium der Karte macht Spaß und regt den Appetit auf das Kommende an.

Auszug aus der Karte: Schwäbische Maultaschensuppe mit Zwiebelschmälze DM 5.50, zarter Lammrücken im Speckmantel gebraten, Prinzeßbohnen und Schupfnudeln DM 26.80, Gemüseteller mit Dampfgegartem Gemüse (ohne Fett) Sauce Hollandaise und Salzkartoffeln DM 16.80, Kocherforelle blau mit zerlassener Butter, Salzkartoffeln und Salattetter von Gartensalaten DM 23.80.

Freizeitangebot: Optisches Museum der Carl Zeiss Werke, Stadt Oberkochen, Kocherursprung, Volkmarsberg, Klosterhof Königsbronn.

Östliche Alb

Gasthof im Wental, Bartholomä

Inh.: Georg Lieb, Wentalgasthof, 73566 Bartholomä, Tel.: 07173-978190

Geöffnet: 10 -24 Uhr, **Warme Küche:** 11.30 - 14 und 17 - 21.30 Uhr, **Ruhetag:** Montag.

Info: Im herrlichen Natur- und Landschaftschutzgebiet Wental liegt dieser große Ausflugsgasthof. In mehreren gemütlich eingerichteten Räumen wird der Gast stets gut bewirtet. Für Freunde zünftiger Grillparties steht nach entsprechender Terminabsprache der hauseigene Wentalstadel zur Verfügung.

Küche: Ihr leibliches Wohl kommt bei den vielen Gerichten von Hausmacherwurst mit Bauernbrot bis zum Festmenü nicht zu kurz. Selbstgemachter Kuchen und Torten runden das Angebot bestens ab.

Freizeitangebot: Interessantes Gebiet für Hobbygeologen im Felsenmeer Wental und im Steinheimer Becken.

Haus Anita, Bartholomä

Inh.: Hans u. Elfriede Hägele, Am Bärenberg, 73566 Bartholomä, Tel.: 07173 -75 65

Geöffnet: 11 -24 Uhr, **Warme Küche:** 11.30 - 14 und 17 - 21 Uhr, **Ruhetag:** Freitag.

Info: In herrlich ruhiger Waldrandlage mit einem weiten Blick über die Albebene, lädt das Haus Anita zur Rast. Bei guter Witterung wird auch auf der Terrasse, die sich neben einer großen Spielwiese befindet, serviert. Besonders für Familien mit Kindern empfehlenswert.

Küche: Was der Schwabe besonders mag, kann man hier zu zivilen Preisen genießen. Stolz ist die Wirtin besonders auf ihr reichhaltiges Salatbufett.

Freizeitangebot: Wander- und Radwege zum Rosenstein sowie ins nahegelegene Wental.

Gasthof Jägerhaus, Heubach

Inh.: Otto und Karin Heidler, Schloß Taxis, 89561 Dischingen, Tel.: 07327 - 425

Geöffnet: Di.-Sa. ab 17-22 Uhr, So. 11-14.30 und 17-22 Uhr, **Ruhetag:** Montag und jeder 1.Samstag im Monat.

Info: Das Jägerhaus liegt etwas versteckt außerhalb von Heubach an der Landesstraße nach Bartholomä-Heidenheim. Wer es gemütlich liebt, findet hier eine gute Adresse.

Küche: Die regionale, gutbürgerliche Küche mit ihren vielen Spezialitäten erfreut den Einkehrenden. Das Preisniveau entspricht dem Gebotenen.

Freizeitangebot: Rosenstein, "Himmelreich", Städtchen Heubach.

Brauerei-Gasthof Goldener Hirsch
Heubach

Geöffnet: Di.-Fr. 11.30-14.00
und 17.00-23.00 Uhr
Sa. ab 17.30-23.00 Uhr
So. 11.00-14.00 und
17.00-22.00 Uhr

Ruhetag: Montag

Pächter: Ulrich u. Heike Leichter
Hauptstraße 86
73540 Heubach
Telefon: 0 71 73 - 87 00
Telefax: 0 71 73 - 20 70

Lage: Die malerisch in den Albtrauf eingebettete Kleinstadt Heubach hält an ihrem Stadtrand (Richtung Heidenheim) ein kulinarisches und architektonisches Kleinod bereit, das aus allen Himmelsrichtungen auf gut ausgebauten Landstraßen erreichbar ist.

Info: Im Stile schwäbischer Brauereigaststättentradition ist der Goldene Hirsch großzügig angelegt und ausgestattet. Gediegenheit, gekonnt durch viele Accessoires in Szene gesetzt, bestimmt das Interieur dieses, seit 1725 im Privatbesitz befindlichen Anwesens. Man spürt in jedem der unterschiedlich ausgestatteten Gasträume die warme und schöpferische Hand der Hausherrin, der es gelungen ist eine Verbindung aus Tradition und Gegenwart zu schaffen.

Küche: Ulrich Leichter und seine Brigade verstehen es, die gemeinhin als regional bezeichneten Gerichte in veränderter, aufgewerteter Form zu präsentieren. Das Preis-Leistungsverhältnis des reichhaltigen und abwechslungsreichen Angebotes stimmt von der Suppe bis zum Dessert. Engagement und Können vereinen sich zu einer bodenständigen, gutbürgerlichen Küchenleistung, die auch mit einem großen und empfehlenswerten Vesperangebot aufwartet.

Auszug aus der Karte: Maultaschensuppe DM 4,50, Zwiebelsuppe mit Käseröste DM 5,20, Pfeffersteak mit Cognac flambiert, verschiedene Gemüse und Kartoffelkroketten DM 26.-, Hirschbrettle (verschiedene Fleischsorten) Kräuterbutter und Salatschüssel DM 22.-, Bauerntöpfle aus Schweinerücken, Speck und Spätzle DM 18.-, Rumpsteak mit Pfifferlingen, Kartoffelkroketten und Salat DM 26.-, Holzfällersteak, Speck, Paprika, Kräuterbutter und Salat DM 14,50.

Freizeitangebot: Rosenstein mit Burgruine, schöne Rundwanderwege und Höhlen, "Kaltes Feld" mit vielen schönen Spazier- und Wanderwegen, Städtchen Heubach, Ruine Lauterburg. Miedermuseum.

131

Östliche Alb

Brauereigaststätte Hirsch, Söhnstetten

Inh.: E.Schmitt, Heidenheimer Str. 27, 89555 Steinheim-Söhnstetten, Tel.: 07323- 6558, 5815

Geöffnet: 11 -24 Uhr, Sonn- u. Feiertags 11-20.30 Uhr, **Warme Küche:** 11.45 - 13.30 und 17.30 - 20.30 Uhr, **Ruhetag:** Donnerstag.

Info: Die kleine Hirschbrauerei unterhält hier an der Ortsdurchfahrt Söhnstetten ein Speiselokal für Liebhaber ländlich-bodenständiger Ausstattung und Bewirtung.

Küche: Wie bei Muttern zu Hause und das zu Preisen von anno dazumal. Tagessuppe DM 2,20, Sonntagsmenü bestehend aus Suppe, Hauptgericht und Dessert DM 13,50, Werktagsmenü DM 8.-. Zum Ausschank kommt Bier aus der eigenen Hausbrauerei.

Freizeitangebot: Eine Vielzahl von Wandermöglichkeiten in die nähere und weitere Umgebung.

Restaurant Sonnenhof, Waldstetten

Inh.: Helmut Hilse, Lauchgase 19, 73550 Waldstetten, Tel.: 07171 - 42309, Fax: 44843

Geöffnet: 11 - 15 und 17.30 - 24 Uhr, **Warme Küche:** 12 - 14 und 17.30 - 22 Uhr, **Ruhetag:** Montag.

Info: Am Fuße von Rechberg und Stuifen liegt die Gemeinde Waldstetten, in deren Neubaugebiet sich der in gehobener Ausstattung eingerichtete Sonnenhof befindet. Mehrere Hinweisschilder helfen Ihnen beim Auffinden des Restaurants.

Küche: Die ganze Fülle der neuen, kreativen Küche anzubieten, ist das Bestreben von Helmut Hilse, einem Gastronom mit Passion. Schauen Sie doch möglichst bald einmal vorbei. Es lohnt sich!

Freizeitangebot: Spaziergänge zum Rechberg und Stuifen, Stadt Schwäbisch Gmünd.

Die Fuggerei, Schwäbisch Gmünd

Inh.: A.u. E. Bofinger, Münstergasse 2, 73525 Schwäbisch Gmünd, Tel.: 07171 - 30003

Geöffnet: 11.30 -15 und 17.30 - 24 Uhr, Samstag ab 18 Uhr, **Warme Küche:** 12 - 14 und 17.30 - 21.30, **Ruhetag:** Dienstag, **Betriebsferien:** 1. und 2. Januarwoche

Info: Direkt neben dem Gmünder Heilig Kreuz Münster befindet sich das historische Restaurant mit seiner, von der Pächterfamilie betriebenen Top-Gastronomie. Parken sollten Sie im Parkhaus II.

Küche: Albert Bofinger pflegt eine regional neue, leichte Küche in lobenswerter Qualität. Neben der reichhaltigen Speisekarte werden wechselnde Menues mit 3, 5 und 7 Gängen kredenzt. Die hierzu verwendeten Zutaten stammen zum Teil aus eigener Jagd sowie vom Fischmarkt des Tages.

Freizeitangebot: Stadtbummel, viele Baudenkmäler, Münster.

Hotel-Gasthof Krone
Schwäbisch Gmünd - Straßdorf

Geöffnet: 11.00 - 14.00
und 17.00 - 24.00 Uhr

Warme Küche: 11.30 - 14.00
und 17.00 - 22.00 Uhr
Ruhetag: Mittwoch ab 15.00 Uhr
und Samstag ganztägig

Inhaber: Familie Kaißer
Einhornstraße 12
73529 Schwäbisch Gmünd
Telefon: 0 71 71 - 4 10 71
Telefax: 0 71 71 - 4 32 81

Lage: Der Schwäbisch Gmünder Stadtteil Straßdorf liegt auf halber Höhe zwischen Rechberg und Remstal und hat der Überlieferung nach seinen Namen von der Lage an einst wichtigen Straßenzügen erhalten. Unweit der beampelten Straßenkreuzung Rechberg-Waldstetten-Göppingen-Schwäbisch Gmünd befindet sich der Hotel-Gasthof. Gute Parkmöglichkeiten sind hinter dem Haus vorhanden.

Info: Schlicht, ohne effektheischendes Dekor, ländlich-sittlich ausgestattet und eingerichtet, präsentiert dieses sympatische Restaurant seinen Gästen ein der Küche adäquates Ambiente. Gemütliche Stuben und Sitzgelegenheiten ermöglichen einen angenehmen und schönen Aufenthalt in diesem typisch süddeutschen Familienbetrieb mit der unverkennbar anheimelnden Atmosphäre.

Küche: Gutbürgerliche, schwäbische und überregionale Gerichte machen das Gros des recht umfangreichen und traditionsbewußten Speiseangebotes aus. Die ungekünstelten und auf einwandfreier Frischware basierenden Gaumenfreuden unterliegen dem Marktangebot der Saison. Ohne Reue und zu durchaus angenehmen Preisen lässt sich das gefällige, optisch liebevoll angerichtete und geschmacklich einwandfreie Angebot an kalten, warmen und flüssigen Pikanterien genießen.

Auszug aus der Karte: Tomatencremesuppe DM 5,20, Kleines, paniertes Schnitzel mit Pommes frites und Salatteller DM 10,80, Schwäbischer Sauerbraten mit Spätzle und Salatteller DM 19,50, Zwiebelrostbraten mit Butterkartöffele und Salatteller DM 22.-, Gemischtes vom Kalb aus Kalbshaxenfleisch und gefüllter Kalbsbrust, dazu Spätzle und Salat DM 21,50, Feines vom Reh, bestehend aus Rehmedaillons und Rehkeule in feiner Wildrahmsauce, garniert mit Pfifferlingen und Preiselbeerbirne, Spätzle und Salat DM 29,50.

Freizeitangebot: Stauferstadt Schwäbisch Gmünd mit vielen Baudenkmälern aus der reichen und bewegten Geschichte der Stadt, Burgruine Hohenrechberg mit Wallfahrtskirche zur schönen Maria.

Östliche Alb

Landhotel Zur Kanne, Nereseim-Ohmenheim

Inh.: G. Linder, Brühlstr. 2, 73450 Nereseim-Ohmenheim, Tel.: 07326 - 8080, Fax: 80880

Geöffnet: Hotelbetrieb, **Warme Küche:** 11.30-14 und 18 -22.00 Uhr, **Ruhetag:** keinen.

Info: In der Orstmitte von Ohmenheim, das an der schwäbischen Albstraße - unweit der weltbekannten Benediktinerabtei Neresheim - liegt, befindet sich das Landhotel. Das Restaurant mit fünf in gehobenem, rustikalem Stil eingerichteten Gasträumen bietet Komfort für jeden Anlass.

Küche: Der Küchenchef verwöhnt Sie mit seinem Team in gutbürgerlicher Manier mit typisch Schwäbischem, kulinarischen Leckerbissen und internationalen Schmankerln.

Freizeitangebot: Kloster Neresheim, Mittelalterliches Nördlingen, Meteoritenkrater Ries mit interessanter Geologie.

Schloßgaststätte Taxis, Dischingen

Inh.: Otto u. Karin Heidler, Schloß Taxis, 89561 Dischingen, Tel.: 07327 - 425

Geöffnet: 7-24 Uhr, **Warme Küche:** 11.30 - 14 und 17 - 21 Uhr, **Ruhetag:** Montag.

Info: Inmitten der wunderschönen Sommerresidenz des Fürsten von Thurn und Taxis befindet sich die Schloßgaststätte. Für Übernachtungsgäste stehen modern eingerichtete Zimmer zur Verfügung.

Küche: Nach allen Regeln der gutbürgerlichen Küche können Sie sich hier in behaglicher Kulisse verwöhnen lassen. Zum Ausschank werden die weit bekannten Taxis-Biere sowie viele Württemberger Weine serviert.

Freizeitangebot: Schloßanlage Taxis, bezauberndes Härtsfeld, Härtsfeldsee, Burg Katzenstein, Kloster Neresheim.

Landgasthof Löwen, Zang

Inh.: F. Widmann, Struthstr. 17, 89551 Königsbronn-Zang, Tel.: 07328 - 6292, Fax: 7537

Geöffnet: 10 -15 und 17.30 -24 Uhr, **Warme Küche:** 11.30 - 14.15 und 17.30 - 21.30 Uhr, **Ruhetag:** Dienstag, Mittwoch bis 18 Uhr, **Betriebsferien:** 3. und 4. Augustwoche

Info: Der im Landhausstil erbaute und eingerichtete Gasthof ist eine kulinarische Pilgerstätte für die Liebhaber der schwäbisch-regionalen Küche. Es stehen auch komfortable Zimmer zum Übernachten bereit.

Küche: Frank Widmann gehörte 1992 zum A-Kader der Deutschen Kochnationalmannschaft an und gewann im selben Jahr bei der Olympiade der Köche in Frankfurt die Bronzemedaille. Ein gehobenes Speiseangebot, das Heidschnucken- und Zieckleinfleisch aus eigener Zucht beinhaltet, läßt jedes Gourmetherz höherschlagen.

Freizeitangebot: Kutschenfahrten, 2 Tennisplätze.

Bei Niko - Brauereigaststätte zum Ochsen
Nattheim

Geöffnet: 11.00 - 14.00
und 17.00 - 23.00 *Uhr*

Warme Küche: wie Öffnungszeiten

Ruhetag: Montag

Inhaber: Niko Theofilaktidisk
Hauptstraße 14
89564 Nattheim
Telefon: 0 73 21 - 79 29

Lage: Im Ortskern von Nattheim, das verkehrsgünstig ca. 5km nordöstlich von Heidenheim an der Bundesautobahn A 7 liegt, betreibt der rührige Wirt ein griechisches Spezialitätenrestaurant mit besonderer Note. Der Brauereigasthof Ochsen ist leicht zu finden, da er sich direkt an der Durchgangsstraße von Giengen nach Neresheim befindet. Großer Parkplatz für Pkw und Busse auf dem Brauereigelände.

Info: Dieses vorzügliche Spezialitätenrestaurant ist Treffpunkt für Liebhaber und Kenner einer guten südländischen Küche. Der vornehm und gediegen ausgestattete Brauereigasthof Ochsen ist eine Pilgerstätte für leibliche Genüsse. Es wurde bewußt auf eine üppige Dekoration verzichtet, um Raum für wechselnde Ausstellungen heimischer Künstler zu schaffen. Im Sommer wird, wenn der Wettergott mal gute Laune hat, auf der Gartenterrasse (bis 22 Uhr) serviert.

Küche: Wer hier einkehrt hat angesichts des großen Angebotes an verführerischen Speisen die Qual der Wahl. Neben den bekannten griechischen Gerichten wird von Mittwoch bis Freitag frischer Fisch vom Grill angeboten. Seezunge, Seebrasse, Tintenfisch sowie Forellen aus dem eigenen Härtsfeldbach. Niko´s Gäste profitieren von den unterschiedlichen Geschmacksrichtungen der Küche, die sich durch ein qualitativ gutes, abwechslungsreiches und preisgünstiges Angebot auszeichnet.

Auszug aus der Karte: Mousaka (Auberginen-Hackfleisch-Auflauf mit Salat) DM 18.50, Nattheimer Teller (1 Souvlaki, 1 Lammfiletspieß, 1 Bifteckl gefüllt mit Schafskäse, 1 Schweinelendchen, verschiedene Beilagen), Bauernsalat DM 28.--, Souvlaki (2 Fleischspieße, Kartoffeln und Salat) DM 17.50, Ochsensteak mit Champignon, Kartoffeln und Salat DM 25.50, Königskrabben vom Grill mit Gemüse, Kartoffeln und Salat DM 29.50.

Freizeitangebot: Schöne Waldwege für Spaziergänge, viele Bonerzgruben und Naturdenkmale. Die nahegelegenen Städte Heidenheim und Giengen sowie das Kloster Neresheim.

Östliche Alb

fresh Restaurant, Heidenheim

Inh.: Karin Schnabel, Eugen-Jaeckle-Platz 1, 89518 Heidenheim, Tel.: 07321-24647

Geöffnet: Mo.- Fr. 11.30 - 15 Uhr, Samstag 11.30 - 14 Uhr, **Ruhetag:** Sonn- und Feiertags.

Info: Das "andere Tageslokal" liegt etwas versteckt in einem verträumten Winkel der Heidenheimer Fußgängerzone. In dem aus dem 16.Jahrhundert stammenden, stilvoll renovierten Haus befindet sich die modern eingerichtete Gaststätte. (Rauchverbot im Lokal).

Küche: Wer die moderne Naturküche liebt, findet hier ein gutes, preisgünstiges und gesundes Angebot an frischen und zum großen Teil biologisch angebauten Ingredenzien. Nudel-, Reis- und Kartoffelgerichte, wie Lamm-, Puten- und Fischspezialitäten machen das Lokal zu einem Geheimtip für Vollwertfreunde.

Freizeitangebot: Stadt Heidenheim, Freizeitanlage Hellenstein.

Weinstube zum Pfauen, Heidenheim

Inh.: Ingo Scherff, Schloßstr. 26, 89518 Heidenheim, Tel.: 07321 - 45295

Geöffnet: täglich 11.30 - 14 und 18.30 - 24 Uhr, Samstags ab 18 Uhr, Montag ab 18.30 Uhr, **Ruhetag:** Sonntag, **Betriebsferien:** KW 1 u. 2.

Info: Nach Übernahme der Weinstube zum Pfauen durch Ingo Scherff im Jahre 1986 hat sich Ausstattung und Küchenangebot gewandelt. Gediegenheit umgibt den Gast. Die Tische sind elegant mit frischen Blumen, Silber, Stoffservietten und Gläsern eingedeckt.

Küche: Geboten wird eine gehobene Küche aus stets frisch und mit viel Sorgfalt zubereiteten Speisen. Unser Menu zeugte von liebevoller Zubereitung, optisch lobenswerter Anrichtung und geschmacklich gut aufeinander abgestimmter Zusammenstellung. Das reichliche Weinangebot ergänzte den guten Eindruck des Lokals.

Freizeitangebot: Schloßanlage Heidenheim, Museum im Römerbad.

Konditorei-Café Sonnleitner, Heidenheim

Inh.: A.Böhm u. J. Sonnleitner, Hauptstr. 32, 89518 Heidenheim, Tel.: 07321 - 23090

Geöffnet: Mo.- Fr. 8.30 - 18.30, Sa. 8.30 - 14 Uhr, **Ruhetag:** Sonntag.

Info: Das traditionsreiche Café mit luftigem Wintergarten liegt direkt in der Fußgängerzone. Mit gemütlicher Atmosphäre lädt es zum Verweilen ein. Aus dem Wintergarten kann man neben dem reichhaltigen Kaffeehausangebot auch das pulsierende Einkaufstreiben Heidenheims genießen.

Küche: Drei täglich wechselnde Tagesessen ergänzen das reichhaltige Konditoreiangebot. Von Schokoladenspezialitäten über kleine Erfrischungen, Eisdrinks, Torten, Kuchen, Milchspeise- und Fruchteisbecher, Milch-Mixgetränken bis zu Diabetiker-Spezialitäten finden Sie viele kleine und größere Genüsse.

Freizeitangebot: Schloß Hellenstein, Museum im Römerbad.

Ristorante Jonio
Heidenheim

Geöffnet: 10.00 - 24.00 Uhr

Warme Küche: 11.00 - 23.30 Uhr
durchgehend

Ruhetag: Von Okt.-Mai Mittwoch
Übrige Zeit kein Ruhetag

Inhaber: Giovanni Malagrino
Scheidemannstraße 2
89518 Heidenheim
Telefon: 0 73 21 - 4 34 84 / 4 00 60

Lage: Heidenheim mit seiner vielschichtigen Bevölkerungsstruktur schmiegt sich lieblich an die Hänge des Brenztales. Am Fuße dieser Berge befindet sich das Spezialitäten-Restaurant "Jonio", das Sie mit Ihrem Fahrzeug wie folgt erreichen: Sie fahren die Bundesstraße Richtung Göppingen stadtauswärts und biegen nach der Jet-Tankstelle rechts ab. Nächste Möglichkeit links und dann gleich wieder rechts. Vor dem Haus befindet sich auch eine Haltestelle des öffentlichen Nahverkehrs.

Info: Das italienische Spezialitäten-Restaurant "Jonio" gehört zu den ältesten Pizza-Restaurants der Ostalb. Unter Kennern und Liebhabern der italienischen Küche ist das Restaurant die "Nummero uno" auf der mittleren Ostalb. Mit seiner typisch südländischen Einrichtung und Dekoration, die im Hauptraum von einem großen Fischerwandbild gekrönt wird, lädt es zum gemütlichen und erlebnisreichen Verweilen ein. Im Sommer wird bei entsprechender Witterung auch auf der großen Terrasse serviert.

Küche: Hier wird die typisch italienische Küche mit allen Variationen geboten. Von der einfachen, jedoch geschmacklich optimalen Pizza über diverse Nudelgerichte bis zum erlesenen Fischmenü reicht die Skala der Speisen, die stets frisch und appetitlich serviert werden. Zweifellos ist das Restaurant eine gute Adresse für Speisen aus Meeresfrüchten, die auch einen großen Teil des täglichen Angebotes einnehmen. Besonders hervorzuheben ist die wirklich günstige Preisgestaltung die bei einer kleinen Pizza für DM 6.50 beginnt. Täglich werden 2-3 Menüs (1 Fisch und 1 Fleisch) angeboten.

Auszug aus der Karte: Pizza je nach Belag von DM 6,50 bis 11,50, Menü I: Scampi-Cocktail, Spaghetti mit Meeresfrüchten, Seezunge gegrillt, Zabaione DM 40.-, Filetsteak nach Voronof-Art DM 25.-

Freizeitangebot: Direkt am Haus beginnt ein wunderschöner Spazierweg, Stadt Heidenheim, Schloßanlage Hellenstein, Freizeitbad Aquarena, Museum im Römerbad, Waldfreibad.

Hotel Zum Kreuz, Steinheim

Inh.: Hans Henner, Hauptstr.26, 89555 Steinheim, Tel.: 07329 - 6007, Fax: 1253

Geöffnet: Hotelbetrieb, **Warme Küche:** 11.30 - 14 und 18 - 21.30 Uhr, **Ruhetag:** Sonntag ab 14 Uhr geschlossen.

Info: Inmitten des ca. 15 Millionen Jahre alten Meteoritenkraters Steinheimer Becken können Sie in dem gepflegten und mit vielen Details ausgestatteten Lokal echte schwäbische Gastlichkeit genießen. Der aufmerksame Service wird nur noch vom Küchenteam übertroffen.

Küche: Wiederholte Besuche bestätigen die Einschätzung, daß hier echte Meister am Werke sind. Kein Schnick-Schnack, sondern beste Qualität und Abstimmung, optimales Preis-Leistungsverhältnis.

Freizeitangebot: Meteoritenkrater Steinheimer Becken, das Wental mit seinen Felsformationen, Stadt Heidenheim.

Schloßgaststätte Henne, Heidenheim

Inh.: Paul Henne, 89522 Heidenheim, Tel.: 07321 - 41066

Geöffnet: täglich von 10 - 23 Uhr, Sonntags bis 21 Uhr, **Warme Küche:** 12 - 14 Uhr und 18 - 21.30 Uhr, **Ruhetag:** Montag.

Info: Mitten in der schönsten Freizeitanlage Heidenheims liegt die Schloßgaststätte. Heidenheims größtes Café-Restaurant mit Freiterrasse und verschiedenen Gasträumen bietet einen herrlichen Rundblick auf die Stadt und die Schönheit der Ostalb.

Küche: Die Küche bietet ein gutbürgerliches und internationales Angebot, das je nach Jahreszeit auch frische Pilz- und Fischgerichte beinhaltet. Es ist für jeden Geldbeutel etwas zu finden.

Freizeitangebot: Schloßanlage Hellenstein, Streichelzoo, Wild-Freizeitpark, Museum für Kutschen, Schloßmuseum.

Gasthof Haus Hubertus, Heidenheim

Inh.: Fanny Marchner, Giengener Str. 82, 89522 Heidenheim, Tel.: 07321 - 51800

Geöffnet: 7-14 und 17-24 Uhr, Samstag ab 17 Uhr, **Warme Küche:** 11.30 - 14 und 17 - 22 Uhr, **Ruhetag:** keinen.

Info: Der in rustikalem Stil und mit Accessoires aus dem Jagdleben eingerichtete Gasthof vermittelt Ihnen das Jägerlatein in behaglicher Umgebung.

Küche: Der Name Hubertus ist für Familie Marchner gleichzeitig Programm und Aufgabe. So werden Spezialitäten aus eigener Jagd in vielzähligen Varianten geboten. Die Gerichte von Reh, Hase, Fasan, Wildschwein und Wildente werden nach alten, hauseigenen Rezepten zubereitet. In der Speisekarte finden Sie aber auch manch andere Gaumenfreude.

Freizeitangebot: Herrliche Wanderwege, Heidenheim.

Rembrandt-Stuben
Heidenheim

Geöffnet: 11.30 - 14.30
und 18.00 - 24.00 Uhr

Warme Küche: 11.30 - 13.30
und 18.00 - 21.30 Uhr

Ruhetag: Montag und Dienstag

Inhaber: Udo Tilly
Rembrandtweg 9
89520 Heidenheim
Telefon: 0 73 21 - 6 54 34
Telefax: 0 73 21 - 6 66 46

Lage: Heidenheim mit seiner wunderschönen Ostalblandschaft ist nicht nur Sitz namhafter Industriebetriebe, sondern auch Standort einer gehobenen Gastronomie. Hoch droben auf dem Berg, eingebettet in einen wunderschönen Mischwald liegt der Stadtteil Mittelrain in dem sich die Rembrandt-Stuben befinden. Von der Stadt Heidenheim aus erreichen Sie das Lokal problemlos, wenn Sie die Landstraße nach Zang, über das Freizeitbad Aquarena, nehmen. Die Strecke ist gut ausgeschildert. Parkmöglichkeiten sind vor dem Haus vorhanden.

Info: Mit großem Engagement führt die Familie Tilly ihr schönes Haus, das Sie durch einen in Sichtziegelwerk gemauerten Eingangsbereich betreten. Stimmungsvolle Innenarchitektur, hübsch dekorierte und mit adretter Tischwäsche versehene Sitzgruppen, sowie diverse Accessoires erzeugen einen vornehm gediegenen Gesamteindruck. Der freundliche und immer aufmerksame Service rundet das Gesamtbild ab. Von 12-13.30 Uhr an Werktagen Business-Lunch.

Küche: Vielfältig, modern und in leichter Zubereitung ist das Speisenangebot von Udo Tilly, der seine Küche mit viel Elan und Sachkenntnis führt. Langeweile kommt hier nicht auf; dafür sorgt das ausgewogene Angebot an stets frischen und der Saison angepassten Köstlichkeiten. Die Angebotspalette geht von "Kutteln im Trollinger-söße" bis zur "Hummerterrine". Viele kleine Gerichte, darunter mindestens ein vegetarisches. Zu Fleischgerichten können Sie je nach Lust und Laune verschiedene Beilagen wie Besmati-Reis, geschabte Spätzle sowie viele Kartoffelvariationen wählen. Von vielen Hauptgerichten werden kleine Portionen angeboten.

Auszug aus der Karte: Kräftige Brühe vom Kalbsschwanz mit Markklößchen und Gemüsestreifen DM 8.-, Tomatencremesuppe "Firenze" mit Basilikum und Orangenstreifchen DM 8.-, 600g-T-Bone-Steak DM 36.-, 200g Lammhüfte DM 19.-, frischer Brenz-Aal in Dillsauce mit Butterkartöffelchen DM 30.-, Beilagen extra: Besmati-Reis DM 5.-, geschabte Spätzle DM 5.-, Kartoffelgratin DM 5.-

Freizeitangebot: Schloß Hellenstein, Stadt Heidenheim, Museum im Römerbad, viele Wandermöglichkeiten, im Winter Asangloipe.

Best Western Senator Hotel / Aquarena
Heidenheim

Geöffnet : Restaurant 11.00 - 24.00 Uhr

Warme Küche: 12.00 - 14.30 und 18.00 - 22.00 Uhr

Ruhetag: keinen

Direktorin: Karin Wegner
Friedrich-Pfenning-Straße 30
89518 Heidenheim
Telefon: 0 73 21 - 9 80 - 0
Telefax: 0 73 21 - 9 80 - 100

Lage: In exponierter Lage, mit einem Panoramablick über die Stadt Heidenheim, liegt das im Januar 1992 eröffnete Hotel der gehobenen Klasse. Vis-a-vis von Schloß Hellenstein, in ruhiger City-Randlage direkt neben dem Hallenfreizeitbad Aquarena ist es verkehrsgünstig zu erreichen. Folgen Sie in Heidenheim einfach den wirklich gut und häufig plazierten Hinweisschildern zum Aquarena.

Info: Das angegliederte Speiserestaurant "Dolce Vita" ist in modernem Stil erbaut und eingerichtet. Helle Pastellfarben, formschöne Möbel und ein herrlicher Blick auf das Schloß Hellenstein laden zum Verweilen ein. Im Sommer steht auch eine gepflegte und ruhige Terrasse zur Verfügung. Die vom Hotel angebotenen Nebenräume bieten genügend Raum für Tagungen, Konferenzen, Jubiläen, Hochzeiten etc. Den Hotelgästen steht die kostenlose Benutzung des Hallenfreizeitbades Aquarena (das über einen direkten Zugang betreten werden kann) zur Verfügung.

Küche: Das reichhaltige kulinarische Angebot des Restaurants wartet mit regionalen sowie internationalen Spezialitäten auf. Ganz besonderen Anklang finden die monatlich wechselnden Aktionen und Brunchangebote. Gekocht wird die Neue Küche ohne falsche Schnörkel und unnötige Übertreibungen.

Auszug aus der Karte: Badische Schneckensuppe DM 6,80, Kässpätzle mit Salat vom Buffet DM 15,60, Zwiebelrostbraten mit Krautspätzle DM 24.80, gefüllte Poulardenbrüstchen auf einem Gemüsebett mit Tortellini DM 22.50, Gebratene Lammkoteletts mit Rosmarinjus, Gratin Kartoffeln und Butterbohnen DM 24,50, großer Gemüseteller DM 13.50, Beerengrütze mit Sahnehaube DM 7,50.

Freizeitangebot: Das Schloß Hellenstein mit seinem Museum für Kutschen, Chaisen und Karren ist nur einen Katzensprung entfernt. Das Kloster Neresheim sowie das Eselsburger Tal mit seinen bizarren Felsgebilden sind in unmittelbarer Nähe.

Östliche Alb

Hotel-Restaurant Sontheimer Wirtshäusle, Sontheim

Inh.: Fam. Bosch, Sontheimer Wirtshäusle, 89555 Steinheim-Sontheim

Geöffnet: Hotelbetrieb, **Warme Küche:** 12 - 14 und 18 - 21 Uhr, **Ruhetag:** Samstag.

Info: Der seit 1837 im Familienbesitz befindliche Landgasthof liegt in ruhiger und erholsamer Heide- und Waldlandschaft an der B 466. Dem gemütlichen alten Teil des Wirtshäusle wurde 1990 ein Neubau mit Restaurant und Hotelzimmern angegliedert.

Küche: Küchenmeister Manfred Schwarz-Bosch und seine Mitarbeiter bemühen sich weitgehend Produkte aus der Region zu verarbeiten. Vieles kommt aus biologischem Anbau. Daneben gibt es noch eine eigene Schafzucht und Brennerei. Über 100 Weinsorten.

Freizeitangebot: Geologische und paläontologische Sehenswürdigkeiten, Meteorkratermuseum, Wanderungen.

Gasthof zum Grünen Baum, Herbrechtingen

Inh.: Fam. Gigler, Langr Str. 46, 89542 Herbrechtingen, Tel.: 07324 - 9540

Geöffnet: 10 - 24 Uhr, **Warme Küche:** 11.30 - 14 und 17.30 - 21.30 Uhr, **Ruhetag:** Sonntag.

Info: Familientradition gepaart mit schwäbischem Fleiß sind die Triebfeder für die Gastwirtsfamilie Gigler, die mit Hingabe und Liebe ihren Gasthof betreibt. Die große, zufriedene Stammkundenzahl dankt es ihnen.

Küche: Vielgerühmte Spezialitäten aus Küche und Keller erfreuen Ihren Magen und sorgen für einen erlebnisreichen Aufenthalt. Das Angebot reicht vom leckeren Süppchen bis zum gutbürgerlichen Festessen zu durchaus akzeptablen Preisen.

Freizeitangebot: Naturschutzgebiet Eselsburger Tal, Heimatmuseum, Klosteranlage Aufhausen.

Hotel-Restaurant Lamm, Giengen

Inh.: Jürgen Honold, Marktstr.17-19, 89537 Giengen, Tel.: 07322 - 5093 / 4064

Geöffnet: 11.30 - 14 und 18 - 24 Uhr, **Warme Küche:** 11.30 - 14 und 18 - 22 Uhr, **Ruhetag:** keinen.

Info: Mitten im Ortskern der ehemaligen Reichsstadt Giengen steht das einladende Hotel-Restaurant. Das traditionsreiche Haus wurde 1985 teilweise abgerissen und in gehobener Ausstattung neu aufgebaut. Für Freunde rustikaler Gastlichkeit wurde im verbliebenen Altbau eine Bierstube erhalten.

Küche: Gutbürgerliche, regionale und internationale Küche mit Betonung auf schwäbische Spezialitäten. Neben der großen Hauptkarte wird noch eine kleine Karte mit wechselnden Gerichten und nicht ganz alltäglichen Speisen geboten.

Freizeitangebot: Stadt Giengen, Steiff-Museum, Wandergegend.

Landgasthof zum Weißen Lamm
Giengen-Hürben

Geöffnet: 9.30 - 24.00 Uhr

Warme Küche: 11.30 - 14.00
und 17.30 - 21.30 Uhr

Ruhetag: Montag

Besitzer: Neudecker u. Schlösser
89537 Giengen-Hürben
Telefon: 0 73 24 - 31 79

Lage: Im Giengener Vorort Hürben haben die jungen Gastwirte Neudecker und Schlösser ihr "Weißes Lamm" angesiedelt. Am Besten ist die Gaststätte über die Autobahn A7 (Ausfahrt Giengen) zu erreichen. Ab der Autobahn ist die Strecke nach Hürben gut ausgeschildert und leicht zu finden. Der Landgasthof befindet sich direkt an der Ortsdurchgangsstraße und bietet vor dem Haus genügend Parkraum an.

Info: Der kleine Landgasthof mit seiner ländlich-bürgerlichen Innenausstattung aus Holztäfelungen und schönen schweren Holzbalkendecken wirkt freundlich und einladend. Die Tische sind hübsch mit flieder-, apriko- oder lachsfarbenen Tischdecken eingedeckt. An Sonntagen werden noch Kerzen aufgestellt. Das Haus bietet 8 modern eingerichtete Fremdenzimmer an.

Küche: Das "Weiße Lamm", in dem die schwäbische Gemütlichkeit hochgehalten wird, pflegt eine gutbürgerliche Küche mit vorwiegend regionaler Betonung. Alle 2-3 Wochen wird die Speisekarte der Saison angepasst. Mit dem durchweg zivilen Preisniveau und mit der gut geführten Küche kommen Sie voll auf Ihre Kosten.

Auszug aus der Karte: Oberösterreichische Käserahmsuppe DM 5.20, Leberspätzlessuppe DM 5.50, Jägerbraten mit Spätzle und Salat DM 12.80, Schwäbische Maultaschen geschmälzt, mit Salat DM 7.80, Rostbraten "Italienische Art" mit Tomaten, Käse, Zwiebeln, Knoblauch überbacken,auf Tomatenspaghetti mit Salat DM 24.--, Forelle blau, zerlassene Butter, Salzkartoffeln, Salat DM 18.50.

Freizeitangebot. Charlottenhöhle mit Tropfsteininformationen, Eselsburger Tal, Ruine Kaltenburg, Heimatmuseum Giengen, Steiff-Museum.

Landgasthaus Adler
Stetten-Niederstotzingen

Geöffnet: Di.-Sa. 17.30 -24 Uhr

Warme Küche: 17.30 - 22 Uhr
Sonntag: 11-14 und 17.30-21 Uhr

Ruhetag: Montag

Inhaber: Familie Harms
Stetten
Kirchstraße 15
89168 Niederstotzingen
Telefon: 0 73 25/63 32
Telefax: 0 73 25/88 99

Lage: Von Ulm kommend, fahren Sie auf der Bundesstraße 19 Richtung Heidenheim. Nach ca. 30 km biegen Sie dann rechts ab nach Bissingen-Stetten, Richtung Niederstotzingen. Sie können auch die Autobahn bis zur Ausfahrt Bissingen benutzen. Kurz nach dem Ortseingang biegen Sie links ab und einen Katzensprung weiter liegt dann ein idyllisches Fleckchen Erde, das der liebe Gott bestimmt an einem herrlichen Sonntagmorgen erschaffen hat.

Info: Angelehnt an das mittelalterliche Kleinod, steht der romantische Landgasthof, der im ehemaligen Gutshof mit viel Liebe und Fingerspitzengefühl eingerichtet wurde. Im Hofgelände können Sie gut parken. Vor dem Gutshof, der geschmackvoll mit gelb-rot getönten Fensterläden und alten Wappen geschmückt ist, läßt sich bei schönem Wetter auch im Freien speisen. Gepflegte Gästezimmer mit TV, Dusche und Telefon laden zum Übernachten ein.

Der Chef des Hauses, Herr Harms, ist ein passionierter Sammler von Antiquitäten, alten Möbeln und Arbeitsgeräten aus dem bäuerlichen Leben. So ist es kein Wunder, daß sein Restaurant manch einem Bauernmuseum Konkurrenz machen könnte. Gekonnt, liebevoll ist das ganze Haus dekoriert. Allein die Innenaustattung ist eine Reise wert.

Küche: Die handwerklich bestens geführte Küche serviert Portionen die auch den Hungrigsten satt machen. Ein großes Salatbüfett, das stilvoll mit einer Glaskuppel abgedeckt ist, thront inmitten des Lokals und ist eine echte Augenweide.

Auszug aus der Karte: Suppen ab DM 4. , Vorspeisen ab DM 10,50, Kalbsgeschnetzeltes DM 24,50, Seniorentopf DM 15.-, Kinderteller DM 10,50, Apfelschorle 0,2l DM 2.-, Bier 0,5l DM 3,50

Freizeitangebot: 1729-33 Bau der neuen Wallfahrtskirche mit Gnadenkapelle. Ein Glanzstück barocker Baukunst. 1977-78 gründliche Sanierung. Gesamterneuerung des Außenputzes und der Innenaustattung. Besonders beachtenswert der Neo-Renaissance Hochaltar und das herrliche Deckengewölbe.

Schloß-Hotel "Oberstotzingen"
und Gourmet-Restaurant "Vogelherd"

Geöffnet: 18 - 24 Uhr
Warme Küche: 18 - 22 Uhr
Ruhetag: keinen
Schloßschenke vor dem Schloß:
Geöffnet: 12 - 14 und 18 - 24 Uhr
Warme Küche: bis 23 Uhr
Ruhetag: Mittwoch

Inhaber: Vila-Vita Hotel GmbH
Oberstotzingen
Stettener Straße 35-37
89168 Niederstotzingen
Telefon: 0 73 25 - 103-0
Telefax: 0 73 25 - 103-70

Lage: Das am Rande des Donauriedes gelegene Schloßhotel schmiegt sich idyllisch in die Hügellandschaft der Ostalb. Es ist bequem über die Autobahn (5km entfernt) oder über die Bundesstraße Ulm-Rammingen-Asselfingen zu erreichen. Von Ulm nach Oberstotzingen sind es 28km.

Info: Das romantische Schloßhotel ist von einem prächtigen, weitläufigen Park umgeben. Das 700 Jahre alte Renaissanceschloß war ursprünglich ein Wasserschloß. Die gut erhaltenen Gräben können heute noch geflutet werden. Das Schloß bietet einen eleganten Rahmen für große Festivitäten wie Hochzeiten, Jubiläen, festliche Bankette und Galaveranstaltungen mit bis zu 200 Gästen. Bei schönem Wetter bietet der weitläufige Park mit der größten Hainbuchen-Allee Deutschlands eine herrliche Kulisse für ausgefallene Feierlichkeiten. Das Schloßgebäude selbst wurde 1990 vollständig renoviert und präsentiert sich als Schmuckstück der Renaissance. Die 17 eleganten, exquisit ausgestatteten Suiten und Zimmer lassen keine Wünsche offen. Insgesamt stehen den Gästen fünf Veranstaltungs- und Tagungsräume mit modernster Kommunikationstechnik zur Verfügung. Das in der Region bekannte Gourmet-Restaurant "Vogelherd" finden Sie im Erdgeschoß des Schloßes. Die luxeriöse Ausstattung und die bestens geführte Küche machen den Besuch zu einem Erlebnis besonderer Art.

Küche: Der Küchenmeister bietet ein kreatives, erlesenes Speisen-Angebot aus der Region, sowie Spitzenmenüs auf höchstem Niveau. Vor dem Schloß liegt die Schloßschenke. Hier wird mehr bodenständig-deftige Küche angeboten, die sich sehen lassen kann. Neue Ideen und Kombinationen überraschen auf's Angenehmste.

Auszug aus der Karte: Im Gourmet-Restaurant Menüs ab DM 58.-, Hauptgerichte ab DM 39.-. Schloßschenke: Kässpätzle mit Schinken. Lauch und Salat DM 11,50, Oberstotzinger Mostschnitzel, Apfelspalten, Spätzle und Salat DM 17,50, Weizen DM 4.-, Fanta DM 2.-

Freizeitangebot: Golfplatz in der Nähe, hauseigene Tennisplätze, schöne Rad- und Wanderwege, Fahrradverleih.

145

Schwäbische Spätzlesküche
in Spatzenbrettform
in Holz gebunden.

Der süddeutsche Bestseller, der in Kürze in der 20. Auflage erscheinen wird. Auf 136 handgeschriebenen Seiten mit über 100 originellen Zeichnungen und Versen, werden 48 alte und neue Spätzlesrezepte vorgestellt. Das Buch stellt eine echte Bereicherung der schwäbischen Küche dar.

Ruoß Verlag

Schellingstraße 10
89077 Ulm / Donau
Telefon: 07 31-3 76 61
Telefax: 07 31-3 76 62

Maultaschen

Die beliebten Teigtaschen haben sich neben den Spätzle im Magen-fahrplan der Schwaben nach ganz oben zur Nr. 1 durchgekämpft. Für diese ehemalige Fastenspeise und den früheren Resteverwerter eine erstaunliche Karriere!

Wo unsere so heißgeliebten Maultaschen das Licht der Welt erblickt haben, ist genauso ungewiß wie die Entstehung ihres Namens. Urschwaben behaupten zwar steif und fest, sie seien eine rein schwäbische Erfindung. Dagegen spricht jedoch die große Verwandt-schaft mit den Tascherln, Schlutz- und Schlickkrapfen in Österreich, den Ravioli, Tortellini, Canneloni in Italien, den Empanadas in Spanien, der Powidtatschkerl aus Böhmen, den Manty aus der Türkei, den Piroggen und Warenyky aus Rußland sowie den ungezählten Teigtaschen aus China, dem vermutlichen Geburtsland der Maultaschen. Wie dem auch sei, mit Sicherheit gibt es kein Land auf der Welt das mit soviel Erfindergeist und Liebe seine Teigtaschen, Pardon Maultaschen, kultiviert und sie so ins Herz geschlossen hat wie wir Schwaben.

Was nun den heutigen Namen dieser Spezialität betrifft, so gibt es auch hier Widersprüchliches zu berichten, denn nicht überall im Ländle läuft sie unter derselben Bezeichnung. So finden wir im Illertal, also südlich von Ulm und bei Ehingen noch die Bezeichnung "Grüne Krapfen". Und in der Nähe von Tübingen z.B. in Nehren und Kusterdingen werden sie "gefüllte Nudeln" genannt.

In alten Kochbüchern stoßen wir auf Namen wie "grüne Nudeln", "Ravioln" oder "Ravirlen", was auf die Italienische Küche hinweist. So im Augsburger Kochbuch von 1844, wo sie ausführlich beschrieben sind. Außergewöhnliche Füllungen wie Kalbslunge, Kalbsgekröse, Krebse, eingemachte Zwetschgen und Äpfel zeugen von der Vielfalt der damaligen Küche.

Die ersten Aufzeichnungen über Maultaschen finden wir im Kochbuch von Philippine Welser aus dem Jahre 1550, wo sie unter dem Namen "Affenmund" geführt werden. (Saged's bloß net weiter!)

Es ist einfach erstaunlich, was für Entdeckungen man beim Stöbern macht: So fand ich "Maultaschen" in einem alten Kochbuch unter der Überschrift: Teiggemüse. Im "Schwäbischen Wörterbuch" von Hermann Fischer aus dem Jahre 1914 steht unter dem Stichwort "Maultaschen": "Kleine Täschchen aus Teig". Im Volksmund bekannt sind sie auch als Herrgottsbschießerla. Denn wo konnte man in der Fastenzeit unter den Augen des Herrn so "a bißle Floisch" besser verbergen als in dieser so unschuldigen Teighülle?

Wußten Sie, das unsere Lieblingsspeise süße Vorfahren hatte? Den ersten Hinweis gab mir das "Oekonomische Handbuch für Frauen-zimmer", das mit herzoglichem, gnädigstem Privilegium 1795 in Stuttgart veröffentlicht wurde, in dem Maultaschen in Mürbteig mit Mandelfüllung angepriesen werden. Wie gesagt, das war einmal.

Spätzla

Die Namensgeber der schwäbischen Nationalspeise waren sicher Mönche, die im Mittelalter ein spezzato aus Teig machten. Denn spezzato, pezzo, heißt im italienischen Stücke, spezzare in Stücke schneiden. Ein Spezzato ist also nichts anderes als ein Gestückeltes, Geschnitzeltes und wie wir es heute kennen ein "Geschnetzeltes".

Im Laufe der Jahrhunderte entstanden, geschliffen durch unseren Dialekt, die Spätzla. Der berühmte Designer Otl Aicher war der Meinung, daß unsere Spätzla die Urform aller Teigwaren sind. Somit wären die Spaghetti, Tortelini, Spirelli, Canneloni, Makaroni (bei uns auch als "Tunnelspätzla" bekannt, Enkel und Urenkel unserer Spätzla. Wer hätte das gedacht!

Eines ist sicher, die Spätzla waren und sind auf der Speisekarte der Schwaben nicht wegzudenken. Eine Zeit lang schien es so, als würden die "Fabrikspätzla" die "Hausgemachten" verdrängen. Aber mancher Wirt hat hier die Rechnung ohne die Gäste gemacht. Heute ist es wieder eine Selbstverständlichkeit in einem schwäbischen Gasthaus "hausgemachte Spätzla" serviert zu bekommen.

Im Laufe der Zeit haben sich über 50 Rezepte angesammelt, vom Gaisburger Marsch, einer Stuttgarter Suppenspezialität, bis hin zu den Sauren Spätzla, denen eine geradezu wunderbare Wirkung zugeschrieben wird. So lesen wir im "Lob der Schwabenspätzla" von 1838 folgendes: "Die sauren Spätzla, die der Bauer mit Essig eingerührt genießt, sind eine Speise, die die Trauer dem Volk zur Fastenzeit versüßt".

Standardgerichte sind heute die allgemein beliebten Kässpätzla und die Krautspätzla, die gerne als Beilage zum Rostbraten geschätzt werden.

Wer sich mehr über Spätzla und ihre Zubereitungsart informieren möchte, dem empfehlen wir als Pflichtlektüre, die Schwäbische Spätzlesküche, einem süddeutschen Bestseller, der in Kürze in der 20. Auflage erscheinen wird.

Die 136 Seiten sind handgeschrieben. Über 100 originelle Zeichnungen und lustige Verse geben dem Buch einen besonderen Pfiff. Die 48 alten und neuen Spätzlesrezepte sind eine echte Bereicherung der schwäbischen Küche.

Erschienen im Ruoß-Verlag, Ulm-Donau

Knöpfla

Wer einmal die Gelegenheit hat, in einem alten Kochbuch zu stöbern, wird erstaunt sein über die Vielfalt der Knöpflesrezepte, die früher in Württemberg aufgetischt wurden. Wobei die Knöpfla hauptsächlich den Hunger der einfachen Leute, wie den der Bauern, Handwerker, Soldaten etc. stillte. "Für die Herrschaften ist das nichts, höchstens gut genug für das Gesinde", lautete damals die Parole.

Somit ist auch zu verstehen, daß die Nachfahren der Knöpfla, unsere so heißgeliebten Spätzla, so lange brauchten um bei Regierungsessen hoffähig zu werden. Wie die Knöpfla entstanden sind, weiß niemand genau zu sagen. Sicher hat irgendwann, irgend jemand einen mit Wasser und Mehl vermischten Teig ins kochende Wasser geworfen und somit die Knöpfla ins Leben gerufen.

Erst viel später, im Mittelalter, als die Löffel in Mode kamen, wurden die Knöpfla damit ausgestochen. Der "Knepflenlöffel", wie er früher hieß, war ein fester Bestandteil jeder schwäbischen Küche, wie uns alte Inventarlisten beweisen. Bei der Mehrzahl der Bevölkerung bestand früher die tägliche Mahlzeit aus Knöpfla in mannigfacher Zubereitung, die meistens in der Brühe oder mit Kraut verspeist wurden.

Das "Knöpfla" stammt sicher aus der Familie der Knödel, im Althochdeutschen als "chnodo" oder "knoto" bekannt. Im Mittelhochdeutschen wandelte es sich dann in "knote", was auf den Knoten hinweist. Das Urwort ist sicher lateinischen Ursprungs: nodus, der Knoten und "nodulus", das Knötchen. In der Mundart wird es dann jahrhundertelang geknetet, bis sich schließlich das "Knötlein" in ein Knöpfle verwandelt.

Die Knöpfla unserer Zeit sind eng verwandt mit unseren Spätzla. Der Teig ist derselbe, nur wird er etwas flüssiger gehalten, damit man ihn leichter durch den Spatzenhobel schaben kann.

Die erbsengroßen Knöpfla sind mehr in Oberschwaben zuhause und sind auch unter der Bezeichnung "Bollaspatzen" bekannt.

Die Mehltruhe war jahrhundertelang das Herzstück jeder Küche.

In dem Buch "Flädla, Knöpfla, Bubaspitzla" finden Sie eine Fülle schwäbischer Köstlichkeiten.

Erschienen im Ruoß-Verlag, Ulm/Donau

Schupfnudla

Die Schupfnudla, die gerne auch als Bubaspitzla, Wargala, Schupf-
wärgel, Wargelnudla, Bauchstecher, Bauchstupferla oder Ranzastecher bezeichnet werden, sind aus ihrem Dornröschenschlaf
wieder erweckt worden und genießen heute wieder hohes Ansehen
als schwäbische Spezialität. Es gibt kaum noch eine Dorfhockate
oder ein Stadtfest auf dem die Schupfnudeln nicht den Gaumen der
Gäste erfreuen.

Die Schupfnudel darf wohl mit Recht als "die Urnudel" bezeichnet
werden, denn die ersten Nudeln wurden mit Sicherheit in Handarbeit
hergestellt. So ist es auch zu verstehen, daß sie bei Beginn des
Maschinenzeitalters langsam in der Versenkung verschwand. Erst als
Großmutters Küche im Zuge der Nostalgiewelle wieder entdeckt
wurde und unser Bedarf an Hamburgern im Softbrötchen mit
Ketchup erstmal gedeckt war, besannen sich wieder viele auf unsere
so originelle schwäbische Küche. Die Schupfnudeln sind dafür ein
typisches Beispiel.

Wobei noch zu sagen ist, daß die Originalschupfnudeln früher nur
mit Mehl, Wasser und Salz hergestellt wurden. Erst im 18.
Jahrhundert, als die Kartoffeln langsam bei uns heimisch wurden,
mischte man noch zerdrückte Kartoffeln in den Teig. Vielerorts
werden dem Teig noch Eier beigemengt. Früher hätte uns deswegen
die Obrigkeit sicher der Völlerei bezichtigt.

Aber so ändern sich die Zeiten und auch die Rezepte. Gott sei Dank
übrigens, denn nicht umsonst hießen die Schupfnudeln früher
Ranzastecher oder Bauchstupferle, denn die karge Zubereitung war
nicht jedermann bekömmlich.

Doch wie gesagt, das war einmal. Nachdem nun Winter wie Sommer
immer genügend Eier vorrätig sind, sind die Schupfnudeln, hellbraun
angebraten als Beilage oder zusammen mit Sauerkraut angeröstet
eine geschätzte Spezialität des Landes.

**"Zerscht hot mer koen Honger,
ond no frißt mer fer drei"**

*Auszug aus der
Schwäbischen Spätzlesküche*

Sauerkraut

Seit Jahrhunderten wird bei Stuttgart das im Ländle so geschätzte Filderkraut angebaut. Das Kraut mit seinem spitzen Kopf ist besonders aromatisch, fein in seiner Struktur und wird deshalb weit über die Grenzen hinaus geschätzt und zu Sauerkraut verarbeitet. Bevor die Eisenbahn zwischen Ulm und Stuttgart verkehrte, waren nach der Ernte ganze Kolonnen von Pferdefuhrwerken auf der Alb nach Esslingen und Ulm unterwegs, um mit dem Ruf "Filderkraut" ihre Ware anzubieten. Ein lustiger Vers aus dieser Zeit verkündet folgendes:

Filderkraut, Filderkraut ! Leit kaufat Filderkraut !
s' Geschäft des wird jo äll Dag mender ond's isch doch ganz gwiß
nix gsender als des Kraut,
des ghert en's Haus, des butzt Eich aus.
Glei de Kender sott mers gä
henner scho de onsre gsäh?
Dia send anderscht, dicke Wergel
koine so wia Eire Dergel
deshalb dent, was i Eich sag,
esset dreimal Kraut am Dag.

Genauso wie im Herbst geschlachtet und das Fleisch in ein Holzfaß eingepökelt wurde, war in jedem Vorratskeller das unentbehrliche Krautfaß zu finden. Neben dem eingemachten Kraut wurden auch frische Krautköpfe eingelagert. Man nahm dazu unbeschädigte Köpfe, wo die Blätter fest um den Kopf geschlossen waren. Meistens hielten sie sich bis Weihnachten. Danach war das Sauerkraut das Hauptgemüse das bis in den Frühling hinein reichen mußte.

Eine Großfamilie machte nicht selten bis zu 100 Köpfe ein. Es gab auch ambulante "Krautweiber", die bewaffnet mit einem großen Krauthobel von Haus zu Haus zogen, um das Kraut einzumachen. Das gehobelte Kraut wurde dabei in den mit frischen Krautblättern ausgelegten Krautstand gefüllt, gesalzen und je nach Gusto noch mit Wacholderbeeren gewürzt. Danach mußten die Kinder bzw. eine Hilfe mit dem Holzstempel das Kraut fest stampfen bis es schäumte. Zum Schluß wurde das Kraut mit einem weißen Leinentuch abgedeckt, darüber kam noch ein Holzdeckel und ein schwerer Stein zum Beschweren.

Nach dreiwöchiger Gärung war das Kraut gebrauchsfertig. Das Kraut war bis in unser Jahrhundert hinein, mehr oder weniger ein Armeleuteessen. Wenn es bei den Hochwohlgeborenen auf den Tisch kam, war es mindestens mit Champagner verfeinert. Im Stuttgarter Weinland wird es heute noch mit einem trockenen Weißwein, auf der Alb mit einem Glas Most verfeinert. Sauerkraut fehlte früher in keinem Haushalt. Meistens köchelte ein Topf mit Kraut auf dem Herdrand vor sich hin, um beim Vesper, Mittagessen oder Abendbrot den Gaumen zu erfreuen.

Schwäbisches Küchenlatein

a Schprenzgerle Soß - ein wenig Soße

a Dipfale Schlagrahm - einen Tupfer Sahne

a Böbbale Eis - eine Kugel Eis

an Schonga Wuscht - ein Stück Wurst

an Ranga Brot - ein Stück Brot

an Schugger Wei - einen Schluck Wein

a Gosch voll - einen Mund voll

suggla - tun gerne Kleinkinder beim Essen - kommt von "Suggl" - Sau

a Riebale - Brotanschnitt

a Brödle - Plätzchen

an Wegga - Brötchen

an Kipf - längliches Brot

a Viertele Wei schlotza - ein Viertel-Glas Wein trinken

Schmeckt's ? - hats gemundet?

a Paar Ochsaauga - ein Paar Spiegeleier

Gaisburger Marsch - Eintopf mit Spätzle, Kartoffeln, Brühe, Rindfleisch, mit Zwiebeln abgeschmelzt

Hutzelbrot - eine Art Früchtebrot

Oierhaber - Kaiserschmarren, angebratener, zerpflückter Pfannkuchen

Nonnenfürzle - Brandteiggebäck

Ofaschlupfer - süßer Auflauf von Brotresten, Äpfeln, Milch und Eiern

---

Schwäbische Sparsamkeit
"Fir fuffzig Pfennig Wurschtzipfel fir onsern Hond"
hot des Büble zom Metzger gsait
"aber ned so fett, em Vaddr isch´s letschtmol ganz schlecht worra".

Alb-Aktuell

Wo finden Sie noch die urige Kneipe an der Ecke ?
In Hechingen: Das Gasthaus Fecker

Wo steht eine echte Hofkonditorei ?
In Hechingen: Die Hofkonditorei Café Röcker

Wo erleben Sie eine besonders schöne Aussicht ?
Gasthof-Pension Dreifürstenstein, Hechingen-Beuren
Höhengasthof-Wanderheim Nägelehaus, Albstadt-Onstmettingen

Wo fühlen sich Pferdefreunde und ihre Vierbeiner richtig zuhause ?
Im Gasthof Sonne, Burladingen-Salmendingen

Wo speist und schläft man wie ein Schloßherr ?
Im Gastschloß Haigerloch, oberhalb Haigerloch

Wo speist man in einem richtigen Museum ?
In der Museumsgaststätte Ochsen, Neuhausen ob Eck

Wo ist der richtige Ort für Streßgeplagte um auszuspannen ?
Gutshof Käppler, Beuron-Thiergarten

Wo wird den Maultaschen besonders gehuldigt ?
Im Hotel-Restaurant Thum, Balingen

Wo liegt der sonnigste Winkel Deutschlands ?
Beim Hotel-Höhenrestaurant Klippeneck, Denkingen

Wo läßt es sich besonders gut und stilvoll feiern ?
Im Romantik-Hotel-Posthalterei, Gammertingen

Wo treffen sich am Freitag die Liebhaber von sauren Kutteln ?
Im Albquell Bräuhaus, Trochtelfingen

Wo fühlen sich die Fußballer der Ober- und Bundesliga zuhause ?
Im Hotel-Gasthof Kreuz, Gammertingen

Wo liegt das exclusive Haus, das auch fürstliche Häupter schätzen ?
Hotel Brielhof in Balingen

**Wo könnte das Kinderlied "Ein Männlein steht im Walde..."
komponiert worden sein ?**
Berghaus Knopfmacherei in Fridingen

Alb-Aktuell

Wo liegt eine besonders urig-gemütliche Vesperstube ?
In Thalsteußlingen: Der Gasthof zum Löwen

Wo finden Sie einen der schönsten Säle für Veranstaltungen ?
Im Hotel-Restaurant Adler in Ehingen

Wo können Sie selbst Ihre Fische fangen ?
In der Ermstalfischerei in Bad-Urach-Seeburg

Wo beginnt und endet einer der schönsten Wanderwege ?
Beim Gasthaus Friedrichshöhle

Wo liegt eine besonders romantische Gartenwirtschaft ?
Beim Hotel Frank Vier Jahreszeiten in Bad Urach

Wo gibt es süße und pikante Crêpes in 38 Variationen ?
In der Crêperie Kornhäusle in Ulm

Wo gibt es noch Vollpension ab DM 35.- pro Tag ?
Im Gasthaus Brücke in Rechtenstein

Wo speist man noch gut und günstig ?
Im Brauereigasthof Rössle in Zwiefaltendorf

Wo gibt es bei der Geburtstagsfeier einen frisch gebackenen Laib Bauernbrot für den Jubilar ?
Im Gasthof Post in Feldstetten

Wo ißt man die Maultaschen noch nach alter Väter Sitte ?
Im Landgasthof Lamm, Feldstetten

Wo liegt das Café mit der besonderen Note ?
In Seeburg: Das Café Schlößle

Wo können Sie auf Ihrer Rad- oder Motorradtour günstig zelten ?
Nach Anmeldung beim Gasthaus Hirsch in Bichishausen

Wo liegt die einzige mit dem Boot befahrene Höhle Deuschlands ?
Beim Gasthaus Friedrichshöhle

Wo liegt das Mekka der Pferdefreunde ?
Landesgestüt Marbach, Offenhausener Pferdemuseum

Alb-Aktuell

Wo finden Sie und Ihr Pferd ein gutes Quartier zum Übernachten ?
Gasthof Rössle, Westerheim
Gasthof Adler, Anhausen
Gasthof Nussbaum Hof, Ohnastetten

Wo treffen sich jede Woche Jung und Alt zum Tanz ?
Im Hotel-Café Buck und im Hotel Graf Eberhard in Bad Urach

Wo liegt das Lokal "Tischlein deck dich" nach Ihrem Geschmack ?
In Schönblick´s Palmengarten in Eislingen

Wo speist man in einer alten Bauernstube ?
Im Restaurant-Café Alte Bauernstube in Unterlenningen

Wo haben Sie eine besonders schöne Aussicht ?
Gaststätte Burg Teck, Owen
Burggaststätte Hohenneuffen, Neuffen
Burgrestaurant Staufeneck, Salach

Wo gibt es Maultaschen in besonders kreativer Vielfalt ?
Im Restaurant Schwabenstüble in Owen-Teck

Wo kommt die Suppe noch wie zu Großmutters Zeiten in der Suppenschüssel auf den Tisch ?
Gasthof Adler, Anhausen
Gasthaus Neuhaus, Bechingen

Wo wandelt Ihr Gaumen auf völlig unbekannten Pfaden ?
Im indischen Spezialitätenrestaurant Maharaja in Reutlingen

Wo fühlen sich Vegetarier besonders wohl ?
Im Gast- und Bauernhof Rose, Ehestetten

Wo finden Sie den kulturellen Treffpunkt für moderne Kunst ?
Im Schloß Mochental

Wo gibt es jede Woche "Metzelsupp mit frisch gekochten Schweinebäckchen?
Im Gasthof-Metzgerei Hirsch in Gächingen

Alb-Aktuell

Wo können Sie tafeln wie im Mittelalter ?
In der Schloßgaststätte Kapfenburg, Lauchheim

Wo können Sie schlemmen und feiern wie im Orient ?
In Aalen im Palast-Restaurant

Wo finden Freunde der Vollwertkost eine freche, moderne Küche ?
Im fresh-Restaurant, Heidenheim

Wo tafelten früher die Kaiser ?
Im Kaiserhof in Nördlingen

Welches Gasthaus hat eine besonders interessante Ausstattung ?
Das Landgasthaus Adler in Stetten-Niederstotzingen

Wo findet der verwöhnte Gast einen Ort für besondere Anlässe ?
Im Schloßhotel Oberstotzingen

Wo finden Sie eine historische Vesperstube ?
Im Gasthaus Schlößle in Rammingen-Lindenau

Wo gibt es für DM 9.- jeden Donnerstag eine Schlachtplatte mit Sauerkraut, Kesselfleisch, Blut- und Leberwurst und Bratkartoffeln ?
Im Gasthof-Metzgerei Engel in Altheim

Auszug aus der Schwäbischen Spätzlesküche

Gut übernachten
Ausgewählte Herbergen

Gasthof zum Bausinger, Hechingen-Stetten, Tel.: 0 74 71 - 31 72
Landgasthof Bären, Bubsheim, Tel.: 0 74 29 - 23 09
Hotel-Gasthof Bären, Sigmaringen, Tel.: 0 75 71 - 1 28 62 / 5 00 36
Hotel-Restaurant Brielhof, Hechingen, Tel.: 0 74 71 - 40 97 / 23 24
Hotel-Café-Restaurant Landhaus Donautal, Fridingen, Tel.: 07463-5099
Hotel-Restaurant Donaublick, Scheer, Tel.: 0 75 72 - 67 67
Hotel-Restaurant "Alt Ebingen", Albstadt-Ebingen, Tel.: 07431-9390-0
Gastschloß Haigerloch, oberhalb der Stadt, Tel.: 0 74 74 - 6 93 - 0
Gästehaus M. Hirlinger, Burladingen-Melchingen, Tel.: 0 71 26 - 5 55
Gasthof Hohenzollern, Bisingen, Tel.: 0 74 76 - 21 63
Hotel-Café-Restaurant Klaiber, Hechingen, Tel.: 0 74 71 - 22 57
Gasthof Karpfen, Nusplingen, Tel.: 0 74 29 - 4 35
Hotel-Gasthaus zum Kreuz, Stetten a.k.M., Tel.: 0 75 73 - 8 02
Hotel-Gasthof Kreuz, Gammertingen, Tel.: 0 75 74 - 22 30
Hotel-Gasthof Lamm, Hechingen-Stein, Tel.: 0 74 71 - 9 25 - 0
Hotel-Restaurant Linde, Albstadt-Ebingen, Tel.: 0 74 31 - 5 30 61
Hotel-Restaurant Pelikan, Beuron, Tel.: 0 74 66 - 4 06
Romantik-Hotel Posthalterei, Gammertingen, Tel.: 0 75 74 - 8 76
Gasthof-Hotel Römer, Haigerloch, Tel.: 0 74 74 - 10 15
Hotel Schlichemtal Obere Säge, Schömberg, Tel.: 0 74 27 - 87 61
Hotel-Gasthof "Zum Süßen Grund", Albstadt-Ebingen, Tel.: 07431-4053
Hotel-Restaurant Thum, Balingen, Tel.: 0 74 33 - 96 90 - 0

Gut übernachten
Ausgewählte Herbergen

Hotel-Restaurant Adler, Ehingen, Tel.: 0 73 91 - 80 43

Gasthof-Pension Adler, Anhausen, Tel.: 0 73 86 - 3 27 / 5 18

Albhotel, Metzingen-Riederich, Tel.: 0 71 23 - 3 80 30

Bad Hotel, Bad Überkingen, Tel.: 0 73 31 - 30 20

Hotel-Restaurant Becher, Donzdorf, Tel.: 0 71 62 - 2 00 50

Gasthaus zur Brücke, Rechtenstein, Tel.: 0 73 75 - 2 57 (preiswert)

Hotel-Café-Restaurant Buck, Bad Urach, Tel.: 0 71 25 - 17 17

Hotel Graf Eberhard, Bad Urach, Tel.: 0 71 25 - 1 48-0

Flair-Hotel Frank Vierjahreszeiten, Bad Urach, Tel.: 0 71 25 - 16 96

Hotel Forellenfischer, Blaubeuren-Weiler, Tel.: 0 73 44 - 50 24

Gestütsgasthof, Gomadingen-Offenhausen, Tel.: 0 73 85 - 16 11

Gasthof Hirsch, Bad Ditzenbach-Gosheim, Tel.: 0 73 35 - 51 88

Gasthof Hermann, Münsingen, Tel.: 0 73 81 - 22 02 / 7 49

Hotel-Restaurant Hirsch, Sonnenbühl-Erpfingen, Tel.: 07128 - 2212

Gasthof-Landhotel Hirsch, Würtingen, Tel.: 0 71 22 - 92 75 / 14 18

Gasthof Hirsch, Ehingen-Kirchen, Tel.: 0 73 93 - 40 41

Gasthof-Pension Hirsch, Indelhausen, Tel.: 0 73 86 - 2 26 / 3 92

Gasthof-Pension Hirsch, Dapfen, Tel.: 0 73 85 - 4 27

Landgasthof Hirsch, Mehrstetten, Tel.: 0 73 81 - 24 79

Hotel Krehl "Zur Ratsstube", Laichingen, Tel.: 0 73 33 - 40 21

Gasthof Pension zum Kreuz, Hayingen, Tel.: 0 73 86 - 2 90

Gasthof Löwen, Sonnenbühl-Erpfingen, Tel.: 0 71 28 - 22 22

Hotel-Restaurant Mohren, Riedlingen, Tel.: 0 72 71 - 73 20

Hotel-Restaurant zum Ochsen, Ehingen, Tel.: 0 73 91 - 5 35 68

Gasthof-Pension Post, Feldstetten, Tel.: 0 73 33 - 51 18

Hotel-Restaurant Post, Zwiefalten, Tel.: 0 73 73 - 3 02

Gasthof Rössle, Westerheim, Tel.: 0 73 33 - 67 94

Brauerei-Gasthof Rössle, Zwiefaltendorf, Tel.: 0 73 73 - 6 43 (preiswert)

Flair-Hotel Gasthof Rössle, Trochtelfingen, Tel.: 0 71 24 - 9 25-0

Gasthof-Pension Rössle, Hundersingen, Tel.: 0 73 83 - 3 89

Badhotel Stauferland, Bad Boll, Tel.: 0 71 64 - 20 77

Stauseehotel-Restaurant , Metzingen-Glems, Tel.: 0 71 23 - 92 36-0

Hotel-Gasthof am Seltentor, Wiesensteig, Tel.: 0 73 35 - 18 30

Gaststätte Burg Teck, Owen, Tel.: 0 70 21 - 5 52 08

Gasthof-Pension Wittstaig, Gundelfingen, Tel.: 0 73 83 - 12 72

Gut übernachten
Ausgewählte Herbergen

Hotel-Restaurant Adler, Aalen-Waldhausen, Tel.: 0 73 67 - 20 04
Romantik-Hotel Adler, Rammingen, Tel.: 0 73 45 - 70 41
Gasthof zum Grünen Baum, Herbrechtingen, Tel.: 0 73 24 - 18 30
Best Western Senator Hotel, Heidenheim, Tel.: 0 73 21 - 9 80 - 0
Kaiserhof Hotel Sonne, Nördlingen, Tel.: 0 90 81 - 50 67
Landhotel Zur Kanne, Neresheim-Ohmenheim, Tel.: 0 73 26 - 80 80
Hotel Zum Kreuz, Steinheim, Tel.: 0 73 29 - 60 07
Hotel-Gasthof Krone, Schw.-Gmünd-Straßdorf, Tel.: 0 71 71 - 4 10 71
Hotel-Gasthof Krone, Ochsenwang, Tel.: 0 70 23 - 95 13 - 0
Hotel-Restaurant Lamm, Giengen, Tel.: 0 73 22 - 50 93
Goldenes Lamm, Aalen-Unterkochen, Tel.: 0 73 61 - 81 82
Landgasthof Löwen, Zang, Tel.: 0 73 28 - 62 92
Schloßhotel Oberstotzingen, Tel.: 0 73 25 - 103 - 0

Schnäppchenjagd
auf der schwäbischen Alb

Arbeitskleidung

Fa. Friedrich Seiz
Kirchstr. 4, 72555 Metzingen-Glems, Tel.: 07123-15165
Qualitäts-Arbeitshandschuhe, Qualitäts-Schutzbekleidung.
Verkauf: Mo. - Fr. 8 -12 Uhr, Mo. - Do. 13 - 17 Uhr.

Betten, Bettwäsche, Matrazen, Schlafsäcke

Ernst Betz GmbH
Oberstetter Str. 10, 72531 Hohenstein-Ödenwaldstetten, Tel.: 07387-378 / 466
Bettwäsche, Frottierwaren, Badezubehör.
Verkauf: Mo. - Fr. 9 - 11.30 und 13 - 17 Uhr, Sa. 9 - 11 Uhr.

Fa. Stefan Knupfer
Lindenstr. 2/1, 72589 Westerheim, Tel.: 07333-6710
Matratzen, Bettdecken, Schlafsäcke.
Verkauf: Mo. - Fr. 9 - 11 und 14 - 17 Uhr, Sa. 9 - 12 Uhr und nach
telefonischer Absprache auch zu anderen Zeiten.

Fa. Doris Meyer GmbH & Co. KG
Karlstal, 72401 Haigerloch, Tel.: 07474-69090
Bettwäsche.
Verkauf: Mo. - Fr. 14 - 18 Uhr.

Fa. Möve-Werk GmbH & Co. KG
Wörthstr. 55, 72764 Reutlingen, Tel.: 07121-276-0
Bettwäsche.
Verkauf: Mo. - Fr. 10 - 18 Uhr, 1.Samstag im Monat 10 - 13.30 Uhr.

Der Schlafsackladen, Peter Stachl
St.-Veits-Gasse 5, 72393 Burladingen, Tel.: 07475-7382
Schlafsäcke, Rucksäcke.
Verkauf: Mo. - Fr. 10 - 18 Uhr, 1.Samstag im Monat 10 - 13.30 Uhr.

Weidmann GmbH
Fabrikstr.10, 73079 Süssen, Tel.: 07162-7021 - 23
Betten, Matratzen, Wäsche.
Verkauf: Mo. - Fr. 9 - 12 und 14 - 17.30 Uhr,
Mittwochnachmittag und Samstag geschlossen.

Damen-, Herren-, Kindermoden

Fa. Christian Alber-Thoma GmbH & Co. KG, CAT-Gestrick
Maierhofstr. 10, 72461 Albstadt-Onstmettingen, Tel.: 07432-21034
Damenmaschenmode.
Verkauf: Mo. - Fr. 15.30 - 17.30 Uhr, Mi. 8.30 - 10.30 Uhr,
Samstag geschlossen.

Schnäppchenjagd
auf der schwäbischen Alb

Damen-, Herren-, Kindermoden Fortsetzung

Fa. Heinz Bader, Badego-Blusen
Sternbergstr. 25, 72532 Gomadingen, Tel.: 07385-703
Trachtenblusen und Trachtenröcke.
Verkauf: Mo. - Fr. 9 - 12 und 14 - 18 Uhr, Samstag 9 - 12 Uhr.

Fa. Ernst Betz GmbH
Oberstetter Str.10, 72531 Hohenstein-Ödenwaldstetten, Tel.: 07387-378/466
Kinder-, Damen- und Herrenbekleidung, Badezubehör.
Verkauf: Mo. - Fr. 9 - 11.30 und 13 - 17 Uhr, Samstag 9 - 11 Uhr.

Fa. Paul Bitzer, Paola-Moden
Jurastr. 30, 72461 Albstadt-Truchtelfingen, Tel.: 07432-6031
Damen-Strickmoden.
Verkauf: Mo. - Fr. 14 - 17.30 Uhr.

Fa. Hugo Boss
Kanalstraße, 72555 Metzingen, Tel.: 07123-1600
Herrenbekleidung, Herrenaccessoires.
Verkauf: Di., Mi.,Fr. 9 - 18 Uhr, Sa. 8 - 13 Uhr.

Fa. Bozica Böhm, LEDORADO
Stuttgarter Str. 60, 72555 Metzingen, Tel.: 07123-61605
Lederbekleidung, Jeans.
Verkauf: Mo. und Fr. 13 - 18 Uhr, Sa. 9 - 13 Uhr.

Christl-Moden
Im Unterwässer 5, 72574 Bad Urach, Tel.: 07125-131135
Damen-Oberbekleidung, 2.Wahl-Stoffe, Nähzubehör.
Verkauf: Mo. - Fr. 8 - 17 Uhr, Sa. 8 - 11 Uhr.

CINDERELLA, Fabrikverkauf von JACKY, Baby- und Kindermoden
Ulmer Str. 99, 72555 Metzingen, Tel.: 07123-929514
Baby- und Kinderbekleidung.
Verkauf: Mo. - Fr. 8 - 12 und 13.30 - 17.30 Uhr, Sa. 9 - 13 Uhr.

Fa. dixi + mixi Kindermoden, Textilfabrik Strehle
Raiffeisenstr. 5, 72461 Albstadt-Truchtelfingen, Tel.: 07432-4031
Kindermoden.
Verkauf: Di. und Do. 14 - 16 Uhr, Fr. 17 - 18 Uhr.

Fa. Fegou-Design, Guder + Feihle GmbH
Rittergasse 1, 89143 Blaubeuren, Tel.: 07344-3798
Baby- und Kinderbekleidung, Stoffe, Zutaten.
Verkauf: Mo. 9 - 12 u.14 - 16 Uhr, Di. u. Do. 14 - 17 Uhr, Mi. 14 -18Uhr.

Fa. Anton Fischer, Strickwarenfabrik
Aufsee 27, 72589 Westerheim, Tel.: 07333-6008
Strickwaren.
Verkauf: Mo. - Do. 9 - 12 und 13 - 16 Uhr, Fr. 9 - 12 Uhr.

Schnäppchenjagd
auf der schwäbischen Alb

Damen-, Herren-, Kindermoden Fortsetzung

Fa. Hohl-Textil GmbH
Gammertinger Str. 32, 72393 Burladingen, Tel.: 07475-8612
Damen Oberbekleidung.
Verkauf: Mo. - Fr. 14 - 18.30 Uhr.

Fa. Kempel + Leibfried
Espachstr. 17, 72574 Bad Urach, Tel.: 07125-1550
Herren Oberbekleidung, Lederjacken.
Verkauf: Mo. und Mi. 13 - 17 Uhr, Samstag 9 - 12.30 Uhr.

Strickwarenfabrik Lang GmbH
Roggentalstr. 62, 89558 Böhmenkirch-Treffelshausen, Tel.: 07332-5061
Damen- und Herren-Strickwaren.
Verkauf: Mo. - Fr. 9 - 12 und 13 - 18 Uhr, Samstag 9 - 12 Uhr.

Fa. J. Mahler OHG, Kinderbekleidung, Lagerverkauf
Marienstr. 9, 72555 Metzingen, Tel.: 07123-42063
Kinderbekleidung, Babyausstattung.
Verkauf: Mo. - Fr. 9 - 12 und 13.15 - 17.30 Uhr, Samstag 9 - 12 Uhr.

Fa. Maute GmbH & Co. KG
Bahnhofstr. 16, 72406 Bisingen, Tel.: 07476-7074 / 7079
Herren-, Damen-, Kinderunterwäsche und Nachtwäsche.
Verkauf: Mo. - Fr. 9 - 12.30 und 14 - 18 Uhr, Samstag 9 - 12 Uhr.

Fa. Basil Mauz GmbH & Co. KG
Hechinger Str. 19, 72393 Burladingen, Tel.: 07475-563
Baby-, Kinder- und Damennachtwäsche.
Verkauf: Mo. - Do. 8 - 11.30 und 13 - 17.30 Uhr, Fr. 8 - 12 Uhr.

Fa. Mayer
Sigmaringer Str. 22, 72393 Burladingen-Gauselfingen, Tel.: 07475-7206
Kindermoden.
Verkauf: Mo. - Fr. 9 - 12 und 13.30 - 18 Uhr, Samstag 9 - 13 Uhr.

Fa. Melchinger KG, Fabrik feiner Lederbekleidung
Ermsstr. 25, 72555 Metzingen, Tel.: 07123-42033
Ledermode, Lederaccessoires.
Verkauf: Mo. - Fr. 8 - 11.30 und 13 - 17 Uhr, Samstag 8 - 13 Uhr.

Fa. Gebrüder Mey, Feine Wäsche, Personalverkauf
Hohenwiesenstraße, 72459 Albstadt-Lautlingen, Tel.: 07431-7060
Damen- und Herren-Unterwäsche.
Verkauf: Mo. - Fr. 8.30 - 12 u.13.30 - 18 Uhr.

Ott-tricot, Werner Ott
Schillerstr. 133, 72458 Albstadt-Ebingen, Tel.: 07431-71057
Tag- und Nachtwäsche.
Verkauf: Mo. - Fr. 13.30 - 17.30 Uhr, Samstag geschlossen.

Schnäppchenjagd
auf der schwäbischen Alb

Damen-, Herren-, Kindermoden Fortsetzung

Fa. C.F. Ploucquet GmbH & Co.
Werksladen, Bahnhofstr. 19, 89518 Heidenheim, Tel.: 07321-3251
Stoffe, Baby- und Kinderbekleidung.
Verkauf: Mo. - Fr. 9.30 - 18 Uhr, Samstag 8.30 - 12.30 Uhr.

Röcker Textilwerke GmbH & Co. KG, SASSY-Boutique
Von-Staufenberg-Str. 47, 72459 Albstadt-Lautlingen, Tel.: 07431-72028/29
Damenbekleidung.
Verkauf: Mo. - Fr. . 9 - 12.30 und 14.30 - 18.30 Uhr, Donnerstag bis
20.30 Uhr, Mittwochnachmittag geschlossen, Samstag 9 - 12 Uhr.
Weitere Verkaufsstellen:
Hechingen: Mo. - Fr. 9 - 12.30 und 14.30 - 18.30 Uhr, Sa. 9 - 12 Uhr.
Ertingen: Mo. - Fr. 14 - 18 Uhr, Sa. 9 - 12 Uhr.

Fa. SATCHMO Kindermoden, Bodmer GmbH & Co. KG
Kirchplatz 2, 72469 Meßstetten-Oberdigisheim, Tel.: 07436-327
Kindermoden.
Verkauf: Mo. - Fr. 8.30 - 11.30 und 14 - 17 Uhr, Samstag geschlossen.

Fa. Paul Sauter
Wirkerstr. 3-4, 72469 Meßstetten 1, Tel.: 07431-6026
Damen-, Herren- und Kinder-Oberbekleidung, Umstandsmoden.
Verkauf: Mo. - Fr. 9 - 12 und 14 - 18 Uhr, Samstag 8.30 - 12 Uhr.

Fa. Gottlieb Sauer GmbH & Co. KG
Gottlieb-Sauer-Str. 4-7, 72820 Sonnenbühl-Willmandingen, Tel.: 07128-831
Baby- und Kinderbekleidung.
Verkauf: Mo.-Do. 8.30 -12 u.13.30 -17 Uhr, Fr. 8 -12 u.13.30 -16 Uhr.

Fa. Schnitzler Kindermoden
Grahtwohlstr. 5, 72762 Reutlingen, Tel.: 07121-329445
Kindermoden.
Verkauf: Mo. - Fr. 14 - 18 Uhr, Samstag 9 - 12 Uhr.

Fa. Schmauder
Lagerstr. 21, 72537 Mehrstetten, Tel.: 07381-2490
Baby- und Kindermoden.
Verkauf: Mo.- Do. 8.30 -11.30 und 13.30 -17 Uhr, Fr. 8.30 -11.30 Uhr.

Fa. Ernst Schöller
Narzissenweg 8, 72406 Bisingen, Tel.: 07476-450
Damen- und Kinderunterwäsche.
Verkauf: Mo. - Do. 9 - 11 u.14 - 17.30 Uhr, Fr. 9 - 11 und 14 - 16.30 Uhr.

Fa. Schütz Hemdenfabrik
Schwenninger Str. 3, 72510 Stetten a.k.M., Tel.: 07573-5050
Hemden und Blusen.
Verkauf: Mo. - Do. 8 - 17 Uhr, Fr. und Sa. geschlossen.

Schnäppchenjagd
auf der schwäbischen Alb

Damen-, Herren-, Kindermoden   Fortsetzung

Fa. Rudolf Selle KG
Wellendinger Str. 48, 72355 Schömberg, Tel.: 07427-2441
Leder- und Lammfellbekleidung.
Verkauf: Mo.- Fr. 9 -12 u.14 -18.30 Uhr, Sa. 9 -13 , lg. Sa. bis 16 Uhr.

Sogima-Textil GmbH
Neue Str. 2, 89428 Syrgenstein, Tel.: 09077-1495
Kindermoden.
Verkauf: Donnerstag 8 - 12 und 14 - 17 Uhr.

Fa. Texpro GmbH
Hechinger Str. 10, 72393 Burladingen, Tel.: 07475-1001
Damen- und Herrenbekleidung.
Verkauf: Mo. - Fr. 8.30 - 11.30 und 13.30 -17 Uhr, Sa. 9.30 - 12 Uhr.

Fa. WOLLY-Fellfachgeschäft, Erwin Fritz
Bei den Thermen, 72574 Bad Urach
Lammfell-Pelzwesten, Freizeit- und Badebekleidung.
Verkauf: Mo. - Fr. 10 - 12.30 und 14.30 -18 Uhr, Sa. 9 - 13 Uhr,
Sonn- und Feiertag 14 - 18 Uhr.

Deko-Felle, Fell-Artikel

Fa. Erwin Fritz, Pelzzurichterei, Lammfell-Technik
Ermsstr. 3, 72555 Metzingen-Neuhausen, Tel.: 07123-2615
Dekorationsfelle, Fellwaren.
Verkauf: Mo.- Fr. 8 -11.30 u.14 -17.30 Uhr, Sa. 9 -13 Uhr.

Fa. E. A. Mattes GmbH
Dammstr. 99, 78532 Tuttlingen, Tel.: 07461-74066
Schaf- und Lammpelzfelle, Lammfellartikel.
Verkauf: Mo.- Fr. 10 -18 Uhr, Samstag geschlossen.

Fahrräder

Fahrradfabrik Albuch-Kotter
Hauptstr. 47, 89558 Böhmenkirch, Tel.: 07332-9666-0
Fahrräder.
Verkauf: Mo.14 -18 Uhr, Di.- Fr. 9 - 18 Uhr, Sa. 9 -12 Uhr.

Fleischwaren

Fa. R. Nagel GmbH, Original Schwäbisches
Mühlwiesenstr. 20, 72555 Metzingen, Tel.: 07123-1038
Schwäbische Fleischwaren.
Verkauf: Do. 9.30 - 12 u.13 - 17 Uhr, Fr. 9.30 -12 u.13.30 - 17 Uhr.

Schnäppchenjagd
auf der schwäbischen Alb

Freizeitbekleidung, Sportbekleidung, Sportartikel

Fa. Blickle Sportswear
Neuweiler Str. 6, 72461 Albstadt-Tailfingen, Tel.: 07432-9790-17
Freizeit- und Sportanzüge.
Verkauf: Mo.- Fr. 14 -18.30 Uhr, Mittwoch geschlossen.

Fa. Bösinger GmbH & Co. KG
Altachstr. 15-17, 72461 Albstadt-Onstmettingen, Tel.: 07432-2611
Sport- und Freizeitbekleidung.
Verkauf: Mo. - Fr. 8 - 11 und 14 - 18 Uhr, Samstag geschlossen.

CL-Textilhandel GmbH
Theodor-Strom-Str. 24, 72461 Albstadt-Onstmettingen, Tel.: 07432-2741
Sport- und Freizeitbekleidung.
Verkauf: Mo. - Do. 13.30 -17.30 Uhr, Fr. 9 - 12 Uhr, Sa. geschlossen.

Fa. DEE Dürr Textil-Druck und Vertriebs GmbH
Hauptstr. 98, 89558 Böhmenkirch, Tel.: 07332-5690
Freizeitbekleidung.
Verkauf: Mo. - Fr. 9 - 12 und 14 -17 Uhr, Sa. 9.30 - 11.30 Uhr.

Fa. Erbacher Ski + Tennis AG
Heinrich-Hammer-Str. 6, 89155 Erbach, Tel.:07305-17666
Sportartikel und Sportbekleidung.
Verkauf: Mo. - Fr. 9.30 - 18 Uhr, Do. bis 20 Uhr, Sa. 8.30 - 14 Uhr,
langer Samstag 8.30 - 16 / 18 Uhr.

Dieter Fischer Sportswear
Schillerstr. 133, 72458 Albstadt-Ebingen, Tel.: 07431-93910
Sport- und Freizeitbekleidung.
Verkauf: Mo. - Fr. 10 - 18 Uhr.

Werner Fischer GmbH & Co. KG
Lerchenstr. 44, 72458 Albstadt-Ebingen, Tel.: 07431-7070
Freizeit-, Sport- und Kinderbekleidung.
Verkauf: Mo. - Fr. 8 - 11.30 und 13.30 - 16.45 Uhr.

Fa. Gonso-Sportmoden
Eberhardtstr. 24, 72461 Albstadt-Onstmettingen
Radsport- und Freizeitbekleidung.
Verkauf: Mo. - Do. 13.30 - 17 Uhr, Fr. 13.30   16 Uhr.

Fa. Möve-Werk GmbH & Co. KG
Wörthstr. 55, 72764 Reutlingen, Tel.: 07121-276-0
Freizeitbekleidung.
Verkauf: Mo. - Fr. 10 - 18 Uhr, 1. Samstag im Monat 10 - 13.30 Uhr.

Schnäppchenjagd
auf der schwäbischen Alb

Freizeitbekleidung, Sportbekleidung, Sportartikel   Fortsetzung

Fa. Trigema-Verkauf
Hechinger Str. 53, 72393 Burladingen, Tel.: 07475-88229
Sport- und Freizeitmode.
Verkauf: Montag- Freitag 9 -18 Uhr, Samstag 9 - 13 Uhr.

Fa. Weiblen + Rümmelin
Stuttgarter Str. 54, 72555 Metzingen, Tel.: 07123-1021
Lederbekleidung, Motorradbekleidung (auch nach Maß), Zubehör.
Verkauf: Di. - Fr. 14 - 18 Uhr, Samstag 9 - 12 Uhr.

Aloisia Zimmermann GmbH
Großeislinger Str. 66/2, 73033 Göppingen, Tel.: 07161-74109
Sportbekleidung.
Verkauf: Mo. - Fr. 9 - 12 und 14 - 16.30 Uhr, Samstag 10 - 12 Uhr.

Haushaltswaren, Tischwäsche, Gläser, Geschirr

Glashütte Dürnau GmbH
Jurastr. 22, 73105 Dürnau, Tel.: 07164-5081
Glaswaren.
Verkauf: Montag- Freitag 9 -17 Uhr, Samstag 9 - 13 Uhr.

Mechanische Leinenweberei Laichingen
Heinrich-Kahn-Str. 24, 89150 Laichingen, Tel.: 07333-820
Tischwäsche.
Verkauf: Di.-Sa. 8 -12 Uhr, Di., Do. u. Fr. auch 13.30 - 17.30 Uhr.

Silit Werke GmbH & Co. KG
Neufraer Str. 6, 88499 Riedlingen, Tel.: 07371-1890
Herd- und Kochgeschirre
Verkauf: Mo.- Fr. 9 -12.30 u. 13.30 -17 Uhr, Mi. u. Sa. 9 - 11.30 Uhr.

Stützel-Keramik
Ulmer Str. 114, 73431 Aalen, Tel.: 07361-37189
Steingutgeschirr für Küche, Herd und Tisch.
Verkauf: Montag, Mittwoch und Freitag 14 - 17 Uhr.

WMF, Württembergische Metallwarenfabrik
Eberhardstraße, 73312 Geislingen/Steige, Tel.: 07331-251
Haushaltswaren, Geschenkartikel.
Verkauf: Montag - Freitag 9 - 18 Uhr, Samstag 9 - 13 Uhr.

Schnäppchenjagd
auf der schwäbischen Alb

Kinder-, Baby- und Damenartikel

Fa. Ignaz Cavada GmbH & Co. KG
Ringingertal 25, 72393 Burladingen, Tel.: 07475-8410 / 6955
Kinder-, Baby- und Damenartikel.
Verkauf: Montag- Freitag 8 -12 und 13 - 17 Uhr, Samstag 9 - 12 Uhr.

Fa. Princess-Kinderwagen Straub GmbH
Heerstr. 10, 72555 Metzingen, Tel.: 07123-1325
Kinderwagen, Kinder- und Babyausstattung.
Verkauf: Mo. - Fr. 13.30 - 18 Uhr, Samstag 9 - 12 Uhr.

Möbel, Leuchten, Uhren

Fa. Holzwaren Gomeringer KG
Herdleäcker 1, 72501 Gammertingen, Tel.: 07574-2088
Uhren, Ölgemälde, Bilderrahmen, Regulatoren, Wand-
u.Funkuhren.
Verkauf: Mo.- Fr. 8 -11.45 u. 13.30 - 18.30 Uhr, Sa. 8.30 - 12 Uhr.

Fa. Gusenko & Schairer, Möbel international
Theodor-Heuss-Str. 45, 72459 Albstadt-Pfeffingen, Tel.:
Jugendpolstermöbel
Verkauf: Mo.- Fr. 8 -12 u. 13.30 - 15.30 Uhr, Samstag geschlossen.

Fa. H. Häussler, Leuchtenparadies
Felsenstr. 13, 72582 Grabenstetten, Tel.: 07382-670
Leuchten, Außenleuchten.
Verkauf: Montag- Freitag 14 - 18 Uhr, Samstag 9 - 13 Uhr.

Fa. Knoll, Sitzleder, Polstermöbel GmbH
Nürtinger Str. 63, 72555 Metzingen, Tel.: 07123-41881
Polstermöbel.
Verkauf: Montag- Freitag 13 - 18 Uhr, Samstag 9 - 13 Uhr.

Naturheilmittel

Fa. Kräuterhaus Sanct Bernhard GmbH
Sonnenbühlstr. 1, 73342 Bad Ditzenbach, Tel.: 07334-5908
Über 500 Naturarzneimittel und -kosmetikas.
Verkauf: Täglich von 9 - 18 Uhr.

Schuhe

AFS-Schuhfabrik GmbH
Lange Str. 1, 89150 Laichingen-Feldstetten, Tel.: 07333-3422
Schuhe.
Verkauf: Mo. - Fr. 7.30 - 12 und 13 - 17 Uhr, Samstag 8.30 - 12 Uhr.

Schnäppchenjagd
auf der schwäbischen Alb

Schuhe — Fortsetzung

Fa. Schmutz + Wörz, Schuhfabrikation
Lange Str. 98, 89150 Laichingen-Feldstetten, Tel.: 07333-5788
Schuhe, auch für den Naßbereich, Clogs, Sandaletten, Hausschuhe.
Verkauf: Mo.- Fr. 8 -12 und 13 - 17.30 Uhr, Samstag 8 - 11.30 Uhr.

Fa. Walter, Schuhvertriebs GmbH
Riedstr. 50, 72589 Westerheim, Tel.: 07333-5023
Schuhe.
Verkauf: Mo.- Fr. 9 -12 und 14 - 18 Uhr, Samstag 9 - 13 Uhr.

Gebr. Weeger GmbH
Lange Str. 103, 89150 Laichingen-Feldstetten, Tel.: 07333-7014
Schuhe.
Verkauf: Mo.- Fr. 9 -12 und 13 - 17.30 Uhr, Samstag 9 - 12 Uhr.

Spielwaren

Fa. Margarete Steiff GmbH, Spielwarenfabrik
Alleenstr. 2, 89537 Giengen/Brenz, Tel.: 07322-131251
Plüschtiere, Puppen, Handspielfiguren.
Verkauf: Mo.- Fr. 9 -12 und 13 - 16 Uhr.

Stoffe

Heinrich Glaeser Nachf. GmbH
Blaubeurer Str. 263, 89081 Ulm, Tel.: 0731-3981-0
Textilrohstoffe.
Verkauf: Montag - Freitag 9 - 18 Uhr, Samstag 9 - 13 Uhr.

Jeune tricot, Modestoffe GmbH
Von-Stauffenberg-Str. 54, 72459 Albstadt-Lautlingen, Tel.: 07431-71066
Modestoffe.
Verkauf: Montag - Freitag 8.30 - 11.30 und 13.30 - 16.30 Uhr.

**"Onder oener Mark
derf's koschde was will"**

Auszug aus der Schwäbischen
Spätzlesküche

Einkaufen beim Erzeuger
Hier stimmen Qualität und Preis

Erzeuger/Produkte

Bioland-Hof Susanne und Norbert Tauer
Hagäcker 10, 89604 Allmendingen-Ennahofen, Tel.: 07384-6347
Kartoffeln, Gemüse, Getreide, Rind- und Schweinefleisch, Spanferkel, Wurst, Milch, Käse und Honig. Brennholz einmetrig oder ofenfertig frei Haus.
Einkauf: Jederzeit nach telefonischer Vereinbarung

Christian Mäckle
Gäßle 4, 89134 Blaustein-Markbronn, Tel.: 07304 - 42489
Frisch geschlachtete Puten und Perlhühner
Einkauf: Nur nach Anfrage, da abhängig vom Schlachttermin

Claus Beradinelli
Pfisterstraße 24/1, 89584 Ehingen/Donau, Tel.: 07391 - 6792
Obst, Kartoffeln, Salat und Gemüse, frisches Wild
Einkauf: Freitag, Samstag und Sonntag

Karl Steck
Peter-und-Paul-Weg 5, 89584 Ehingen-Berkach, Tel.: 07391 - 4760
Obst, Kartoffeln, Eier, freilaufende Hühner, Spanferkel und Wild auf Vorbestellung
Einkauf: Marktstand freitags und dienstags in Ehingen.

Bioland-Hof Woldemar Mammel
Am Hochberg 27, 89584 Lauterach, Tel.: 07375 - 1246
Äpfel und Apfelsaft aus Streuobstanbau, Früh- und Lagerkartoffeln, Feingemüse nach Saison, Feldgemüse (Gelbe Rüben, Knoblauch, Kraut, Lauch, Pastinaken, Rote Rüben, Zwiebeln), Sauerkraut, Linsen, Getreide (Nacktgerste, Nackthafer, Dinkel, Roggen und Weizen), Haferflocken, Sauerteig-Holzofenbrot, Kalb- und Rindfleisch aus Mutterkuhhaltung (Baby-beef) auf Vorbestellung, reine Rinderwurst im Glas, Rindersalami.
Einkauf: Do. 18.30 - 20 Uhr, Freitag 9 - 12 und 18 - 20 Uhr, Samstag 9- 12 Uhr und nach telefonischer Vereinbarung.

Gottfried Kaiser
Wagnergasse 4, 89129 Öllingen, Tel.: 07345 - 6667
Hähnchen, Suppenhühner, Enten, Puten, Milch und Eier.
Einkauf: Täglich bis 18 Uhr.

Dieter Hartinger
Bahnhofstraße 15, 89617 Untermarchtal, Tel.: 07393 - 4238
Kartoffeln, Gemüse, Grünspargel, Pilze, Kalb- und Rindfleisch, Schweinehälften, Ferkel, Ziegenkitz, Schaflämmer, Geflügel, Kaninchen, Rauchfleisch, Hartwürste, Eier, Most. Ofenfertiges Brennholz aller Art auch mit Zufuhr.
Einkauf: Nach telefonischer Vereinbarung.

Gut Essen und Trinken

Einkaufen beim Erzeuger
Hier stimmen Qualität und Preis

Erzeuger/Produkte

Rudi Rehm
Kirchplatz 8, 72589 Westerheim, Tel.: 07333-6237
Am Wochenende frische Suppenhühner und Brathähnchen, Eier, Frisch-Ei-Nudeln aus eigener Herstellung in 15 verschiedenen Ausformungen.
Einkauf: Montag - Freitag 7.30 - 18.30 Uhr, Samstag 7.30 - 14 Uhr, Donnerstag von 13 - 17 Uhr geschlossen.

Hans Härle
Ellighofer Str. 36, 88448 Attenweiler-Oggelsbeuren, Tel.: 07357-844
Kartoffeln, Gemüse, Getreide, Mehl, Brot, Fleisch und Wurst aus eigener Schlachtung, Vorzugsmilch. Landschulheim für 40 Personen.
Einkauf: Freitag von 16 - 19 Uhr.

Helga und Walter Schöll, Buchenhof
Brunzenberg 2, 74586 Frankenhardt, Tel.: 07959-837
Kartoffeln, Salate, Freiland- und Feingemüse, Bauern-Vollkorn-Leinsamenbrot. Fleisch vom Angusrind und Schwäbisch Hallisch Wildschweinkreuzung, Wildenten, Flugenten, Gänse und Kaninchen auf Vorbestellung. Dosenwurst in Demeterqualität, Schinken vom Wildschwein und Schafsalami. Verschiedene Käse- und Milchprodukte auf Vorbestellung. Es werden Milchkühe, Angusrinder, Wildschweine, Pfauen, Gänse, Enten, Tauben, Schafe, Hühner und Kaninchen in kleinen Einheiten gehalten.
Einkauf: Mo.- Sa. ab 8 Uhr, Von Mo. - Mi. bitte telefonisch anmelden.

Dieter Bächtle
Onstmettinger Str. 48, 72459 Albstadt-Pfefflingen, Tel.: 07432-4509
Ganze und halbe Lämmer von der Weide, Schafswurst.
Einkauf: Auf Bestellung an jedem Wochentag.

Armin u.Adolf Buchner, Schaf- u. Schweinehaltender landw. Betrieb
Neuweiler 3, 72461 Albstadt-Tailfingen, Tel.: 07432-8267
Vom Schwein: Schweinefleisch ab 1 kg, Schweinehälften, Bauernwurst, Rauchfleisch, Dosenwurst. Vom Lamm: Lämmerhälften, Teilstücke, Lamm- und Schafswurst, Salami, Schaf-Schinken. Die Lämmer und Schweine werden auf Wunsch vom Fachmann zerlegt. Auf Vorbestellung auch bratfertige oder gebratene Spanferkel und Lämmer.
Einkauf: Samstag ab 8 Uhr oder nach telefonischer Anmeldung.

Keramikatelier Wolfgang Stockburger
Heimtalstr. 21, 72525 Münsingen-Buttenhausen, Tel.: 07383-694
Die Töpferei fertigt auf Wunsch Café- und Speiseservice, Kachelöfen, Zapfsäulen und Lampen. Nette Mitbringsel für Zuhause.
Einkauf: Mo. - Fr. 9 - 12 und 14 - 17 Uhr, Sa. 9 - 14 Uhr

Einkaufen beim Erzeuger
Hier stimmen Qualität und Preis

Erzeuger/Produkte

Bauern-Laden Vöhringer
Rapphof, 72406 Bisingen-Steinhofen, Tel.: 07476-7887
Bodenseeäpfel aus eigener Plantage bei Friedrichshafen, Quitten, Holunder, Erdbeeren, Johannisbeeren. Apfelsaft naturtrüb und klar, Holundersaft, Traubensaft, offener Most das ganze Jahr (min. 10 Liter-Gefäß oder in Flaschen), Kirsch-, Kräuter-, Apfel-, Delicious- und Zwetschgenschnaps. Dosenwurst aus eigenem Schweinefleisch, lebende Spanferkel und Schlachtschweine.
Einkauf: Montag - Freitag 8.30 - 18.30 Uhr, Samstag 8 - 14 Uhr, Sonn- und Feiertags geschlossen.
Apfelannahme aus Streuobstbau zum Kauf oder Tausch ab ca. Oktober, Lohnmosten nach telefonischer Anmeldung.

Alfons Fuchs
Schönau 10, 73479 Ellwangen-Schönau, Tel.: 07961-7935
Salate, Kartoffeln, Gemüse, Pastinaken, Schwarzwurzeln, Topinambur, Zwiebeln, Getreide, Kalb-, Rind- und Schweinefleisch.
Einkauf: Dienstag u. Donnerstag 16 - 18.30 Uhr, Samstag 9 - 12 Uhr.

Ravensburger Fischspezialitäten, Hildegard Lelonek
Knollengraben 35, 88212 Ravensburg-Ittenbeuren,
Karpfen, je nach Saison auch Aale, Hechte, Schleien, frisch geräucherte Forellen, Lachsforellen, Saiblinge. Karpfenstücke, Aale und, je nach Fang, frische Bodenseefelchen auch als Filet und frisches Kretzerfilet
Einkauf: Mi. bis Fr. 9 - 12 u. 14 - 17.30 Uhr, Sa. 9 - 12 Uhr.

Ziegenhof Antal und Ursula Canadi
Bucherweg 6, 72574 Bad Urach-Wittlingen, Tel.: 07125-2000
Schlachtkitzen, Ziegenwurstspezialitäten, Ziegenkäse.
Einkauf: Montag, Mittwoch, Freitag und Samstag vormittags von 8 - 12 Uhr, Montag bis Samstag abends von 18 - 19 Uhr.

Familie Kurt Schrade
Müllersberg 2, 72829 Engstingen-Kohlstetten, Tel.: 07385-810
Früh- und Einkellerungskartoffeln, Dinkel, Roggen, Weizen, Vollkornmehl, Enten, Puten, Martini- und Weihnachtsgänse, Stallhasen.
Einkauf: Montag bis Samstag

Sonnenhof, Gerd Vöhringer
72532 Gomadingen-Steingebronn, Tel.: 07385-497
Enten, Gänse, Hähnchen, Puten, Lämmer, Kalbfleisch, Eier.
Einkauf: Nach telefonischer Vorbestellung.

Einkaufen beim Erzeuger
Hier stimmen Qualität und Preis

Erzeuger/Produkte

Betriebsgemeinschaft Stockmayer/Bürkle
Maisenburg, Ziegenhof, 72534 Hayingen, Tel.: 07386-594
Von Mai bis September viele Sorten Ziegenkäse aus Rohmilch, Ziegenmilch. Lebende, geschlachtete und zerlegte Ziegenkitze, Ziegenwurst.
Einkauf: Anfang Mai bis Mitte November Freitags, Samstags, Sonntags und an Feiertagen von 14 - 18 Uhr.

Siegbert Lamparter
Alte Steige 8, 72813 St. Johann-Gächingen, Tel.: 07122-3170
Lammfleisch, Wurst und sämtliche Produkte rund ums Schaf. Eigene Zucht.
Einkauf: Abends oder nach Vereinbarung.

Alfons Weishaupt, Obst und Most vom Bodensee
Nelkenstraße 9, 72144 Dußlingen, Tel.: 07072-8387
Äpfel von September bis Juli, Birnen, Beeren und Steinobst je nach Jahreszeit, Apfelsaft frisch von der Presse von September bis Mai, Sauerkirschnektar, naturtrüber Apfelsaft, fünf verschiedene Sorten Most (Obstweine), zehn Sorten Edelobstbranntweine, zwölf Sorten Beeren-Dessertweine, Sauerkirsch-Dessertweine. Sechzehn Sorten Hausmacher Dosenwurst, Vielkorn-Eier, Dinkel (Kernen, Gries, Mehl, Flocken, Reis).
Einkauf: Dienstag bis Freitag 9 - 18.30 Uhr, Samstag 8 - 13.30 Uhr.

Fritz Krais
Schammach 6, 88448 Attenweiler-Schammach, Tel.: 07357-812
Frische weiße und braune Champignons und Austernpilze. Besichtigung des Pilzzuchtbetriebes, Belieferung nach Vereinbarung.
Einkauf: Mittwoch 10 - 11.30 Uhr, Freitag 15 - 18 Uhr.

Karl-Heinz Weishaupt
Eschacher Str.18, 88074 Meckenbeuren-Langentrog, Tel.: 07542-4725
Äpfel, Birnen (neue und alte Sorten), Süß- und Sauerkirschen, Himbeeren, Tayberry´s, Zwetschgen, Pfirsiche, Mirabellen. Selbstgemachte Marmelade, Apfelwein und frisch gepreßter Süßmost, Kirsch- und Beerenweine, verschiedene Obstbrände. Auf Wunsch werden Schnaps und Beerenweine direkt zugeschickt.
Einkauf: Täglich von 8 - 19 Uhr.

Karlhans Walker
Buchenhof, 71111 Waldenbuch, Tel.: 07157-2893
Damwildfleisch auf Bestellung, Hirschsalami, Frischgeflügel, Ziegenkäse, frische Eier, Nudeln, Schwäbische Maultaschen, Bauernvesper. Damwildgehege.
Einkauf: Montag bis Freitag 9.30 - 18 Uhr, Samstag 9 - 12 Uhr. Dienstag geschlossen.

Einkaufen beim Erzeuger
Hier stimmen Qualität und Preis

Erzeuger/Produkte

Familie Sivert und Marianne Joerges
Talhof 1, 89522 Heidenheim-Brenz-Talhof, Tel.: 07321-42826
Naturbelassene Rohmilch, Sauerrahmbutter, Schlagsahne, Vollmilchquark, Magermilchquark, Frischkäse (auch mit Kräutern), Bergkäse, Weichkäse, Naturjoghurt, Buttermilch, Rahmfrischkäse, Dinkel, Gerste, Roggen, Weizenmehl, Holzofenbrot mit Sauerteigführung, Honig, verschiedene Wurstwaren.
Einkauf: Mo. - Fr. 8 -12 und 16 - 18.30 Uhr, Sa. 8 - 12 Uhr

Jutta Hamann
Breite Str. 25, 89542 Herbrechtingen-Bolheim, Tel.: 07324-411117
Salate, Chinakohl, Feldsalat, Fenchel, Kartoffeln, Kohl, Kohlrabi, Mohrrüben, Petersilie, Postelein, Radis, Rettiche, Rosenkohl, Rote Beete, Sellerie, Zwiebeln.
Einkauf: Dienstag und Freitag 14 - 18 Uhr.

Georg Mäck
Schloßhof 8, 89567 Sontheim-Bergenweiler, Tel.: 07325-6132
Artischocken, Auberginen, Blumenkohl, Bohnen, Brokkoli, Chinakohl, Dill, Eissalat, Endivien, Erbsen, Feldsalat, Fenchel, Gurken, Kürbis, Kohlrabi, Kopfsalat, Lauch, Möhren, Mais, Meerrettich, Paprika, Zwiebeln, Kartoffeln, Getreide und Milch - Demeter Betrieb.
Einkauf: Mittwoch 10 - 11.30 Uhr, Freitag 15 - 18 Uhr.

Familie Helmut Osiander
Sichertshausen 6, 97996 Niederstetten-Sichertshausen, Tel.: 07932-223
Hausmacher Wurst, Geflügel aus Freilandhaltung, geräucherte Entenbrust, geräucherte Hähnchen, Brote aus frisch gemahlenem Getreide, Marmelade aus eigenem Obst. Liköre und Obstbrände aus eigener Brennerei.
Einkauf: Nach telefonischer Vereinbarung. Am Samstag von 8 - 12 Uhr auf dem Wochenmarkt in Dörzbach und in Niederstetten.

Der 7-Quellen-Weg
Wandern ohne Gepäck

Dieser neue Rundwanderweg entstand auf Anregung der örtlichen Gastronomie. Denn die Dreitälerwanderung führt Sie an 7 Quellen vorbei und zählt nicht umsonst zu den schönsten der Schwäbischen Alb. Dabei wandern Sie auf Wegen, die vom Schwäbischen Albverein ausgezeichnet sind. Eine diesbezügliche Wanderkarte (RV-Verlag 11482 Mittlere Alb / Münsinger Alb, DM 9.80) sollte auf jeden Fall mitgeführt werden.

Den Beginn der Wanderung und die einzelnen Aufenthalte in den Gasthöfen bestimmen Sie selbst. Eine feste Buchung ist aber unbedingt erforderlich. Die Anmeldung des 7-Quellen-Weges erfolgt über das Flair-Hotel Frank, Vierjahreszeiten in Bad Urach. Tel: 07125/1696 - Fax: 07125/1656.

Für die Reservierung wird eine Gebühr von DM 20.-- in Rechnung gestellt. Für den täglichen Gepäcktransfer wird eine Pauschale von DM 5.-- pro Gast berechnet. Mindestens aber DM 20.-- pro Fahrt. Das Gepäck wird spätestens um 16.00 Uhr im nächsten Quartier eintreffen. Die Kosten für die Übernachtung und das Gepäck werden jeweils mit dem betreffenden Gasthof bzw. Hotel abgerechnet. Hunde sind in den meisten Häusern nicht gerne gesehen (nur auf spezielle Anfrage). Bei Kindern bis 11 Jahren ist es nach Absprache möglich ein Zusatzbett aufzustellen. Bei einer festen , aber nicht in Anspruch genommenen Buchung, ist der Veranstalter berechtigt den vollen Zimmerpreis, abzüglich 20% Aufwandersparnis für nicht erbrachte Leistung in Rechnung zu stellen. Diese Regelung tritt nur in Kraft, wenn das Zimmer nicht anderweitig vermietet werden konnte.

Sämtlich aufgeführte Gasthöfe und Hotels wurden von uns ausgesucht und geprüft. Allein fünf mal übernachten Sie in fast neuen, modernen Gästehäusern erster Güte. Sie werden überrascht sein über den Komfort der Zimmer. Alle Gasthäuser sind im Restaurantführer nochmals ausführlich beschrieben.

Auch an Ruhetagen können Sie die Gästehäuser und Hotels anfahren. Es war uns eine echte Freude den 7-Quellen-Weg, eine Albtraumwanderung, ins Leben zu rufen. Die Tagestouren bewegen sich zwischen 20 - 25 km.

Ein Tip zum Schluß: Den Rundwanderweg nicht unbedingt am Sonntag beginnen. Ansonsten hoffen wir, daß der Wettergott gute Laune hat und Sie viele schöne Erinnerungen an die Schwäbische Alb mit nach Hause nehmen.

Zum Geleit:

"Nur wer gegen den Strom schwimmt
kommt zu den Quellen."

Der 7-Quellen-Weg
Wandern ohne Gepäck

1. Tag:

Ankunft in dem reizenden früheren Residenzstädtchen Bad Urach. Hier entspringen auch gleich die zwei bekanntesten Quellen. Einmal der Uracher Wasserfall, der sich an einem besonders idyllischen Winkel mit wildem Tosen und Zischen 37 Meter in die Tiefe stürzt, um nach ca. 1.5km als Brühlbach in die Erms zu münden. Nur 1.5km davon entfernt stürzt der Gütersteiner Wasserfall fast 60m ins Tal. Erstmals wurde 1970 in Urach nach Heilwasser gebohrt. Inzwischen fand man in 769m Tiefe, 58 Grad heißes Mineralwasser. Seit 1985 darf sich die Stadt nun Bad Urach nennen. Es gibt ein modernes Kurzentrum mit Thermal-Mineralbad und das Freizeitwellenbad Aquadrom.

Übernachten: Flair-Hotel Frank, Vier Jahreszeiten. Tel: 07125/1696, Fax: 07125/1656. Inmitten der historischen Altstadt liegt dieser herrliche Fachwerkbau mit seinen romantischen Gästezimmern. Kein Ruhetag. EZ: DM 89.--/98.--, DZ: DM 125.--/135.--/155.--.

2. Tag:

Von Bad Urach geht die Wanderung entlang des Albtraufes und der Erms nach Seeburg. Hier empfiehlt es sich im Cafe Schlößle, einem Kleinod der Jugendstilarchitektur einzukehren und sich bei leckerem Kaffee und Kuchen für die restliche Strecke nach Münsingen zu stärken. Am östlichen Ende von Seeburg finden Sie Quelle drei, den Ursprung der Erms. Von hier ab geht es in die wildromantische Seeburger Schlucht, die an die Erzählungen von Karl May "Durchs wilde Kurdistan" erinnern. Nach der Schlucht lassen Sie Trailfingen links liegen und wandern auf der Höhe nach Münsingen. Die ehemalige Kreisstadt hat den typischen Charakter einer schwäbischen Kleinstadt bewahrt und wird seit ein paar Jahren behutsam saniert.

Übernachten: Gasthof Herrmann, Münsingen, Tel: 07381/2202 oder 749. Direkt am Marktplatz, modernes Gästehaus. Ruhetag: Freitag. EZ: DM 81.--, DZ: DM 118.--/136.--.

3. Tag:

Von Münsingen geht es heute in Richtung Apfelstetten. Hier beginnt der Abstieg ins Lautertal nach Buttenhausen oder aber Sie wandern auf der Höhe weiter und steigen bei Hundersingen ins Tal hinab. Hier können Sie im Gasthof Rössle eine Vesperpause einlegen. Hinter dem Haus finden Sie einen urigen Freisitz. Es geht weiter Richtung Anhausen oder Indelhausen. Das Lautertal zeigt sich nun von der schönsten Seite. Bizarre Felsformationen Burgruinen und die Lauter, die sich fröhlich durchs Tal schlängelt, sind nun Ihre Begleiter.

Der 7-Quellen-Weg
Wandern ohne Gepäck

Über Bichishausen, Gundelfingen erreichen Sie Indelhausen. Wer in Anhausen übernachtet biegt hier links ab.

Übernachten: Gasthof-Pension Adler, Anhausen, Tel: 07386/327 oder 518, Ruhetag: Dienstag. Vom Ortskern südlich über die Lauterbrücke. Das moderne Gästehaus liegt direkt neben dem Gasthof. EZ: DM45.-, DZ: DM 88.-, bei einer Übernachtung DM 7.- Aufschlag pro Zimmer.

Übernachten: Flair-Hotel, Gasthof-Pension Hirsch, Indelhausen. Tel: 07386/276 oder 392 - Fax: 206, Ruhetag: Montag. Der Gasthof liegt zentral in Indelhausen. Das moderne Gästehaus steht ca. 100m entfernt oben am Hang. EZ: DM 48.-/57.-, DZ: DM 82.-/100.-.

Bevor Sie nun morgen den wohl schönsten Teil der Wanderung angehen, legen Sie hier einen Ruhetag ein. Es lohnt sich.

4. Tag:

Gut ausgeruht geht es von Indelhausen bzw. Anhausen vorbei an der Maisenburg, wo übrigens ein hervorragender Ziegenkäse hergestellt wird, nach Hayingen, bekannt auch wegen seines Naturtheaters. Ca. 3km westlich von Hayingen geht es hinab ins Glastal, einem Eldorado für Naturfreunde. Vorbei an Schloß Ehrenfels kommen Sie zur Wimsener Höhle. Das Gasthaus Friedrichshöhle, mit seiner idyllisch an der Aach gelegenen Gartenwirtschaft ist der richtige Ort für müde Wanderer. Wer fit genug ist, genießt das in Deutschland einmalige Schauspiel und fährt mit dem Boot in die Wimsener Höhle, dem Ursprung der Aach, ein. Entlang der Aach, links und rechts von Wald gesäumt, kommen Sie vorbei an einer Forellenzucht nach Gossenzugen. Von hier aus erweitert sich das Tal und Sie erreichen in Kürze Zwiefalten mit seiner Klosteranlage und der einmaligen Barock-kirche.

Übernachten: Hotel-Restaurant Post, Tel: 07373/302. Ruhetag: Dienstag. Es liegt in der Ortsmitte an der Hauptstraße. EZ: DM 50.-, DZ: DM 85.-.

5. Tag:

Nachdem Sie von Naturschönheiten, alten Burgen und historischen Klosterbauten nur so verwöhnt wurden, nehmen wir heute Abschied vom Aach- und Lautertal und steigen auf die Hochfläche der Alb. Über Gauingen Richtung Kettenacker, vorbei an Wäldern und Feldern erreichen wir Feldhausen von wo wir uns langsam auf den Abstieg ins Lauchertal freuen dürfen. Gammertingen, das heute unser Ziel ist, liegt in einem bezaubernden Talrondell. Der Erholungsort hat 6100 Einwohner und ist ein nettes Albstädtchen, das vom Tourismus immer mehr angenommen wird.

Der 7-Quellen-Weg
Wandern ohne Gepäck

Übernachten: Hotel-Gasthof Kreuz, Gammertingen, Tel: 07574/2230
Der Gasthof liegt in der Ortsmitte. Bei schönem Wetter genießen Sie
Ihr Frühstück auf der lauschigen Gartenterrasse direkt an der Lauchert.
Neues, modernes Gästehaus. Ruhetag: keinen. EZ: DM 41.-- / 45.-- /
80.--, DZ: DM 78.--/87.--/130.-- .

6. Tag:

Nach kräftigem Frühstück wird das Ränzlein geschnürt und wir
verlassen das gastfreundliche "Kreuz" Richtung Erpfingen. Sie haben
nun die Möglichkeit der Lauchert zu folgen oder aufzusteigen in die
luftigen Höhen der Alb, um so den Weg abzukürzen, und dann später
wieder ins Laucherttal, dem Paralleltal der Lauter, hinabzusteigen. Die
Entscheidung können Ihnen die Wirtsleute erleichtern, die Ihnen
gerne die schönste Wegstrecke erklären. In Richtung Hausen,
Hörschwag, Stetten folgen Sie der Lauchert bis Erpfingen. Hier schlägt
nun die Stunde der Wahrheit. Wandern Sie weiter bis zur
Lauchertquelle und den Weg wieder zurück oder drücken wir ein
Auge zu und Sie folgen der Erpf bis zu ihrem Ursprung und beenden
die Wanderung in einem gemütlichen Gasthof.

Und nach dem Motto: Wer die Wahl hat, hat die Qual, bieten wir Ihnen
heute auch noch zwei gut geführte Übernachtungsmöglichkeiten an:

1.) Gasthof Löwen, Erpfingen, gemütlich-bürgerlich. Tel: 07128/2222
Lage: Ortsmitte, Ruhetag: Dienstagabend/Mittwoch. EZ: DM39.-,
DZ: DM 74.-.

2.) Hotel-Restaurant Hirsch, Erpfingen, Tel: 07128/2212, erstklassige
Küche, gehobenes Niveau. Lage: Ortsmitte, neues Gästehaus: Fertig-
stellung Mai 1994, Ruhetag: Dienstag bis Mittwochabend.
EZ: DM 65.-, DZ: DM 110.-.

7. Tag:

In der Hoffnung, daß Sie die richtige Wahl getroffen haben, führt uns
heute der Weg nach Offenhausen, dem Mekka der Pferdefreunde.
Zuerst führt uns der Weg aber zur größten Tropfsteinhöhle der Alb, der
Bärenhöhle. Sie ist übrigens die meist besuchteste Höhle
Deutschlands. Vom Untergrund zurückgekehrt, wenden wir unsere
Schritte hinauf zu lichten Höhen in Richtung Schloß Lichtenstein,
einem Kleinod mit besonderem Reiz. Der Besucher wird mit einem
fantastischen Blick ins Echaztal belohnt. Von hier aus wenden wir uns
Richtung Groß-Engstingen - Offenhausen zu.

Der 7-Quellen-Weg
Wandern ohne Gepäck

Hier empfängt uns eine alte Klosteranlage, in der heute eine Außenstelle des Landesgestüts Marbach untergebracht ist. In der renovierten Kapelle befindet sich das neue Pferdemuseum. Versteckt hinter alten Klostermauern entspringt im westlichen Teil in einem verträumten Fleckchen Erde die Lauter.

Übernachten: Im modernen Landhaus des Gestütsgasthofes, Tel: 07385/1611. Lage: Am Südhang von Offenhausen. Ruhetag: Mittwoch, EZ: DM 59.--/80.--, DZ: DM 98.--/132.--.

8. Tag:

Wer etwas Zeit mitgebracht hat, sollte in Offenhausen ein- bis zwei Ruhetage einlegen. Ein gepflegtes Gästehaus und eine lobenswerte Küche macht Ihnen die Entscheidung leicht. Empfehlung: Einen kleinen Ausflug zum Landesgestüt Marbach oder hinauf in die Höhe zum Aussichtsturm Sternberg mit Vesperstube.

Und immer wenn es am schönsten ist, naht das Ende der Rundwanderung. So schnüren wir unsere Siebensachen nochmals zusammen und machen uns auf den Weg nach Bad Urach. Von Offenhausen wandern wir in Richtung Gächingen. Hier lockt der Gasthof-Metzgerei Hirsch zum Vesper (Ruhetag Mittwoch). Auf jeden Fall sollten Sie sich hier mit einem echt schwäbischen Vesper eindecken. Gestärkt geht es weiter nach Upfingen, von wo wir uns langsam auf den Abstieg vorbereiten und uns von der Schwäbischen Alb verabschieden.

Die letzte Nacht verbringen Sie wieder im Hotel-Restaurant Frank, Vierjahreszeiten in Bad Urach.

Empfehlenswert ist auch der Rulaman-Rundwanderweg. Auskünfte und Anmeldung über: Hotel Forellenfischer, Blaubeuren-Weiler, Tel: 07344/5024.

Auszug aus

Metzelsuppenlied

So säumet denn, ihr Freunde, nicht,
die Würste zu verspeisen,
und laßt zum würzigen Gericht
die Becher fleißig kreisen!
Es reimt sich trefflich Wein und Schwein,
und paßt sich köstlich Wurst und Durst;
bei Würsten gilt's zu bürsten.

Auch unser edles Sauerkraut,
wir sollen's nicht vergessen;
ein Deutscher hat's zuerst gebaut,
drum ist's ein deutsches Essen.
Wenn solch ein Fleischchen weiß und mild
im Kraute liegt, das ist ein Bild
wie Venus in den Rosen.

Und wird von schönen Händen dann
das schöne Fleisch zerleget,
das Ist, was einem deutschen Mann
gar süß das Herz beweget.

Ludwig Uhland

Sammeln Sie sich ein Buch

Lassen Sie sich bei Ihren Besuchen in den von uns beschriebenen Cafés, Restaurants und Gasthäusern jeweils ein Feld auf nebenstehendem Blatt abstempeln.

Ist das Blatt mit 12 verschiedenen Stempeln versehen, erhalten Sie bei Einsendung von uns dafür ein typisch-schwäbisches Buch aus unserem Verlagsprogramm als Dankeschön.

Mitmachen lohnt sich. Also planen Sie bei einem Ihrer nächsten Gastronomiebesuche oder Ausflügen die gemütliche Einkehr in einem von uns in diesem Buch vorgestellten Lokalen ein.

Wir freuen uns auf Ihre Teilnahme und wünschen Ihnen viel Spaß beim Guten Essen und Trinken auf der Schwäbischen Alb.

Ihr

Ruoß Verlag

1

2

3

4

5

6

7

8

9

10

11

12

Seite aus dem Buch trennen und in einen
Fensterbriefumschlag stecken.

Absender:

Ruoß Verlag

Schellingstraße 10

89077 Ulm/Donau

Alphabetisches Register

Seite

Alphabetisches Register

Seite

Alphabetisches Register

Seite

Alphabetisches Register

Seite

Alphabetisches Register

Seite

Alphabetisches Register

Seite

Alphabetisches Ortsregister

Seite

Alphabetisches Ortsregister

Seite

Alphabetisches Ortsregister

Seite

Notizen